"十四五"职业教育国家规划教材

本教材第4版获首届全国教材建设奖 全国优秀教材二等奖

公路勘测设计

Gonglu Kance Sheji

（第5版）

陈方晔 王新文 李绪梅 主　编

许金良［长安大学］　主　审

人民交通出版社

北京

内 容 提 要

本书入选了"十四五"职业教育国家规划教材，第4版获首届全国教材建设奖全国优秀教材二等奖。全书共九章，系统介绍了公路勘测设计的基本理论和实用方法，主要内容包括：绪论、平面设计、纵断面设计、横断面设计、选线、定线、公路外业勘测、公路交叉设计、公路现代测设技术。

本书可作为高职高专院校道路与桥梁工程技术专业、工程造价专业、建设工程监理专业、道路养护与管理专业教材，也可供从事公路工程设计与施工的有关工程技术人员学习参考。

本书有配套课件，教师可通过加入职教路桥教学研讨群(QQ:927111427)获取。

图书在版编目(CIP)数据

公路勘测设计/陈方晔，王新文，李绪梅主编. —5版. — 北京：人民交通出版社股份有限公司，2024.6
"十四五"职业教育国家规划教材
ISBN 978-7-114-19467-2

Ⅰ.①公… Ⅱ.①陈… ②王… ③李… Ⅲ.①道路测量—高等职业教育—教材②道路工程—设计—高等职业教育—教材 Ⅳ.①U412

中国国家版本馆 CIP 数据核字(2024)第 068309 号

"十四五"职业教育国家规划教材
本教材第4版获首届全国教材建设奖 全国优秀教材二等奖

书　　名	公路勘测设计(第5版)
著 作 者	陈方晔　王新文　李绪梅
责任编辑	李　瑞　陈虹宇
责任校对	孙国靖　刘　璇
责任印制	刘高彤
出版发行	人民交通出版社
地　　址	(100011)北京市朝阳区安定门外外馆斜街3号
网　　址	http://www.ccpcl.com.cn
销售电话	(010)59757973
总 经 销	人民交通出版社发行部
经　　销	各地新华书店
印　　刷	北京印匠彩色印刷有限公司
开　　本	787×1092　1/16
印　　张	14
字　　数	328 千
版　　次	2005 年 8 月　第 1 版 2009 年 7 月　第 2 版 2015 年 8 月　第 3 版 2018 年 7 月　第 4 版 2024 年 6 月　第 5 版
印　　次	2024 年 6 月　第 5 版　第 1 次印刷　总第 47 次印刷
书　　号	ISBN 978-7-114-19467-2
定　　价	42.00 元

(有印刷、装订质量问题的图书，由本社负责调换)

第5版前言

2001年7月,在交通部科教司路桥工程学科委员会的支持下,十五所高职院校的代表在昆明成立了路桥高职教材建设联络组,这次会议确定将《公路勘测设计》和《路基路面工程》合编成《公路设计》出版。2004年8月在新疆成立了"交通土建高职高专统编教材编审委员会",本次会议在广泛征求各高职高专院校意见后,决定编写出版《公路勘测设计》和《路基路面工程》,以满足不同院校教学计划的要求。2005年6月,《公路勘测设计》第1版审稿会在武汉召开,与会专家和代表针对高职高专职业教育的特点,对第1版教材的编写提出了许多宝贵意见,尽可能简化了理论部分、删减了公式推导过程,力求体现针对性、先进性、实用性、可操作性、综合性与科学性,以满足高职高专技能型、应用型人才的培养要求。

本教材自2005年8月出版以来,历经4次修订改版,至今已第5版。本教材第1版、第2版、第3版和第4版曾先后于2007年、2013年、2020年和2023年入选"十一五""十二五""十三五""十四五"国家规划教材,第4版教材于2021年7月荣获首届全国教材建设奖全国优秀教材二等奖,被全国高职院校广泛选用。

本教材主要特色如下：

1. 坚持立德树人,守正创新

本教材从第1版出版至今,始终坚持落实立德树人的根本任务,坚持与时俱进,不断修订和打磨教材,提升教材质量。

2. 对接标准,凸显能力,针对性强

以真实的公路勘测设计项目为载体,融入公路建设行业新标准,将施工员、测量员职业技能等级标准与课程标准有效融合,系统化设计教材内容,反映了公路勘测岗位群的职业能力要求。

3. 产教融合,理实一体,适用性强

注重理论与实践相结合,教材内容结合公路勘测工作实际,将公路建设领域的新技术、新工艺融入教材,反映现代科学技术的新成就。

4. 校企双元合作，资源丰富

由教学名师、企业名匠、一线教师组成的编写团队，持续对教材、教学资源、课程进行一体化建设，形成了丰富多彩的数字化教学资源，与本教材配套的"公路勘测设计"在线精品开放课程已在智慧树平台上线，选用本教材的教师和学生可通过移动终端在线学习和互动。

本次主要修订内容如下：

第5版沿用了第4版的框架体系，在第4版的基础上，依据《国家公路网规划》《公路建设监督管理办法》《交通强国建设纲要》等修订了教材相关内容；重新梳理了知识体系，依据学生的学习和认知规律，以及结合工程实践，调整了部分内容；修改并完善了第4版中的错误和不足。

第5版融入了湖北交通职业技术学院"公路勘测设计"课程改革成果，在教材中以二维码形式添加了微课、重难点动画、案例、习题库、等课程资源，便于学生自学和教师组织教学。

本教材由湖北交通职业技术学院陈方晔、湖北交通职业技术学院王新文、新疆交通职业技术学院李绪梅担任主编。参与本教材修订工作的还有湖北交通职业技术学院杨榕、蔡华俊、韩红青，武汉综合交通研究院有限公司雷莉。本教材特别邀请长安大学许金良教授担任主审，许金良教授对本书提出了许多有益的意见和建议，在此表示感谢。

本教材在编写过程中，得到了人民交通出版社李瑞的大力帮助和指导，在此表示衷心感谢，同时对本教材参考文献的作者们致以诚挚的谢意！

由于编者水平有限，书中难免存在错漏与不足，恳请读者批评指正。

编　者

2024年6月

本教材配套资源

对于不易理解或者用文字表述过于抽象的知识点，本教材配套了相应的动画，使教师便于教及学生便于学。

序号	资源名称	资源类型	页码
1	平面、纵断面、横断面的定义	动画	021
2	缓和曲线的性质	动画	030
3	全超车视距	动画	045
4	弯道视距检查	动画	048
5	基本线形	动画	051
6	平原区选线	动画	130
7	沿溪(河)线	动画	134
8	越岭线	动画	141
9	选线步骤	动画	153

资源使用方法：

1.扫描封面上的二维码，注意此码只可激活一次；

2.关注"交通教育出版"微信公众号；

3.公众号弹出"购买成功"通知，点击"查看详情"，进入后即可查看资源；

4.也可进入"交通教育出版"微信公众号，点击下方菜单"用户服务-图书增值"，选择已绑定的教材进行观看和学习。

目 · 录
Contents

第一章 / 绪论 ··· 001
    第一节　公路发展概况及规划 ··· 001
    第二节　公路功能与分级 ··· 004
    第三节　公路设计控制因素 ··· 006
    第四节　公路建设项目建设程序 ··· 016
    第五节　本课程概述 ··· 019
    思考题与习题 ··· 020

第二章 / 平面设计 ··· 021
    第一节　直线 ··· 022
    第二节　圆曲线 ··· 024
    第三节　缓和曲线 ··· 029
    第四节　中桩坐标计算 ··· 037
    第五节　行车视距及其保证 ··· 043
    第六节　平面线形设计要点 ··· 049
    第七节　平面设计成果 ··· 053
    思考题与习题 ··· 057

第三章 / 纵断面设计 ··· 058
    第一节　纵坡及坡长设计 ··· 059
    第二节　竖曲线 ··· 063
    第三节　公路平、纵线形组合设计 ··· 067
    第四节　纵断面设计要点及方法 ··· 073

第五节　纵断面设计成果 ·· 077
思考题与习题 ··· 084

第四章 / 横断面设计 ·· 085
第一节　路基横断面 ·· 085
第二节　平曲线超高和加宽 ··· 096
第三节　路基土石方数量计算及调配 ·································· 107
第四节　横断面设计方法 ··· 116
第五节　横断面设计成果 ··· 118
思考题与习题 ··· 122

第五章 / 选线 ·· 123
第一节　概述 ·· 123
第二节　路线方案比较 ·· 125
第三节　平原地区选线 ·· 130
第四节　山岭区选线 ·· 133
第五节　丘陵区选线 ·· 149
思考题与习题 ··· 151

第六章 / 定线 ·· 152
第一节　纸上定线和实地放线 ·· 152
第二节　实地定线 ··· 158
第三节　纸上移线 ··· 163
思考题与习题 ··· 166

第七章 / 公路外业勘测 ·· 167
第一节　公路初测 ··· 167
第二节　公路定测 ··· 172
思考题与习题 ··· 184

第八章 / 公路交叉设计 ·· 185
第一节　公路交叉口分析 ··· 185

第二节　公路平面交叉 …………………………………………… 187
　　第三节　公路立体交叉 …………………………………………… 193
　　第四节　公路与其他路线交叉 …………………………………… 198
　　思考题与习题 ……………………………………………………… 200

第九章 / 公路现代测设技术 ………………………………………… 201
　　第一节　公路路线 CAD 技术 …………………………………… 201
　　第二节　数字地面模型 …………………………………………… 205
　　第三节　公路透视图 ……………………………………………… 207
　　第四节　"3S"技术在公路勘测设计中的应用 ………………… 208
　　思考题与习题 ……………………………………………………… 211

参考文献 …………………………………………………………………… 212

第一章 绪论

学习目标

通过本章学习,应了解国家综合运输系统的构成和公路运输的特点;熟悉我国公路发展史及规划;能按照交通功能和交通量对公路进行分类和分级;能进行交通量换算;熟悉公路建筑限界和公路用地范围;掌握公路设计阶段及其主要内容;了解公路勘测设计课程的特点和基本要求。

第一节 公路发展概况及规划

一、交通运输网络构成

交通运输是国民经济的重要组成部分,是国民经济的命脉。它把国民经济各领域和各个地区联系起来,担负着国家建设中原材料与产品的集散、城乡间的物资交流运输任务,并满足人们在物质文化生活上的需要,是联系工业和农业、城市和乡村、生产和消费的纽带,在国家的政治、经济、军事、文化建设中,在社会物质财富的生产和分配过程中,在广大人民群众的生活中具有重要的作用。

1. 国家综合运输系统的构成

现代交通运输由铁路、公路、水运、航空和管道五种运输方式组成。这些运输方式的点、线、面组成了国家综合运输系统。

铁路运输适用于远程的大宗货物及旅客运输,特点是运量大、速度快,特别是高速铁路(轮轨、磁悬浮)的出现,使铁路运输能力得到进一步提高,但由于铁路运输货物一般需要转运(两次、三次等),装卸费用较高,一般只在远距离运输上占有优势。受铁路轨道的限制,铁路运输属于线性运输。

公路运输适用于旅客及货物各种运距的批量运输。

水路运输是通航地区最廉价的运输方式,但速度慢,并受自然因素制约大;运输方式包括内河及海洋(近海、远洋)运输。

航空运输适用于快速运送旅客、紧急物资及邮件,速度快,但成本也高。

管道运输适用于液态、气态及散装粉状材料运输。

2. 公路运输的特点

公路运输与其他运输方式比较,具有如下特点:

(1)机动灵活,能迅速集中和分散货物,做到直达运输,无须中转,可以实现"门到门"的直接运输,节约时间和减少中转费用,减少货损。

(2)受交通设施限制少,是使用最广泛的一种运输方式,可伸展到大部分山区、农村、单位,可承担其他运输方式的转运任务,是交通运输网中联系其他各种运输方式的纽带。

(3)适应性强,服务面广,时间随意性强,可适用于小批量运输和大宗货物运输。

(4)投资少,资金周转快,社会效益显著。

(5)与铁路运输、水路运输比较,公路运输汽车燃料贵、单位运量少、污染大,比较适用于中短途运输。

公路运输的这些特点,使公路得以快速发展。到20世纪70年代,大多数经济发达国家改变了一个多世纪以来以铁路运输为中心的局面,公路运输在各种运输方式中开始起主导作用,特别是现代高速公路的出现,使公路运输在经济建设中发挥了更加重要的作用。

二、我国公路发展史及规划

1. 公路发展史

古代:早在公元前2000年前,我国就有了可以行驶牛、马车的道路。秦始皇统一六国后,大修驰道,颁布"车同轨"法令,使道路建设得到较大的发展。

近代:20世纪初(1902年)我国进口了第一辆汽车,通行汽车的公路开始发展。从1906年在广西友谊关修建第一条公路开始,到1949年底,全国公路通车里程约8.1万公里。

现代:中华人民共和国成立以后,为了迅速恢复和发展国民经济,巩固国防,国家对公路建设做出了很大努力,取得了显著成就,特别是改革开放以来,公路建设迅速发展。

从20世纪80年代末开始,我国高速公路从无到有,实现了持续、快速和有序的发展,极大地提高了我国公路网的整体技术水平,优化了交通运输结构,有力地促进了我国经济发展和社会进步。

截至2023年底,我国公路总里程约543.68万公里,公路密度为56.63公里/百平方公里。高速公路里程18.36万公里(其中国家高速公路里程12.23万公里),二级及以上等级公路里程76.22万公里。国道里程38.40万公里,省道里程40.41万公里。农村公路里程459.86万公里,其中县道里程69.67万公里、乡道里程124.28万公里、村道里程265.91万公里。2023年末我国公路里程构成(按技术等级分)如图1-1所示。

总的来看,新中国成立后,我国公路建设取得了巨大的成就。一是路网密度大大提高;二是农村公路建设成就显著;三是公路、桥梁、隧道建造技术达到国际先进水平,建造了一批标志性工程,如港珠澳大桥、杭州湾大桥、秦岭特长隧道、京新高速公路等;四是高速公路建设成就突出,总里程居全球首位。

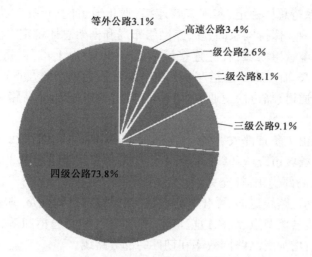

图 1-1　2023 年末全国公路里程构成

与此同时,我国公路的发展还存在一些突出问题。一是区域网络布局仍需完善。区域间通道分布不尽合理,城市群及都市圈网络化水平不高,沿边抵边路网较为薄弱,路网韧性和安全应急保障能力还需提高。二是局部通行能力不足。一些省际公路有待贯通,部分公路通道能力有待提升,特别是在城市群内的城际之间和主要城市过境路段交通量饱和,技术等级结构需要优化。三是发展质量效率有待进一步提高。国家公路网与其他运输方式的一体衔接需要加强,资源节约集约利用水平有提升空间,绿色低碳发展任务艰巨,智慧发展任重道远。

2. 公路发展规划

1981 年,《国家干线公路网(试行方案)》明确国道由"12 射、28 纵、30 横"共 70 条路线组成,总规模约 11 万公里。相对完善的路网体系规划,有效引导了公路建设投资方向,为集中建设国家干线公路奠定了基础。

20 世纪 90 年代实施的《"五纵七横"国道主干线系统规划》,规划"五纵七横"国道主干线总里程约 3.5 万公里。

2013 年 5 月,《国家公路网规划(2013 年—2030 年)》印发,提出到 2030 年,我国国家公路网总规模约 40 万公里。

2022 年 7 月,《国家公路网规划》获国务院批准。国家公路网规划期至 2035 年,远景展望到本世纪中叶。规划目标是到 2035 年,基本建成覆盖广泛、功能完备、集约高效、绿色智能、安全可靠的现代化高质量国家公路网,形成多中心网络化路网格局,实现国际省际互联互通、城市群间多路连通、城市群城际便捷畅通、地级城市高速畅达、县级节点全面覆盖、沿边沿海公路连续贯通。到本世纪中叶,高水平建成与现代化高质量国家综合立体交通网相匹配、与先进信息网络相融合、与生态文明相协调、与总体国家安全观相统一、与人民美好生活需要相适应的国家公路网,有力支撑全面建成现代化经济体系和社会主义现代化强国。

国家公路网规划总规模约 46.1 万公里,由国家高速公路网和普通国道网组成,其中国家高速公路约 16.2 万公里(含远景展望线约 0.8 万公里),普通国道约 29.9 万公里。

规划方案按照"保持总体稳定、实现有效连接、强化通道能力、提升路网效率"的思路,补充完善国家高速公路网。保持国家高速公路网络布局和框架总体稳定,优化部分路线走向,避让生态保护区域和环境敏感区域;补充连接城区人口10万以上市县、重要陆路边境口岸;以国家综合立体交通网"6轴7廊8通道"主骨架为重点,强化城市群及重点城市间的通道能力;补强城市群内部城际通道、临边快速通道,增设都市圈环线,增加提高路网效率和韧性的部分路线。

国家高速公路网由7条首都放射线、11条北南纵线、18条东西横线,以及6条地区环线、12条都市圈环线、30条城市绕城环线、31条并行线、163条联络线组成。

按照"主体稳定、局部优化,补充完善、增强韧性"的思路,优化完善普通国道网。以既有普通国道网为主体,优化路线走向,强化顺直连接、改善城市过境线路、避让生态保护区域和环境敏感区域;补充连接县级节点、陆路边境口岸、重要景区和交通枢纽等,补强地市间通道、沿边沿海公路及并行线;增加提高路网效率和韧性的部分路线。

普通国道网由12条首都放射线、47条北南纵线、60条东西横线,以及182条联络线组成。

第二节 公路功能与分级

一、公路功能

公路功能指公路在路网中为车辆出行提供畅通直达、汇集疏散和出入通达的交通服务能力。公路按照交通功能分为干线公路、集散公路和支线公路。干线公路分为主要干线公路和次要干线公路,集散公路分为主要集散公路和次要集散公路。

1. 干线公路

干线公路具有畅通直达功能,主要满足可通达的要求,交通流不间断,交通质量高,可以节省运行时间,降低运行成本,保证足够的交通安全。

(1)主要干线公路连接20万人口以上的大中城市、交通枢纽、重要对外口岸和军事战略要地,提供省际及大中城市间长距离、大容量、高速度的交通服务。

(2)次要干线公路连接10万人口以上的城市和区域性经济中心,提供区域内或省域内中长距离、较高容量、较高速度的交通服务。

2. 集散公路

集散公路具有汇集疏散的功能,主要用于汇集和分流交通,为公路周围的区域提供交通便利,这类交通要求的车速相对较低。

(1)主要集散公路连接5万人口以上的县(市)、主要工农业生产基地、重要经济开发区、旅游名胜区和商品集散地,提供中等距离、中等容量及中等速度的交通服务,与干线公路衔接、使所有的县(市)都在干线公路的合适距离之内。

(2)次要集散公路连接1万人口以上的县(市)、大的乡镇和其他交通发生地,提供较短距离、较小容量、较低速度的交通服务,衔接干线公路、主要集散公路与支线公路,疏散干线公路交通、汇集支线公路交通。

3. 支线公路

支线公路具有出入通达功能,主要用于满足居民的活动、行走、购物要求等,因此对速度没有特别高的要求,主要强调可达性。支线公路以服务功能为主,直接与用路者的出行源点相衔接;衔接集散公路,为地区出行提供接入与通达服务。

二、公路分级与技术等级选用

1. 公路分级

公路技术标准是指一定数量的车辆在车道上以一定的设计速度行驶时,对路线和各项工程的设计要求。公路技术标准是法定的技术要求,进行公路设计时必须遵守。各级公路的具体标准是由各项技术指标来体现的,主要技术指标包括设计速度、行车道数及宽度、路基宽度、最大纵坡、平曲线最小半径、竖曲线最小半径、行车视距、桥梁设计荷载等,各级公路的具体指标值将在后面各章节中逐一介绍。我国《公路工程技术标准》(JTG B01—2014)(以下简称《标准》)将公路根据功能和适应的交通量分为五个技术等级,即高速公路、一级公路、二级公路、三级公路、四级公路。

(1)高速公路。高速公路为专供汽车分方向、分车道行驶,并应全部控制出入的多车道公路。高速公路的年平均日设计交通量宜在15 000辆小客车以上。

(2)一级公路。一级公路为供汽车分方向、分车道行驶,并可根据需要控制出入的多车道公路。一级公路的年平均日设计交通量宜在15 000辆小客车以上。

(3)二级公路。二级公路为供汽车行驶的双车道公路。二级公路的年平均日设计交通量宜为5 000~15 000辆小客车。

(4)三级公路。三级公路为供汽车、非汽车交通混合行驶的双车道公路。三级公路的年平均日设计交通量宜为2 000~6 000辆小客车。

(5)四级公路。四级公路为供汽车、非汽车交通混合行驶的双车道或单车道公路。双车道四级公路的年平均日设计交通量宜为2 000辆小客车以下;单车道四级公路的年平均日设计交通量宜为400辆小客车以下。

2. 公路技术等级选用

公路技术等级选用应在确定公路功能的基础上,结合项目所在地区的综合交通运输体系、远景发展规划及设计交通量论证确定,并遵循以下原则:

(1)主要干线公路作为公路网中结构层次最高的主通道,应选用高速公路。
(2)次要干线公路作为主要干线公路的补充,应选用二级或二级以上公路。
(3)主要集散公路连接干线公路和支线公路,宜选用一级公路、二级公路。
(4)次要集散公路服务于县乡区域交通,宜选用二级公路、三级公路。
(5)支线公路宜选用三级公路、四级公路,当设计交通量达到5 000辆小客车/日时,宜选用二级公路。

(6) 当既有公路不能满足功能需要时，应结合公路网发展规划，有计划地进行改建。

第三节 公路设计控制因素

设计控制是公路设计应考虑的基本要求，设计控制一般有两种类型，即强制性控制和约束性控制。强制性控制是因方法、环境、安全、经济等原因不得更改的控制因素和条件，如国家部委颁发的强制性条文；约束性控制是希望予以遵守，可以酌情修改的控制因素和条件。

公路设计的控制因素很多，最基本的是与汽车性能有关的因素，如行车的速度、数量、尺寸大小、载质量大小等。反映车辆这些性能的要求和条件，如设计车辆、设计速度、设计交通量、通行能力及服务水平、设计荷载、建筑限界、用地范围等，则是公路几何设计和结构设计控制的基本因素。设计荷载对路线选线的影响较小，本教材不作详细阐述。

一、设计车辆

公路上行驶的车辆主要是汽车，对于混合交通的公路还有一部分非机动车。汽车的物理特性及行驶于路上各种大小车辆的种类和数量是公路几何设计参数的主要依据。为了便于设计和计算，应选择有代表性的车辆即设计车辆作为设计的依据。

1. 车辆类型及外廓尺寸

公路路幅组成、弯道加宽、交叉口的设计、纵坡、视距等都与设计车辆的外廓尺寸有着密切的关系。汽车的种类很多，按使用目的、结构或发动机的不同可分成各种类型，而作为公路设计依据的汽车可分为五类，即小客车、大型客车、铰接客车、载重汽车、铰接列车。《标准》规定公路设计所采用的设计车辆外廓尺寸见表1-1，代表车型的外廓尺寸如图1-2所示。

设计车辆外廓尺寸   表1-1

车辆类型	总长(m)	总宽(m)	总高(m)	前悬(m)	轴距(m)	后悬(m)
小客车	6	1.8	2	0.8	3.8	1.4
大型客车	13.7	2.55	4	2.6	6.5+1.5	3.1
铰接客车	18	2.5	4	1.7	5.8+6.7	3.8
载重汽车	12	2.5	4	1.5	6.5	4
铰接列车	18.1	2.55	4	1.5	3.3+11	2.3

注：铰接列车的轴距(3.3+11)m，3.3m为第一轴至铰接点的距离，11m为铰接点至最后轴的距离。

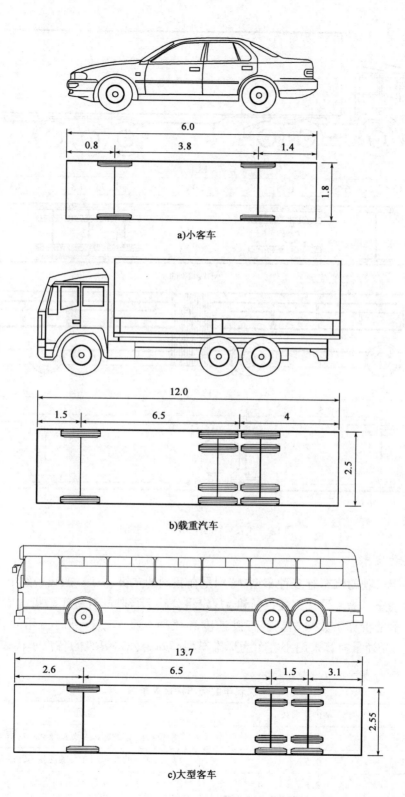

图 1-2

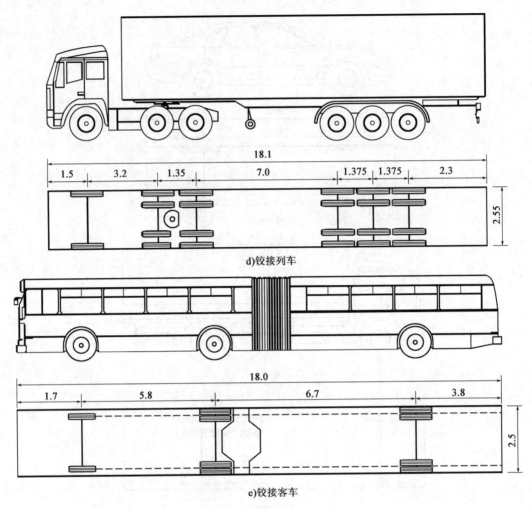

图 1-2 代表车型的外廓尺寸(尺寸单位:m)

2. 交通量换算

在公路上行驶的汽车有多种车型,特别是在我国的二级、三级、四级公路上,还有着相当大比例的非机动车。为了设计方便,《标准》规定将公路上行驶的各种车辆折合成小客车。

各种车辆的折算系数与车辆的行驶速度和该种车型车辆行驶时占用的公路净空有关。《标准》规定,交通量换算采用小客车为标准车型。确定公路等级的各汽车代表车型和车辆折算系数规定见表1-2。

代表车型与车辆折算系数　　　　　　表1-2

代表车型	车辆折算系数	说明
小客车	1.0	座位≤19座的客车和载质量≤2t的货车
中型车	1.5	座位>19座的客车和2t<载质量≤7t的货车
大型车	2.5	7t<载质量≤20t的货车
汽车列车	4.0	载质量>20t的货车

(1)畜力车、人力车、自行车等非机动车,在设计交通量换算中按路侧干扰因素计。

(2)公路上行驶的拖拉机每辆折算为4辆小客车。

(3)公路通行能力分析所要求的车辆折算系数应针对路段、交叉口等形式,按不同的地形条件和交通需求,采用相应的折算系数。

二、设计速度

设计速度是公路设计时确定公路几何线形的关键参数。《标准》根据公路功能与技术等级,结合地形、工程经济、预期的运行速度和沿线土地利用性质等因素,综合论证确定了不同等级公路的设计速度指标。设计速度一经选定,公路的所有相关要素(如圆曲线半径、视距、超高、纵坡、竖曲线半径等指标)均要与其配合,以获得均衡设计。

1. 设计速度的定义

《标准》将设计速度定义为确定公路设计指标并使其相互协调的设计基准速度。

2. 设计速度与运行速度的关系

《标准》中运行速度的定义为路面平整、潮湿,自由流状态下,行驶速度累计分布曲线上对应于85%分位值的速度。在车辆行驶过程中,驾驶员往往采用的是行驶速度,而不是设计速度,行驶速度除了取决于驾驶员自身的驾驶技术和汽车性能以外,还取决于公路及其路侧的外部特征、天气、其他车辆的影响以及限速标志或设施等基本条件。上述任何一种条件都能影响汽车的行驶速度。当交通处于自由流状态且天气条件良好时,公路的外部特征(包括公路本身的道路条件)基本上决定了车辆的行驶速度。

因此,运行速度与设计速度并非一致。根据国内外观测数据分析,当设计速度高时,若公路外部特征不好,运行速度一般低于设计速度;当设计速度低时,若公路外部特征较好,运行速度一般高于设计速度。这也说明运行速度与运行安全有关。公路设计时应采用运行速度进行检验,相邻路段运行速度之差应小于20km/h,同一路段运行速度与设计速度之差宜小于20km/h。

3. 设计速度的规定

《标准》规定的各级公路设计速度见表1-3。

各级公路设计速度　　　　表1-3

公路等级	高速公路			一级公路			二级公路		三级公路		四级公路
设计速度(km/h)	120	100	80	100	80	60	80	60	40	30	30	20

4. 设计速度的选用

(1)高速公路设计速度不宜低于100km/h,受地形、地质等条件限制时,可以选用80km/h。

(2)作为干线的一级公路,设计速度宜采用100km/h;受地形、地质等条件限制时,可采用80km/h。作为集散的一级公路,设计速度宜采用80km/h;受地形、地质等条件限制时,可采用60km/h。

(3)高速公路和作为干线的一级公路的特殊困难局部路段,且因新建工程可能诱发工程地质病害时,经论证,该局部路段的设计速度可采用60km/h,但长度不宜大于15km,或仅限于相邻两互通式立体交叉之间的路段。

(4)作为干线的二级公路,设计速度宜采用80km/h;受地形、地质等条件限制时,可采用60km/h。作为集散的二级公路,设计速度宜采用60km/h;受地形、地质等条件限制时,可采用40km/h。

(5)三级公路设计速度宜采用40km/h;受地形、地质等条件限制时,可采用30km/h。

(6)四级公路设计速度宜采用30km/h;受地形、地质等条件限制时,可采用20km/h。

三、交通量

交通量是指单位时间内通过公路某断面的交通流量(即单位时间内通过公路某断面的车辆数),是确定公路等级的主要依据。交通量的大小与社会经济发展速度、气候、物产、人民文化生活水平等多方面因素有关,且随着时间地点的不同而随机变化。其具体数值可通过交通调查和交通预测确定。

1. 设计交通量

设计交通量是指拟建公路达到预测设计年限时的年平均日交通量,是规划公路、交通设施,确定公路等级,论证公路、交通设施建设可行性及费用的主要依据。

高速公路、一级公路远景年不同服务水平下的年平均日交通量按式(1-1)计算:

$$AADT = C_D N/KD \tag{1-1}$$

式中:AADT——年平均日交通量,pcu/d(辆标准小客车/日);
C_D——设计服务水平下单车道服务交通量,pcu/d;
K——设计小时交通量系数,由当地交通量观测数据确定;
D——方向不均匀系数;
N——单方向车道数。

二级、三级、四级公路年平均日交通量按式(1-2)计算:

$$AADT = C_D R_D /K \tag{1-2}$$

式中:AADT——年平均日交通量,pcu/d;
C_D——二级、三级、四级公路的设计通行能力,pcu/d;
R_D——二级、三级、四级公路的方向分布修正系数;
K——设计小时交通量系数,由当地交通量观测数据确定。

各级公路设计交通量的预测应符合下列规定:

(1)高速公路和一级公路设计交通量预测年限为20年;二级、三级公路设计交通量预测年限为15年;四级公路交通量较小,设计年限根据实际情况确定,不排除合理地延长或减少。

(2)设计交通量预测的起算年应为该项目可行性研究报告中的计划通车年。

2. 设计小时交通量

设计小时交通量(pcu/h)(辆标准小客车/小时)是以小时为计算时段的交通量,是确定车道数和车道宽度或评价服务水平的依据。大量交通统计表明,从全天以及全年来看,每小时交通量的变化量是相当大的。如果以一年中最大的高峰小时交通量作为设计依据,会造成浪费,但如果采用日平均小时交通量则不能满足实际需要,会导致交通拥挤、交通阻塞甚至使交通事故增多。为了使设计交通量的取值既能保证交通安全和道路畅通,又使工程造价经济、合理,可借助一年中小时交通量变化曲线来确定适合设计使用的小时交通量。方法是将全年小时交通量与年平均日交通量的比值(%)按大小顺序排列起来,并绘成曲线,如图 1-3 所示。

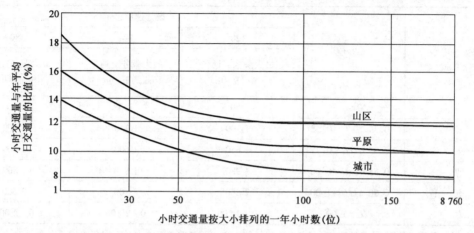

图 1-3 小时交通量与年平均日交通量比值(%)按大小顺序排列曲线

由图 1-3 可知,在第 20~40 位小时交通量附近的曲线急剧变化,其右侧曲线明显变缓,而左侧曲线坡度则急剧加大。显然设计小时交通量的合理取值范围应在第 20~40 位。如以第 30 位小时交通量作为设计依据,意味着在一年中有 29 个小时交通量超过设计值,将发生拥挤,占全年小时数的 0.33%,而能顺利通过的保证率达 99.67%。公路设计小时交通量宜采用第 30 位小时交通量,也可根据项目特点与需求,在当地年第 20~40 位小时交通量之间取值。我国及世界许多国家都采用第 30 位小时交通量作为公路设计小时交通量。

四、通行能力

通行能力是指在正常的公路条件、交通条件和驾驶行为等情况下,在一定的时段内(通常取 1h)可能通过公路设施的最大车辆数,以 pcu/h 为单位。将这些条件用服务水平标准来衡量时,就得到各级服务水平下的服务交通量。通行能力反映了公路设施所能疏导交通流的能力,是公路规划、设计和运营管理的重要参数。通行能力根据使用性质和要求,通常分为以下三种形式。

1. 基准通行能力

基准通行能力是指在基准的道路、交通、控制和环境条件下,均匀路段的一条车道或特定横断面上特定时段内所能通过的最大小时流率,通常以 pcu/(h·ln)[辆标准小客车/(小时·车道)]或 pcu/h 为单位。

2. 设计通行能力

设计通行能力是指在预计的道路、交通、控制和环境条件下,条件基本一致的一条车道或特定横断面上,在所选用的设计服务水平下,特定时段内所能通过的最大小时流率,通常以

pcu/(h·ln)或 pcu/h 为单位。因此,设计通行能力与选取的服务水平级别有关。

公路服务水平指驾驶员感受公路交通流运行状况的质量指标,通常用平均行驶速度、行驶时间、驾驶自由度和交通延误等指标表征。

服务水平划分见表 1-4、表 1-5、表 1-6。

高速公路路段服务水平分级   表 1-4

服务水平等级	v/C 值	设计速度(km/h)		
		120	100	80
		最大服务交通量 [pcu/(h·ln)]	最大服务交通量 [pcu/(h·ln)]	最大服务交通量 [pcu/(h·ln)]
一	v/C≤0.35	750	730	700
二	0.35<v/C≤0.55	1 200	1 150	1 100
三	0.55<v/C≤0.75	1 650	1 600	1 500
四	0.75<v/C≤0.90	1 980	1 850	1 800
五	0.90<v/C≤1.00	2 200	2 100	2 000
六	v/C>1.00	0~2 200	0~2 100	0~2 000

注:v/C 是在基准条件下,最大服务交通量与基准通行能力之比。基准通行能力是五级服务水平条件下对应的最大小时交通量。

一级公路路段服务水平分级   表 1-5

服务水平等级	v/C 值	设计速度(km/h)		
		100	80	60
		最大服务交通量 [pcu/(h·ln)]	最大服务交通量 [pcu/(h·ln)]	最大服务交通量 [pcu/(h·ln)]
一	v/C≤0.3	600	550	480
二	0.3<v/C≤0.5	1 000	900	800
三	0.5<v/C≤0.7	1 400	1 250	1 100
四	0.7<v/C≤0.9	1 800	1 600	1 450
五	0.9<v/C≤1.0	2 000	1 800	1 600
六	v/C>1.0	0~2 000	0~1 800	0~1 600

二级公路、三级公路路段服务水平分级   表 1-6

服务水平等级	延误率(%)	设计速度(km/h)									
		80				60				≤40		
		速度(km/h)	v/C			速度(km/h)	v/C			速度(km/h)	v/C		
			禁止超车区(%)				禁止超车区(%)				禁止超车区(%)		
			<30	30~70	≥70		<30	30~70	≥70		<30	30~70	≥70
一	≤35	≥76	0.15	0.13	0.12	≥58	0.15	0.13	0.11		0.14	0.12	0.10
二	≤50	≥72	0.27	0.24	0.22	≥56	0.26	0.22	0.20		0.25	0.19	0.15

续上表

服务水平等级	延误率（%）	设计速度（km/h）										
		80				60				≤40		
		速度（km/h）	v/C			速度（km/h）	v/C			速度（km/h）	v/C		
			禁止超车区（%）				禁止超车区（%）				禁止超车区（%）		
			<30	30~70	≥70		<30	30~70	≥70		<30	30~70	≥70
三	≤65	≥67	0.40	0.34	0.31	≥54	0.38	0.32	0.28	≥48	0.37	0.25	0.20
四	≤80	≥58	0.64	0.60	0.57	≥48	0.58	0.48	0.43		0.54	0.42	0.35
五	≤90	≥48	1.00	1.00	1.00	≥40	1.00	1.00	1.00		1.00	1.00	1.00
六	>90	<48	—	—	—	<40	—	—	—		—	—	—

注：1. 设计速度为80km/h、60km/h和40km/h，路面宽度为9m的双车道公路，其基准通行能力分别为：2 800pcu/h、2 500pcu/h 和 2 400pcu/h。

2. 延误率为车头时距小于或等于5s的车辆数占总交通量的百分比。

各级服务水平的含义如下：

一级服务水平，是指交通流处于完全自由流状态，交通量小，速度高，行车密度小，驾驶员能自由地按照自己的意愿选择所需速度，行驶车辆不受或基本不受交通流中其他车辆的影响。在交通流内驾驶的自由度很大，为驾驶员、乘客或行人提供的舒适度和方便性非常优越。较小的交通事故或行车障碍的影响容易消除，在事故路段不会产生车辆停滞排队现象，道路很快就能恢复到一级服务水平。

二级服务水平，是指交通流处于相对自由流的状态，驾驶员基本上可按照自己的意愿选择行驶速度，但是开始要注意到交通流内其他使用者，驾驶员身心舒适水平很高，较小交通事故或行车障碍的影响容易消除，事故路段的运行服务情况比一级差些。

三级服务水平，是指交通流处于稳定流的上半段，车辆间的相互影响变大，选择速度受到其他车辆的影响，变换车道时驾驶员要格外小心，较小交通事故仍能消除，但事故发生路段的服务质量大大降低，严重的阻塞使后面形成排队车流，驾驶员心情紧张。

四级服务水平，是指交通流处于稳定流范围下限，但是车辆运行明显地受到交通流内其他车辆的影响，速度和驾驶的自由度受到明显限制。交通量稍有增加就会导致服务水平显著降低，驾驶人员身心舒适水平降低，即使较小的交通事故也难以消除，会形成很长的排队车流。

五级服务水平，是指交通流处于拥堵流的上半段，是达到最大通行能力时的运行状态。对于交通流的任何干扰，例如车流从匝道驶入或车辆变换车道，都会在交通流中产生一个干扰波，交通流不能消除它，任何交通事故都会形成长长的排队车流，车流行驶灵活性极端受限，驾驶人员身心舒适水平很差。

六级服务水平，是指交通流处于拥堵流的下半段，是通常意义上的强制流或阻塞流。在这一服务水平下，交通设施的交通需求超过其允许的通过量，车流排队行驶，队列中的车辆出现停停走走现象，运行状态极不稳定，可能在不同交通流状态间发生突变。

《标准》规定各级公路设计采用的服务水平见表1-7。一级公路用作集散公路时，设计服务水平可降低一级。对于长隧道及特长隧道路段、非机动车及行人密集路段、互通式立体交叉的分合流区段以及交织区段，设计服务水平可降低一级。

各级公路设计采用的服务水平   表1-7

公路等级	高速公路	一级公路	二级公路	三级公路	四级公路
服务水平	三级	三级	四级	四级	—

3. 实际通行能力

实际通行能力是指在实际或预计的道路、交通、控制和环境条件下,已知公路设施的某车道或特定横断面上,特定时段内所能通过的最大小时流率,通常以 pcu/(h·ln) 或 pcu/h 为单位。其含义是设计或评价某一具体路段时,根据该设施具体的公路几何构造、交通条件以及交通管理水平,对不同服务水平下的服务交通量(如基准通行能力或设计通行能力)按实际公路条件、交通条件等进行相应修正后的小时流率。

五、公路建筑限界

公路建筑限界又称净空,是为保证车辆、行人的通行安全,对公路和桥面上以及隧道中规定的在一定高度和宽度范围内不允许有任何障碍物侵入的空间界限。它由净高和净宽两部分组成。公路建筑限界的上缘边界线为水平线(超高路段与超高横坡平行),两侧边界线与水平线垂直(超高路段与路面垂直)。在进行横断面设计时,应充分研究各路幅组成要素与公路公共设施之间的关系,在有限的空间内合理安排、正确设计,公路标志、标牌、护栏、照明灯柱、电杆、行道树、桥墩、桥台等设施的任何部件不能侵入建筑限界之内。

《标准》规定各级公路建筑限界如图1-4所示。

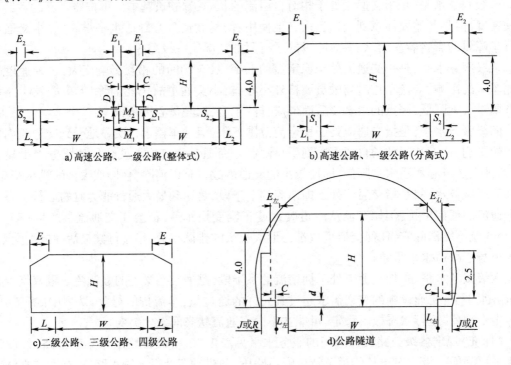

图1-4 建筑限界(尺寸单位:m)

a) 高速公路、一级公路(整体式)
b) 高速公路、一级公路(分离式)
c) 二级公路、三级公路、四级公路
d) 公路隧道

其中：W——行车道宽度；
  L_1——左侧硬路肩宽度；
  L_2——右侧硬路肩宽度；
  S_1——左侧路缘带宽度；
  S_2——右侧路缘带宽度；
  L——侧向宽度，二级公路的侧向宽度为硬路肩宽度，三级公路、四级公路的侧向宽度为路肩宽度减去 0.25m，设置护栏时，应根据护栏需要的宽度加宽路基；
  $L_左$——隧道内左侧侧向宽度；
  $L_右$——隧道内右侧侧向宽度；
  C——当设计速度大于100km/h时为0.5m，小于或等于100km/h时为0.25m；
  D——路缘石高度，小于或等于0.25m，一般情况下，高速公路可不设缘石；
  M_1——中间带宽度；
  M_2——中央分隔带宽度；
  J——检修道宽度；
  R——人行道宽度；
  d——检修道或人行道高度；
  E——建筑限界顶角宽度，当$L \leq 1m$时，$E = L$；当$L > 1m$时，$E = 1m$；
  E_1——建筑限界顶角宽度，当$L_1 < 1m$，$E_1 = L_1$，或$S_1 + C < 1m$时，$E_1 = S_1 + C$；当$L_1 \geq 1m$或$S_1 + C \geq 1m$时，$E_1 = 1m$；
  E_2——建筑限界顶角宽度，$E_2 = 1m$；
  $E_左$——建筑限界左顶角宽度，当$L_左 \leq 1m$时，$E_左 = L_左$；当$E_左 > 1m$时，$E_左 = 1m$；
  $E_右$——建筑限界右顶角宽度，当$E_右 \leq 1m$时，$E_右 = L_右$；当$L_右 > 1m$时，$E_右 = 1m$；
  H——净空高度。

注：1. 设置加（减）速车道、紧急停车带、爬坡车道、错车道、慢车道、车道隔离设施等路段，行车道应包括该部分的宽度。

2. 八车道及以上的高速公路（整体式），设置左侧硬路肩时，建筑限界应包括左侧硬路肩宽度。

3. 一条公路应采用同一净高。高速公路、一级公路、二级公路的净高应为5.00m；三级公路、四级公路的净高应为4.50m。

4. 人行道、自行车道、检修道与行车道分开设置时，其净高应为2.50m。

5. 路基、桥梁、隧道相互衔接处，其建筑限界应按过渡段处理。

六、公路用地

公路用地是指为修建、养护公路及其沿线设施而依照国家规定所征用的土地。

公路用地的征用，必须严格遵守国家有关的土地法规，依据公路横断面设计的要求，在保证其修建、养护所必需用地的前提下，尽量节省每一寸土地，不占或少占高产田。

公路用地范围的确定应符合下列规定：

（1）公路用地范围为公路路堤两侧排水沟外边缘（无排水沟时为路堤或护坡道坡脚）以外，或路堑坡顶截水沟外边缘（无截水沟时为坡顶）以外，不小于1m范围内的土地；在有条件的地段，高速公路、一级公路不小于3m，二级公路不小于2m范围内的土地为公路用地范围。

（2）在风沙、雪害、滑坡、泥石流等不良地质地带设置防护、整治设施时，以及在膨胀土、盐渍土等特殊土地带采取处治措施时,应根据实际需要确定用地范围。

(3)桥梁、隧道、互通式立体交叉、分离式立体交叉、平面交叉、安全设施、服务设施、管理设施、绿化以及其他线外工程等用地,应根据实际需要确定用地范围。

(4)有条件或环境保护要求种植多行林带的地段,应根据实际情况确定用地范围。

(5)改建公路可参照新建公路用地范围的规定执行。

第四节　公路建设项目建设程序

公路建设是指公路、桥梁、隧道、交通工程及沿线设施和公路渡口的项目建议书、可行性研究、勘察、设计、施工、竣(交)工验收和后评价全过程的活动。

公路建设应当按照国家规定的建设程序和有关规定进行。政府投资公路建设项目实行审批制,企业投资公路建设项目实行核准制。县级以上人民政府交通主管部门应当按职责权限审批或核准公路建设项目,不得越权审批、核准项目或擅自简化建设程序。

一、公路建设项目的建设程序

1. 政府投资公路建设项目的实施

政府投资的公路建设项目应当按照下列程序进行:

(1)根据规划,编制项目建议书。

(2)根据批准的项目建议书,进行工程可行性研究,编制可行性研究报告。

(3)根据批准的可行性研究报告,编制初步设计文件。

(4)根据批准的初步设计文件,编制施工图设计文件。

(5)根据批准的施工图设计文件,组织项目招标。

(6)根据国家有关规定,进行征地拆迁等施工前准备工作,并向交通主管部门申报施工许可。

(7)根据批准的项目施工许可,组织项目实施。

(8)项目完工后,编制竣工图表、工程决算和竣工财务决算,办理项目交、竣工验收和财产移交手续。

(9)竣工验收合格后,组织项目后评价。

国务院对政府投资公路建设项目建设程序另有简化规定的,依照其规定执行。

2. 企业投资公路建设项目的实施

企业投资的公路建设项目应当按照下列程序进行:

(1)根据规划,编制工程可行性研究报告。

(2)组织投资人招标工作,依法确定投资人。

(3)投资人编制项目申请报告,按规定报项目审批部门核准。

(4) 根据核准的项目申请报告,编制初步设计文件,其中涉及公共利益、公众安全、工程建设强制性标准的内容应当按项目隶属关系报交通主管部门审查。

(5) 根据初步设计文件编制施工图设计文件。

(6) 根据批准的施工图设计文件组织项目招标。

(7) 根据国家有关规定,进行征地拆迁等施工前准备工作,并向交通主管部门申报施工许可。

(8) 根据批准的项目施工许可,组织项目实施。

(9) 项目完工后,编制竣工图表、工程决算和竣工财务决算,办理项目交、竣工验收。

(10) 竣工验收合格后,组织项目后评价。

二、公路设计阶段与任务

下面仅简要介绍政府投资公路建设项目的工程可行性研究、设计阶段及其主要内容和设计文件组成。

1. 公路工程可行性研究

可行性研究是在项目建设前必须进行的各项研究工作中最重要的阶段,其主要任务是通过全面的调查研究和工程勘察、测量等工作,进行技术、经济论证,分析、判断建设项目的建设必要性、技术可行性、经济合理性、实施可能性,为工程项目的决策提供依据。待项目建议书被批准后,方可进行可行性研究工作。可行性研究视工程的规模一般分为两阶段,即预可行性研究和工程可行性研究,对小型不复杂的工程也可直接进行工程可行性研究。

预可行性研究是项目建议书与工程可行性研究的中间阶段,主要是复查、落实项目建议书中提供的投资机会,对不同的建设方案作出粗略的分析、比选,明确项目中哪些问题是关键,是否有必要进行专题研究。预可行性研究在内容结构上与工程可行性研究基本一致,但论证依据不需要过分详细,对数据资料的准确性要求也不是很高,有关费用可以从现有的可比项目中参考得出。

工程可行性研究的内容一般包括:

(1) 工程项目的背景。论述建设项目的任务依据、历史背景和研究范围,提出可行性研究的主要结论。

(2) 现状及问题。调查及论述建设地区综合运输网的交通现状和建设项目在交通运输网中的地位与作用,论述原有公路的工程技术状况以及不适应的程度。

(3) 发展预测。进行全面的交通调查和经济调查,论述建设项目所在地区的经济特征,研究建设项目与经济发展的内在联系,预测交通运输量的发展情况。

(4) 公路建设标准和规模。论述项目采用的技术等级及其主要技术指标和建设规模。

(5) 建设条件和方案选择。调查建设项目所处地理位置的地形、地质、地震、气候、水文等自然特征,以及建筑材料来源及运输条件;进行工程方案的比选,提出推荐路线方案的走向和主要控制点;评价建设项目对环境的影响,并提出合理保护环境的措施。

(6) 投资估算与资金筹措。计算建造项目所需的投资估算金额,包括建筑安装工程费、设备购置费、征地拆迁费、勘察设计费、研究试验费、建设管理费、预备费等;拟订资金筹措方案,初步确定投资总额中资本金、贷款债券、补贴等具体组成金额。

(7) 工程建设实施计划。计划包括勘测设计和工程施工的计划与要求、工程管理和技术人员的培训等。

(8) 经济评价。经济评价分为国民经济评价和财务评价。国民经济评价一般包括运输成本等经济参数的确定，建设项目的直接经济效益和费用的估算，进行经济评价敏感性分析，建设项目的间接经济效益分析。收费公路还需做财务分析。

(9) 问题与建议。客观地说明可行性研究中存在的问题，相应地提出对下一步工作的建议。需强调指出，工程可行性研究必须实事求是，尊重客观经济规律，使可行性研究工作确实起到"把关作用"，使项目投产后能达到预期的效果，减少投资风险。"不可行"的研究结果，也是一个成功的可行性研究报告，从避免造成投资浪费的角度上讲，其价值更高。切忌一开展可行性研究工作就在主观上形成必定"可行"的不实事求是的做法，更应避免只站在本单位立场上而不顾国家大局，"想方设法"使研究结论成为"可行"的情况。

2. 设计阶段及其主要内容

工程可行性研究报告经主管部门审查批准后，即可进入设计阶段。根据工程的性质、复杂程度等具体情况，可以采用一阶段设计、两阶段设计和三阶段设计。

一阶段设计即一阶段施工图设计，适用于技术简单、方案明确的小型建设项目。

两阶段设计即初步设计和施工图设计，适用于一般建设项目。

三阶段设计即初步设计、技术设计和施工图设计，适用于技术复杂、基础资料缺乏和不足的建设项目或建设项目中的个别路段、特大桥、互通式立体交叉、隧道等。

(1) 初步设计。两阶段和三阶段设计中的初步设计应根据批准的可行性研究报告、设计任务书(或测设合同)和初测资料编制。其主要内容包括拟定修建原则、选定设计方案、计算工程数量和主要材料数量、提出施工方案、编制设计概算、提供文字说明及图表资料。初步设计在选定方案时，应对路线的走向控制点和方案进行现场核查，征求沿线地方政府和建设单位意见，基本落实路线布置方案。一般应进行纸上定线，赴实地核对，落实并放出必要的控制线位桩。对复杂困难地段的路线互通式立体交叉、隧道、大桥及特大桥的位置等，应选择两个或两个以上的方案进行同深度、同精度的测设工作和方案比选，提出推荐方案。

(2) 技术设计。三阶段设计中的技术设计应根据批复的初步设计方案、测设合同和定测、详勘资料编制。技术设计阶段的目的是对重大、复杂的技术问题进一步落实设计方案。其主要内容包括，通过科学实验、专题研究，加深勘探调查及分析比较，解决初步设计中未解决的问题，落实技术方案，计算工程数量，提出修正的施工方案，修正设计概算。

(3) 施工图设计。施工图设计阶段的目的是对批准的推荐方案进行详细设计以满足施工的要求。其主要内容包括对审定的修建原则、设计方案、技术决定加以具体和深化，最终确定各项工程数量，提出文字说明和适应施工需要的图表资料以及施工组织计划，并编制施工图预算。

一阶段施工图设计应根据批准的可行性研究报告、测设合同和定测、详勘资料编制。其目的和内容是拟定修建原则，确定设计方案和工程数量，提出文字说明和图表资料以及施工组织计划，编制施工图预算，满足审批的要求，适应施工的需要。

两阶段设计中的施工图设计应根据批复的初步设计方案、测设合同和定测、详勘(含补充定测、详勘)资料编制。

三阶段设计中的施工图设计应根据批复的技术设计方案、测设合同和补充定测、补充详勘资料编制。

3. 设计文件组成

设计文件是公路勘测设计的最后成果,经审查批准后是公路施工的依据,其组成、内容和要求随设计阶段不同而异。

根据《公路工程基本建设项目设计文件编制办法》规定,设计文件组成和内容如下:

(1)初步设计文件。初步设计文件由总体设计、路线、路基路面、桥梁涵洞、隧道、路线交叉、交通工程及沿线设施,环境保护与景观设计、其他工程、筑路材料、施工方案、设计概算12篇和基础资料组成。

(2)施工图设计文件。施工图设计文件由总体设计、路线、路基路面、桥梁涵洞、隧道、路线交叉、交通工程及沿线设施、环境保护与景观设计、其他工程、筑路材料、施工组织计划、施工图预算共12篇和基础资料组成。

(3)技术设计文件。编制技术设计文件的组成和内容可参照初步设计文件和施工图设计文件规定编制,对于公路工程建设项目中的特大桥、互通式立体交叉、隧道、交通工程及沿线设施的技术设计文件,还必须对整个建设项目的总体设计情况予以补充说明,对总概算加以修正。

第五节　本课程概述

一、本课程的性质和学习本课程的基本要求

"公路勘测设计"是道路运输类道路与桥梁工程技术专业的一门核心课,主要介绍公路勘测设计的基本理论、原理和方法,是实践性很强、与理论紧密结合的课程。因此,学习本课程,必须贯彻理论与实际相结合的原则,通过学习,应能熟悉公路线形的基本设计方法。课程除课堂教学外,还应结合多媒体和实践进行教学,并要求在课程设计中完成一段路线的设计。在条件允许的情况下,应组织参观或调查,生产实践方面的内容将在毕业实习中学习。

二、本课程的特点

公路是一条带状的空间三维结构物,它受到人、车、路、环境等诸多因素的影响和约束。公路交通特性、驾驶员的心理状态与公路几何设计都有着密切的关系。为了能满足行车安全、快速、经济、舒适和路容美观协调等要求,在设计时要深入调查、综合研究各方面的影响因素,从而设计出技术可行、方案合理、结构先进、费用节省、环境协调、效益明显的公路。

本课程与道路工程制图、工程测量、工程地质、道路建筑材料、桥梁工程、路基路面工程等专业基础课、专业核心课有着密切的联系,在学习时需综合运用。

三、本课程的主要内容

本课程的主要学习内容包括平面设计、纵断面设计、横断面设计、选线、定线及公路外业勘测和公路交叉设计以及公路计算机辅助设计等。

如何进行合理的公路线形几何设计和路线外业勘测是本课程学习的重点。有关公路结构的内容将在路基路面工程、桥梁工程、隧道工程等专业核心课中学习。

通过本课程的学习,应掌握公路平面、纵断面、横断面设计内容和方法,以及相应的技术标准规范的要求;了解不同地形条件下的选线要点和定线程序;掌握实地放线的方法以及公路外业勘测作业内容。本课程所授内容是从事公路勘测设计和公路施工测设工作必备的知识,应予以重视。

1. 现代交通运输方式有哪些?公路运输有哪些特点?
2. 《公路工程技术标准》(JTG B01—2014)将我国公路分为哪几个技术等级?
3. 简述公路"两阶段设计"及其主要内容。
4. 施工图设计文件由哪几部分组成?

第二章 CHAPTER TWO
平面设计

学习目标

通过本章学习,应了解行车视距的种类;熟悉公路直线、圆曲线以及缓和曲线设计的相关标准和规范;熟悉公路平面线形的组成和平面设计成果;能合理选用圆曲线半径;能进行中桩坐标的计算;能编制《直线、曲线及转角一览表》。

公路是三维空间的带状实体,该实体表面的中心线为中线,如图 2-1 所示。路线是指公路中线的空间位置,路线在水平面上的投影称为路线的平面,如图 2-2 所示。沿公路中线竖直剖切再行展开则是路线的纵断面。中线上任一点的法向切面是公路在该点的横断面。

1. 平面、纵断面、横断面的定义

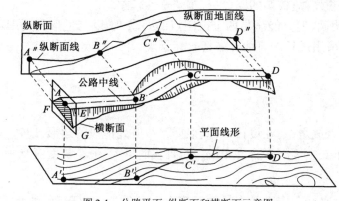

图 2-1 公路平面、纵断面和横断面示意图

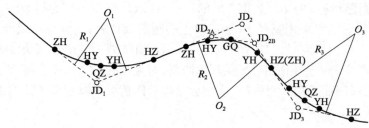

图 2-2 路线的平面

公路路线设计就是确定路线空间位置和各部分几何尺寸,包括路线的平面设计、纵断面设计和横断面设计,三者是相互关联的,既要分别设计,又需综合考虑。

公路平面线形由直线、圆曲线和缓和曲线构成,通常称之为平面线形三要素。公路平面线形设计就是从线形的角度研究三个要素的选用和相互间的组合等问题。

第一节 直线

一、直线的线形特征

直线作为平面线形要素之一,在公路平面设计中使用最为广泛。因为两点之间距离以直线为最短,因此一般在选线和定线时,只要地势平坦,无大的地物、地形障碍,选线、定线人员都会首先考虑使用直线。其主要特征是:

(1)直线以最短的距离连接两个目的地,具有路线短捷、可缩短里程和行车方向明确的特点。

(2)直线具有视距良好、行车快速等特点。

(3)由于已知两点就可以确定一条直线,因而直线线形简单,容易测设。

(4)笔直的公路给人以简捷、直达、刚劲的良好印象,但从行车安全的角度来看,过长的直线线形呆板,行车单调,易使驾驶员产生疲劳;容易发生超车和超速行驶,行车时驾驶员难以估计两车间距离;在直线上夜间行车时,对向车的灯光容易对驾驶员造成眩光危害等。因而,过长的直线路段,往往是发生交通事故较多的路段,行车安全性较差。

(5)直线虽然路线方向明确,但只能满足两个控制点的要求,难以与地形及周围环境相协调。特别是在山区、丘陵区,采用过长的直线会破坏自然景观,并易造成大挖大填,工程的经济性也较差。

二、直线长度限制

直线是平面线形的基本组成之一,在设计中,应根据路线所处地段的地形、地物,驾驶员的视觉、心理状态以及保证行车安全等因素合理布设。对直线的最大、最小长度应有所限制。

1. 直线的最大长度

由于长直线的安全性差,有些国家在长直线的运用上有条件地加以限制,如日本、德国规定直线最大长度不宜超过设计速度的 20 倍,即 72s 的行程;西班牙规定不宜超过 80% 设计速度的 90s 行程;法国规定长直线宜采用直径 5 000m 以上的圆曲线代替;美国规定线形应尽可能直捷,但应与地形一致。我国目前尚无统一的规定。在运用直线线形并确定其长度时,应遵循一定的原则,即公路线形应与地形相适应,与景观相协调,对直线的最大长度应有所限制;受地形条件或其他特殊情况限制而采用长直线时,应结合沿线具体情况采取相应的技术措施。

2. 直线的最小长度

(1)同向曲线间的直线最小长度。同向曲线是指在两个转向相同的相邻曲线间连以直线形成的平面线形。其中间的直线长度就是指前一曲线的终点至后一曲线的起点之间的长度。当此直线长度很短时,在视觉上容易形成直线与两端的曲线构成反弯的错觉,使整个线形组合缺乏连续性,形成所谓的"断背曲线"。《公路路线设计规范》(JTG D20—2017)(以下简称《规范》)规定:当设计速度≥60km/h时,同向曲线间直线最小长度(以 m 计)以不小于设计速度(以 km/h 计)的 6 倍为宜,即 $L_1 \geq 6v$(v 为设计速度),如图 2-3a)所示;当设计速度≤40km/h时,可参照上述规定执行。

(2)反向曲线间的直线最小长度。反向曲线是指在两个转向相反的相邻曲线间连以直线形成的平面线形。由于两弯道转弯方向相反,考虑其超高和加宽缓和的需要以及驾驶员的操作方便,对其间的直线最小长度应予以限制。《规范》规定:当设计速度≥60km/h时,反向曲线间直线最小长度(以 m 计)以不小于设计速度(以 km/h 计)的 2 倍为宜,即 $L_2 \geq 2v$,如图 2-3b)所示;当设计速度≤40km/h时,可参照上述规定执行。

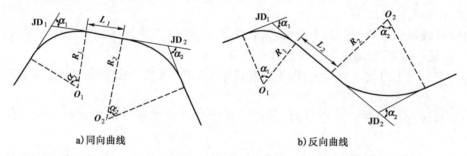

a)同向曲线　　　　　b)反向曲线

图 2-3　同向与反向曲线

(3)相邻回头曲线间的直线最小长度。回头曲线是指山区公路为克服高差在同一坡面上回头展线时所采用的曲线,如图 2-4 所示。《规范》规定:两相邻回头曲线之间,应有较长的距离,一个回头曲线的终点至下一个回头曲线起点的距离,当设计速度为 40km/h、30km/h、20km/h 时,应分别不小于 200m、150m、100m。

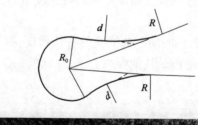

图 2-4　回头曲线

三、直线设计要点

1. 适宜采用直线的路段

(1) 路线不受地形、地物限制的平原区或山间的开阔谷地。

(2) 市镇及其近郊或规划方正的农耕区等以直线为主体的地区。

(3) 为缩短构造物长度以便于施工的长大桥梁、隧道路线。

(4) 为争取较好的行车和通视条件的平面交叉前后。

(5) 双车道公路在适当间隔内设置一定长度的直线,以提供较好条件的超车路段。

2. 运用直线线形应注意的问题

(1) 采用直线时,应特别注意它同地形的关系。在运用直线线形并决定其长度时,必须持谨慎态度,并不宜采用长直线。

(2) 长直线或长下坡尽头的平曲线,除曲线半径、超高、视距等必须符合规定要求外,还必须采取设置安全标志、增加路面抗滑能力等措施。

(3) 在长直线上纵坡不宜过大,因为长直线加上陡坡,下坡时很容易超速行车导致行车安全问题。

(4) 长直线宜与大半径凹形竖曲线组合,这样可以使生硬呆板的直线得到一些缓和或改善。

(5) 道路两侧地形过于空旷时,宜采取种植不同树种或设置一些建筑物、雕塑、广告牌等措施,以改善单调的景观。

(6) 关于"长直线"的量化问题。我国目前尚无统一的规定,已建成的京津塘和济青高速公路的直线长度不超过 3 200m,沈大高速公路多处出现 5~8km 的长直线,最长为 13km,从运营效果看,也未导致严重的交通安全问题。在实际工程中,设计者可根据地形、地物、自然景观以及经验等决定直线的最大长度,并对直线路段采用运行速度进行检查,以确保直线段与相邻曲线段线形设计的连续性。

(7) 直线长度也不宜过短,特别是同向圆曲线间的直线长度,要符合规范规定。

必须强调的是,无论是高速公路还是其他等级公路,在任何情况下都要避免追求长直线。

第二节 圆曲线

圆曲线是公路平面设计中最常用的线形之一。各级公路不论转角大小,在转折处均应设置平曲线,而圆曲线是平曲线的主要组成部分。圆曲线具有易与地形相适应、线形美观、易于测设等优点,使用十分广泛。

一、圆曲线的几何要素

圆曲线的几何要素如图 2-5 所示。

切线长 $\quad T = R\tan\dfrac{\alpha}{2}$

曲线长 $\quad L = \dfrac{\pi}{180}\alpha R$

外距 $\quad E = R\left(\sec\dfrac{\alpha}{2} - 1\right)$

切曲差 $\quad J = 2T - L$

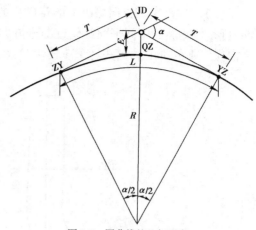

图 2-5 圆曲线的几何要素

式中：T——切线长,m；

L——曲线长,m；

E——外距,m；

J——切曲差(或校正值),m；

R——圆曲线半径,m；

α——转角,(°)。

二、圆曲线半径的计算公式与影响因素

行驶在曲线上的汽车由于受离心力作用,其稳定性受到影响,而离心力的大小又与圆曲线半径密切相关,半径越小对行车稳定性越不利,所以在选择圆曲线半径时,应尽可能采用较大的值,只有在地形或其他条件受到限制时,才可使用较小的圆曲线半径。为了行车的安全与舒适,《标准》规定了圆曲线半径在不同情况下的最小值。

根据汽车行驶在曲线上力的平衡方程式得到：

$$R = \dfrac{v^2}{127(\mu \pm i_\mathrm{b})} \tag{2-1}$$

式中：R——圆曲线半径,m；

v——行车速度,km/h；

μ——横向力系数；

i_b——超高横坡度,%,设超高时公式采用"+",不设超高时公式采用"-"。

在指定行车车速 v 下,最小圆曲线半径取定于容许的最大横向力系数 μ_max 和该曲线的最大超高 $i_\mathrm{b,max}$。

1. 横向力系数

横向力系数 μ 可近似为单位车重上受到的横向力。横向力的存在会对行车产生不利影响,而且 μ 越大,对行车越不利,主要表现在以下几个方面。

(1)影响行车安全。汽车在圆曲线上行驶的基本前提是轮胎在路面上不发生滑移,这就要求横向力系数 μ 小于轮胎与路面之间的横向摩阻系数 f：

$$\mu \leqslant f \tag{2-2}$$

f 与车速、路面、轮胎等有关。一般在干燥路面上,f 为 0.4~0.8；在潮湿的沥青路面上,汽车高速行驶时,f 降到 0.25~0.40；路面结冰和积雪时,f 降到 0.2 以下；在光滑的冰面上,f 可降到 0.06(不加防滑链)。

(2)增加汽车在方向操纵上的难度。曲线上行驶的汽车,在横向力作用下,轮胎会产生横向变形,使轮胎的中间平面与轮迹前进方向形成一个横向偏移角(图2-6),从而增加了汽车在方向操纵上的难度。尤其是车速较快时,就更不容易保持驾驶方向上的稳定。

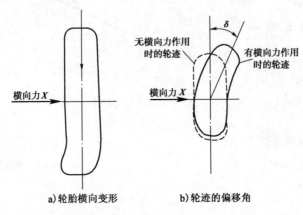

a) 轮胎横向变形　　b) 轮迹的偏移角

图 2-6　汽车轮胎的横向偏移角 δ

(3)增加燃油消耗和加剧轮胎磨损。横向力系数 μ 的存在使轮胎与路面之间的摩阻力增大,导致车辆的燃油消耗增加,轮胎磨损加剧。表 2-1 为不同横向力系数下的实测损耗值。

实测损耗值　　　　　　　　　　　　表 2-1

横向力系数 μ	燃油消耗(%)	轮胎磨损(%)	横向力系数 μ	燃油消耗(%)	轮胎磨损(%)
0	100	100	0.15	115	300
0.05	105	160	0.20	120	390
0.10	110	220			

(4)乘车感觉不舒适。汽车在曲线上行驶时,随横向力系数 μ 值的变化,乘客有不同的感受。根据相关试验,乘客感觉和心理反应随 μ 的变化如下:

当 $\mu < 0.10$ 时,不感到有曲线存在,很平稳;

当 $\mu = 0.15$ 时,稍感到有曲线存在,尚平稳;

当 $\mu = 0.20$ 时,已感到有曲线存在,稍感不平稳;

当 $\mu = 0.35$ 时,感到有曲线存在,明显感到不平稳;

当 $\mu \geq 0.40$ 时,非常不稳定,站不住,有倾倒的危险感。

综上所述,采用的 μ 值是否合适关系到行车的安全性、经济性与舒适性。为计算最小圆曲线半径,应考虑各方面因素,采用一个合适的 μ 值。一般 μ_{max} 取 0.10 ~ 0.16,车速高时取低值,车速低时取高值。

2. 超高横坡度

(1)最大超高横坡度 $i_{b,max}$。在车速较快的情况下,为了平衡离心力,要采用较大的超高横坡度,但公路上行驶车辆的速度并不一致,特别是在混合交通的公路上,需要兼顾快、慢车的行驶安全。对于慢车,特别是因故暂停在弯道上的车辆,其离心力接近于 0 或等于 0,如超高横坡度过大,超出轮胎与路面间的横向摩阻系数,车辆有沿着路面最大合成坡度下滑的危险。因此,最大超高横坡度必须满足式(2-3)的要求:

$$i_{b,max} \leq f_w \tag{2-3}$$

式中:f_w——一年中气候恶劣季节路面的横向摩阻系数。

确定最大超高横坡度$i_{b,max}$时,除考虑公路所在地区的气候条件外,还必须给予驾驶员和乘客心理上的安全感。对山岭重丘区、城市附近、交叉口以及有相当数量非机动车行驶的公路,最大超高横坡度比一般公路还要小些。

《规范》对各级公路圆曲线最大超高横坡度的规定见表2-2。

各级公路圆曲线最大超高横坡度 表2-2

公路技术等级	高速公路、一级公路	二级公路、三级公路、四级公路
一般地区(%)	8 或 10	8
积雪冰冻区(%)	6	
城镇区域(%)	4	

注:一般地区公路,圆曲线最大超高横坡度应采用8%;以通行中、小型客车为主的高速公路和一级公路,最大超高横坡度可采用10%。

二、三、四级公路接近城镇且混合交通量较大的路段,车速受到限制时,其最大超高横坡度可按表2-3采用。

车速受限制时最大超高横坡度 表2-3

设计速度(km/h)	80	60	40	30	20
超高横坡度(%)	6	4	2		

(2)最小超高横坡度$i_{b,min}$。公路的超高横坡度不应该小于公路直线段的路拱横坡度,否则不利于公路的排水。因此,最小超高横坡度应满足式(2-4)的要求:

$$i_{b,min} = i_1 \tag{2-4}$$

式中:i_1——路拱横坡度。

三、两种圆曲线的最小半径

行驶在曲线上的汽车由于受到离心力的作用,其稳定性受到了影响,离心力的大小又与曲线半径密切相关,半径越小越不利。所以在选择圆曲线半径时,应尽可能采用较大的半径值,只有在地形或其他条件受到限制时,才可使用较小的曲线半径。为了行车安全与舒适,下面给出了两种圆曲线的最小半径,即圆曲线最小半径和不设超高的圆曲线最小半径。

1.圆曲线最小半径

圆曲线最小半径是指对于按设计速度行驶的车辆,能保证其安全行驶的最小半径。表2-4是《规范》规定的圆曲线最小半径。路线设计中圆曲线最小半径的极限值,是在特殊困难条件下不得已才使用,一般不能轻易采用。

圆曲线最小半径 表2-4

设计速度(km/h)		120	100	80	60	40	30	20
圆曲线最小半径(一般值)(m)		1 000	700	400	200	100	65	30
圆曲线最小半径 (极限值)(m)	$I_{max}=4\%$	810	500	300	150	65	40	20
	$I_{max}=6\%$	710	440	270	135	60	35	15
	$I_{max}=8\%$	650	400	250	125	60	30	15
	$I_{max}=10\%$	570	360	220	115	—	—	—

注:"一般值"为正常情况下的采用值;"极限值"为条件受限制时可采用的值;"I_{max}"为采用的最大超高值;"—"为不考虑采用对应最大超高值的情况。

2. 不设超高的圆曲线最小半径

在设计速度一定时,当圆曲线半径较大时,离心力就比较小,此时弯道即使采用与直线相同的双向路拱断面,离心力对外侧车道上行驶的汽车的影响也很小。因此,《标准》制定了"不设超高的圆曲线最小半径",见表2-5。

不设超高的圆曲线最小半径 表2-5

设计速度(km/h)		120	100	80	60	40	30	20
不设超高圆曲线 最小半径(m)	路拱≤2.0%	5 500	4 000	2 500	1 500	600	350	150
	路拱>2.0%	7 500	5 250	3 350	1 900	800	450	200

不设超高的圆曲线最小半径是判断圆曲线是否设超高的一个界限。当圆曲线半径大于或等于该设计车速对应的不设超高的圆曲线最小半径时,圆曲线横断面采用与直线相同的双向路拱横断面,不必设计超高;反之,则采用向内倾斜的单向超高横断面形式。

四、圆曲线半径的选用

进行公路平面设计时,应根据沿线地形、地物等条件,圆曲线尽量选用较大半径,以保证行车安全舒适。在选定半径时,既要技术合理,又要经济适用;既不盲目采用高标准(大半径)而过分增加工程量,也不只考虑眼前通行需要而采用低标准。

选用圆曲线半径时,应注意以下几点:

(1)圆曲线半径应与地形相适应,以采用超高为2%~4%的圆曲线半径为宜。

(2)在地形条件受限制时,可采用大于或接近于圆曲线最小半径的"一般值",并应采取措施保证视距的要求。

(3)圆曲线半径应与设计速度相适应,同衔接路段的平、纵线形要素相协调,构成连续、均衡的曲线线形。

(4)《规范》规定圆曲线最大半径不宜超过10 000m。

第三节 缓和曲线

缓和曲线是设置在直线和圆曲线之间或半径相差较大的两个转向相同的圆曲线之间的一种曲率连续变化的曲线,它是公路平面线形要素之一,在公路设计中被广泛使用。

一、设置缓和曲线的条件和目的

1. 设置缓和曲线的条件

当圆曲线半径小于不设超高最小半径,公路等级在三级及以上时,应在直线和圆曲线之间设置缓和曲线,以满足曲率半径逐渐过渡的要求。

2. 设置缓和曲线的目的

(1)有利于驾驶员操纵转向盘。汽车从直线驶入圆曲线,即从无限大的半径到一定值的半径或从大半径圆曲线驶入小半径圆曲线时,从汽车前轮转向角逐渐变化的必要性来讲,其中间需要插入一个逐渐变化的缓和曲线,才能保持车速不变而使汽车前轮逐渐转向,从而有利于驾驶员操纵转向盘。

(2)消除离心力的突变,提高驾乘舒适性。当圆曲线半径较小时,离心力很大,为了使汽车能安全、迅速、平稳、舒适地从没有离心力的直线逐渐驶入离心力较大的圆曲线,或从离心力小的大半径圆曲线逐渐驶入离心力大的小半径圆曲线,需设置曲率半径逐渐变化的缓和曲线,消除离心力的突变,提高驾乘舒适性。

(3)完成超高和加宽的过渡。公路横断面从直线上的双坡断面过渡到圆曲线上的单坡断面,以及由直线上的正常宽度过渡到圆曲线上的加宽宽度,一般在缓和曲线长度内完成。为避免车辆在这一过渡行驶中急剧地左右摇摆,并保证路容的美观,需设置一定长度的缓和曲线。

(4)与圆曲线配合得当,增加线形美感。圆曲线与直线径相连接,如果连接处曲率突变,在视觉上会有不平顺的感觉。在圆曲线与直线间设置缓和曲线,可使线形连续圆滑,增加线形美感。

二、缓和曲线的性质

1. 汽车转弯时行驶的理论轨迹方程

分析汽车由直线进入圆曲线的行驶轨迹,先假定汽车是匀速行驶的,驾驶员也匀速转动转向盘,当转向盘转动角度为 φ 时,前轮相应转动角度为 φ,如图2-7所示,通过理论推导得出弧长和曲率半径的关系。

$$l = \frac{c}{\rho}$$

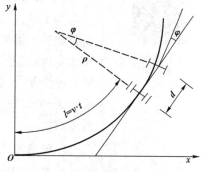

图2-7 汽车进入曲线行驶轨迹图
d-汽车前后轮轴距

式中：l——汽车自直线终点进入曲线以速度 v 经 t 时间后行驶的弧长，m；

ρ——汽车以速度 v 行驶经 t 时间后行驶的弧长 l 处对应的曲率半径，m；

c——常数。

由此可见，汽车匀速从直线进入圆曲线，其行驶轨迹的弧长与曲线的曲率半径之乘积为常数，即弧长和半径成反比。这一性质与数学上的回旋线正好相符。

2. 以回旋线作为缓和曲线

回旋线的数学表达式为：

$$l\rho = A^2 \tag{2-5}$$

式中：l——回旋线上某点至回旋线起点的曲线长，m；

ρ——回旋线上某点曲率半径，m；

A——回旋线的参数。

汽车行驶理论方程与回旋线数学方程相符，令 $l = L_c$，$\rho = R$，则由式(2-5)可得：

$$A = \sqrt{RL_c} \tag{2-6}$$

式中：R——圆曲线半径，m；

L_c——缓和曲线长度，m。

回旋线是公路路线设计中缓和曲线最常用的形式，《规范》规定缓和曲线采用回旋线。只要设计选定圆曲线半径和缓和曲线长度，即可确定回旋线参数。

在运用回旋线时应注意：

(1) 当圆曲线半径 R 较小或接近于 100m 时，回旋线参数 A 应取 R；当 $R < 100$m 时，取 $A \geqslant R$。

(2) 当圆曲线半径 R 较大或接近于 3 000m 时，回旋线参数 A 应取 $R/3$；当 $R > 3 000$m 时，取 $A < R/3$。

三、缓和曲线最小长度

为了使汽车在直线段与圆曲线段间平顺地过渡行驶，这就要求缓和曲线必须有足够的长度。一方面使公路线形美观流畅，同时圆曲线上的超高和加宽过渡也能在缓和曲线内平顺完成；另一方面也可避免因离心加速度增长过快使得驾驶员操纵转向盘过急，进而保持行车安全、舒适。因此，应规定缓和曲线的最小长度。缓和曲线最小长度的确定可从以下几个方面进行考虑。

1. 使乘客感觉舒适

汽车在缓和曲线上行驶时，半径从无穷大过渡到一定半径，若设离心加速度由零均匀地增加到 $a_{\max}$，则离心加速度的增长率 α_s 可表示为：

2. 缓和曲线的性质

$$\alpha_s = 0.021\,3\,\frac{v^3}{RL_c} \tag{2-7}$$

α_s 一般控制在 $0.5\sim0.6\,\mathrm{m/s^3}$，我国公路设计中采用 $\alpha_s = 0.6\,\mathrm{m/s^3}$，代入公式(2-7)得到：

$$L_c = 0.035\,\frac{v^3}{R} \tag{2-8}$$

式中：L_c——缓和曲线最小长度，m；
　　　v——设计速度，km/h；
　　　R——圆曲线半径，m。

2. 行驶时间不能过短

一般认为汽车在缓和曲线上行驶时间 t 最少为 $3\mathrm{s}$，于是：

$$L_{c\min} = \frac{v}{1.2}\,(\mathrm{m}) \tag{2-9}$$

3. 超高渐变率适中

在缓和曲线设置超高过渡段，如果缓和曲线太短，使超高渐变太快，不但对行车和路容不利，而且影响乘客舒适性；如果缓和曲线太长，使超高渐变率太小，则对排水不利。《规范》规定了适中的超高渐变率，由此可导出超高过渡段长度的计算公式：

$$L_c = \frac{B}{P}\Delta_i \tag{2-10}$$

式中：L_c——超高过渡段长度，m；
　　　B——超高旋转轴至行车道(设路缘带时为路缘带)外侧边缘的宽度，m；
　　　Δ_i——超高横坡度与路拱坡度的代数差，%；
　　　P——超高渐变率。

4. 视觉上有平顺感

实践得知，从回旋线起点至终点形成的方向变位最好为 $3°\sim29°$，方向变位角 β 为(图2-8)：

$$\beta = \frac{180L_c}{2R\pi}$$

其中：$3°\leq\beta\leq29°$，$l_1\leq L_c\leq l_2$。

式中字母意义同前。

根据影响缓和曲线长度的各项因素，《规范》制定了各级公路缓和曲线最小长度，见表2-6。

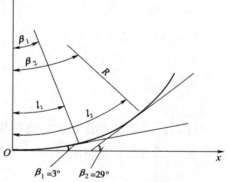

图2-8　视觉上要求的回旋线长度

各级公路的缓和曲线最小长度　　表2-6

公路技术等级	高速公路			一级公路			二级公路		三级公路		四级公路
设计速度(km/h)	120	100	80	100	80	60	80	60	40	30	20
缓和曲线最小长度(m)	100	85	70	85	70	50	70	50	35	25	20

注：四级公路为超高、加宽过渡段长度。

四、直角坐标与缓和曲线常数

1. 切线角

在图 2-9 中,以缓和曲线起点 ZH(HZ) 为坐标原点,以该点切线为 x 轴,法线为 y 轴,缓和曲线上任意一点 P 的切线与起点(ZH 或 HZ)切线相交所组成的角为 β_x,设 P 处曲率半径为 ρ,曲线长度为 l,P 点处坐标为 (x,y)。

在 P 点处任取一段 $\mathrm{d}l$,则其所对应的中线角为 $\mathrm{d}\beta_x$,按曲率半径定义可知 $\mathrm{d}\beta_x = \dfrac{\mathrm{d}l}{\rho}$。

$$\beta_x = \frac{l^2}{2L_c R} \tag{2-11}$$

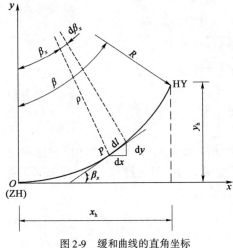

图 2-9 缓和曲线的直角坐标
β_0-缓和曲线终点 YH(HY) 处的切线角,rad

式中:l——从缓和曲线起点 ZH(HZ) 至缓和曲线上任意一点的弧长,m;
L_c——缓和曲线全长,m;
R——缓和曲线终点 HY(YH) 处的半径,即圆曲线半径,m;
β_x——缓和曲线任意一点的切线角。

在缓和曲线终点处,即 $l = L_c$ 时的切线角称为缓和曲线角,以 β_0 表示。

$$\beta_0 = \frac{L_c}{2R} \tag{2-12}$$

2. 缓和曲线直角坐标

由图 2-9 可知:

$$\mathrm{d}x = \mathrm{d}l \cdot \cos\beta_x$$
$$\mathrm{d}y = \mathrm{d}l \cdot \sin\beta_x$$

将 $\sin\beta_x$ 和 $\cos\beta_x$ 用函数幂级数展开,并将 $\beta_x = l^2/(2L_c R)$ 代入,分别对 x、y 进行积分,略去高次项,得缓和曲线直角坐标:

$$\begin{cases} x = l - \dfrac{l^5}{40R^2 L_c^2} \\ y = \dfrac{l^3}{6RL_c} - \dfrac{l^7}{336R^3 L_c^3} \end{cases} \tag{2-13}$$

当 $l = L_c$ 时,缓和曲线终点坐标:

$$\begin{cases} x_h = L_c - \dfrac{L_c^3}{40R^2} \\ y_h = \dfrac{L_c^2}{6R} - \dfrac{L_c^4}{336R^3} \end{cases} \tag{2-14}$$

式中:x——缓和曲线上任意一点的横坐标;

y——缓和曲线上任意一点的纵坐标；
x_h——缓和曲线终点处的横坐标；
y_h——缓和曲线终点处的纵坐标；
其余符号意义同前。

3. 缓和曲线常数

为了在直线和圆曲线之间设置缓和曲线，必须将原来的圆曲线向内移动，才能使缓和曲线的起点切于直线上，而缓和曲线的终点又与圆曲线相切，如图 2-10 所示。下面介绍几组缓和曲线常数。

（1）p 和 q。设有缓和曲线后切线增长值为 q。设有缓和曲线后圆曲线内移距离为 p，内移圆曲线半径为 R。

$$p = \frac{L_c^2}{24R} \tag{2-15}$$

$$q = \frac{L_c}{2} - \frac{L_c^3}{240R^2} \tag{2-16}$$

（2）T_d 和 T_k。如图 2-11 所示，缓和曲线起点、终点切线相交于 Q 点，Q 点至缓和曲线起点的距离为 T_d，至缓和曲线终点的距离为 T_k。

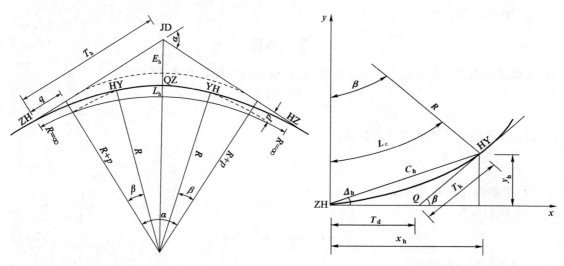

图 2-10 带有缓和曲线的平曲线　　　　图 2-11 缓和曲线终点的切线

由 $T_d = x_h - y_h \cot\beta$ 展开，简化得：

$$T_d = \frac{2}{3}L_c + \frac{11L_c^3}{360R^2} \tag{2-17}$$

由 $T_k = y_h \csc\beta$ 展开，简化得：

$$T_k = \frac{1}{3}L_c + \frac{L_c^3}{126R^2} \tag{2-18}$$

（3）C_h 和 Δ_h。图 2-11 中缓和曲线的长弦 C_h（又称动弦）与横轴的夹角为 Δ_h，即缓和曲线的总偏角。

缓和曲线上任意点的偏角：

$$\Delta = \frac{\beta}{3}\left(\frac{l}{L_c}\right)^2$$

当 $l = L_c$ 时：

$$\Delta_h = \frac{\beta}{3} \tag{2-19}$$

缓和曲线的长弦：

$$C_h = x_h \sec\Delta_h = L_c - \frac{L_c^3}{90R^2} \tag{2-20}$$

确定缓和曲线终点切线还可以采用以下方法：将仪器置于 HY 点（或 YH 点），照准 ZH 点（或 HZ 点）归零，拨 $2\beta/3$，即为 HY 点（或 YH 点）的切线。

五、有缓和曲线的公路平曲线

公路平曲线的基本组成为直线—缓和曲线—圆曲线—缓和曲线—直线，带有缓和曲线的平曲线几何元素的计算公式如下。

1. 单交点（对称型）

（1）缓和曲线常数。

缓和曲线的切线角：

$$\beta = \frac{L_c}{2R} \quad (\text{弧度}) \tag{2-21}$$

未设缓和曲线圆曲线的起点至缓和曲线起点的距离，即切线增长值为：

$$q = \frac{L_c}{2} - \frac{L_c^3}{240R^2} \tag{2-22}$$

设有缓和曲线后圆曲线的内移值：

$$p = \frac{L_c^2}{24R} \tag{2-23}$$

（2）平曲线几何要素计算。

平曲线切线长：

$$T_h = (R+p)\tan\frac{\alpha}{2} + q \tag{2-24}$$

平曲线中的圆曲线长：

$$L' = (\alpha - 2\beta)\frac{\pi}{180}R \tag{2-25}$$

平曲线总长：

$$L_h = (\alpha - 2\beta)\frac{\pi}{180}R + 2L_c \tag{2-26}$$

外距：

$$E_h = (R+p)\sec\frac{\alpha}{2} - R \tag{2-27}$$

超距：

$$D_h = 2T_h - L_h \tag{2-28}$$

2. 双交点

（1）同向两个交点按虚交法设计一个单曲线的情形如图 2-12 所示。

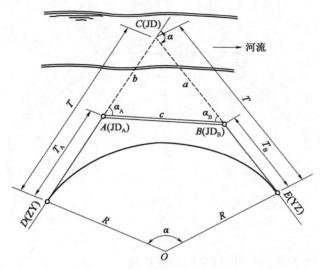

图 2-12　虚交单曲线

$$a = \frac{\sin\alpha_A}{\sin\alpha}AB$$

$$b = \frac{\sin\alpha_B}{\sin\alpha}AB$$

$$T_A = T - b$$

$$T_B = T - a$$

式中：a、b——虚交三角形边长，m；

AB——辅助交点间距，即辅助基线长，通过实测求得，m；

α_A、α_B——辅助交点转角，通过实测求得，(°)；

T_A、T_B——辅助交点至曲线起、终点的距离，m；

T——按单交点曲线计算的切线长，m；

α——路线转角，$\alpha = \alpha_A + \alpha_B$，(°)。

（2）两个同向交点按切基线设计成一个单曲线的情形如图 2-13 所示。

①当平曲线不设缓和曲线时：

$$T_1 = R\tan\frac{\alpha_1}{2}$$

$$T_2 = R\tan\frac{\alpha_2}{2}$$

$$T_1 + T_2 = R\tan\frac{\alpha_1}{2} + R\tan\frac{\alpha_2}{2}$$

$$R = \frac{T_1 + T_2}{\tan\frac{\alpha_1}{2} + \tan\frac{\alpha_2}{2}} = \frac{AB}{\tan\frac{\alpha_1}{2} + \tan\frac{\alpha_2}{2}}$$

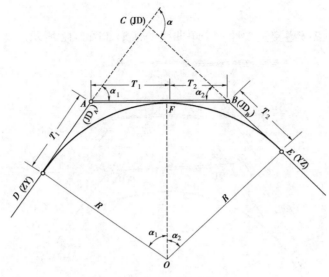

图 2-13 双交点曲线

计算出圆曲线半径 R 后,就可以按单圆曲线计算。

②当平曲线设有缓和曲线时:

通常,由于 AB 的长度已知,设计双交点曲线的方式为选定缓和曲线长度 L_c,反求圆曲线半径。

由 $AB = (R+p)\tan\dfrac{\alpha_1}{2} + (R+p)\tan\dfrac{\alpha_2}{2}$,可以得以下求解公式:

$$24R^2 - 24\dfrac{AB}{\tan\dfrac{\alpha_1}{2} + \tan\dfrac{\alpha_2}{2}}R + L_c^2 = 0$$

由此可确定圆曲线半径 R。

六、可不设缓和曲线的情况

《规范》规定,以下情况可不设缓和曲线:

(1)在直线和圆曲线间,当圆曲线半径大于或等于"不设超高最小半径"时。

(2)半径不同的同向圆曲线间,当小圆半径大于或等于"不设超高最小半径"时。

(3)小圆半径大于表 2-7 中所列复曲线中小圆临界曲线半径,且符合下列条件之一时:

①小圆曲线按规定设置相当于最小回旋线长的回旋线,其小圆与大圆的内移值之差小于 0.1m;

②设计速度大于或等于 80km/h,大圆半径(R_1)与小圆半径(R_2)之比小于 1.5;

③设计速度小于 80km/h,大圆半径(R_1)与小圆半径(R_2)之比小于 2。

复曲线中的小圆临界圆曲线半径　　　表 2-7

设计速度(km/h)	120	100	80	60	40	30
临界圆曲线半径(m)	2100	1500	900	500	250	130

第四节 中桩坐标计算

一、测量坐标系统

1. 大地坐标系统

在大地坐标系统中,地面点在地球椭球上的投影位置用大地经度、大地纬度和大地高来表示。大地坐标系统的建立,主要涉及地球椭球的选取及其定位方式,我国先后建立了"1954 年北京坐标系""1980 西安坐标系""新 1954 年北京坐标系",2008 年 6 月,又正式启用了"2000 国家大地坐标系"。一个大地坐标系有一个大地原点(2000 国家大地坐标系大地原点位于陕西咸阳),地面点的大地坐标均由此点推算得出。

2. 高斯平面直角坐标系统

我国从 1952 年开始采用高斯投影系统,以高斯投影的方法建立了高斯平面直角坐标系统。地面点的高斯平面坐标与大地坐标可以相互转换。高速公路的勘测设计和施工放样都采用高斯平面直角坐标系统进行。

3. 平面直角坐标系统

当测量范围较小、二级及以下公路、独立桥梁隧道及其他构造物时,可以把该测区的球面当作平面看待进行直接投影,采用平面直角坐标系统。

二、导线点坐标计算

当采用导线测量作为公路平面控制测量时,导线应与国家三角点进行联测,可使所测的导线点与国家三角点形成一个整体,取得导线坐标起算数据。在有条件的地方可优先采用全球定位系统或全站仪进行导线测量,直接读取导线点坐标。采用其他方法需测出导线各边长和夹角后,用坐标增量法逐点推算各导线点的坐标。

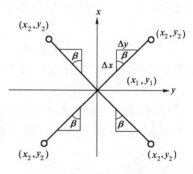

图 2-14 路线的方位角计算

1. 方位角确定

如图 2-14 所示,有:

$$\tan\beta = \left|\frac{\Delta y}{\Delta x}\right| \qquad (2\text{-}29)$$

方位角　　　　$A_i = \beta$　　　　　　$\Delta y > 0, \Delta x > 0$(第一象限)
　　　　　　　$A_i = 180° - \beta$　　　$\Delta y > 0, \Delta x < 0$(第二象限)
　　　　　　　$A_i = 180° + \beta$　　　$\Delta y < 0, \Delta x < 0$(第三象限)
　　　　　　　$A_i = 360° - \beta$　　　$\Delta y < 0, \Delta x > 0$(第四象限)

2. 坐标计算

$$\begin{cases} X_{i+1} = X_i + D\cos A_i \\ Y_{i+1} = Y_i + D\sin A_i \end{cases} \tag{2-30}$$

式中：D——两导线点间的水平距离，m。

三、未设缓和曲线的单圆曲线中桩坐标计算

1. 圆曲线起、终点坐标计算

如图 2-15 所示，JD_i 的坐标为 (X_{JD_i}, Y_{JD_i})，交点前后直线边的方位角分别为 A_{i-1}、A_i，圆曲线的半径为 R，平曲线切线长为 T_i，曲线起、终点的坐标可用下式计算。

圆曲线起点的坐标：

$$\begin{cases} X_{ZY_i} = X_{JD_i} + T_i\cos A_{i-1} \\ Y_{ZY_i} = Y_{JD_i} - T_i\sin A_{i-1} \end{cases} \tag{2-31}$$

圆曲线终点的坐标：

$$\begin{cases} X_{YZ_i} = X_{JD_i} + T_i\cos A_i \\ Y_{YZ_i} = Y_{JD_i} + T_i\sin A_i \end{cases} \tag{2-32}$$

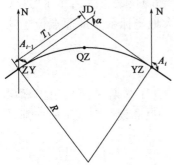

图 2-15　中桩坐标计算示意图

2. 圆曲线任意点坐标计算

ZY～QZ 段（YZ～QZ 段）的坐标计算以曲线起点 ZY（曲线终点 YZ 点）为坐标原点，切线为 X' 轴，法线为 Y' 轴，建立直角坐标系。

$$X' = R\sin\left(\frac{l'}{R} \cdot \frac{180}{\pi}\right) \tag{2-33}$$

式中：l'——圆曲线上任意点至 ZY（YZ）点的弧长，m；

其余物理量意义同前。

（1）计算 ZY～QZ 段的各点的坐标。利用上述公式计算出以 ZY 为坐标原点圆曲线段内各加桩 X'、Y' 的值，则 ZY～QZ 段的各点的坐标为：

$$\begin{cases} X = X_{ZY_i} - X'\cos A_{i-1} - \zeta Y'\sin A_{i-1} \\ Y = Y_{ZY_i} + X'\sin A_{i-1} + \zeta Y'\cos A_{i-1} \end{cases} \tag{2-34}$$

式中：ζ——路线转向系数，右转角时 $\zeta = 1$，左转角时 $\zeta = -1$，以下各式同此。

（2）计算 YZ～QZ 段的各点的坐标。

利用上述公式计算出以 YZ 为坐标原点圆曲线段内各加桩 X'、Y' 的值，则 QZ～YZ 段的各点的坐标为：

$$\begin{cases} X = X_{YZ_i} - X'\cos A_i - \zeta Y'\sin A_i \\ Y = Y_{YZ_i} - X'\sin A_i + \zeta Y'\cos A_i \end{cases} \tag{2-35}$$

四、设缓和曲线的单圆曲线中桩坐标计算

1. 曲线起、终点坐标计算

如图 2-16 所示,JD_i 的坐标为 (X_{JD_i}, Y_{JD_i}),交点前后直线边的方位角分别为 A_{i-1}、A_i,圆曲线的半径为 R,缓和曲线长度为 L_c,平曲线切线长为 T_{H_i},曲线起、终点的坐标可用下式计算:

$$\begin{cases} X_{ZH_i} = X_{JD_i} - T_{H_i}\cos A_{i-1} \\ Y_{ZH_i} = Y_{JD_i} - T_{H_i}\sin A_{i-1} \end{cases} \quad (2\text{-}36)$$

$$\begin{cases} X_{HZ_i} = X_{JD_i} + T_{H_i}\cos A_i \\ Y_{HZ_i} = Y_{JD_i} + T_{H_i}\sin A_i \end{cases} \quad (2\text{-}37)$$

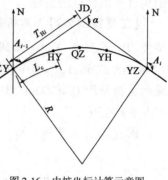

图 2-16 中桩坐标计算示意图

2. 曲线任意点坐标计算

ZH~QZ 段的坐标计算以曲线起点 ZH 为坐标原点、切线为 X' 轴、法线为 Y' 轴建立直角坐标系。

(1) 计算缓和曲线段 X'、Y':

$$\begin{cases} X' = l - \dfrac{l^5}{40R^2 L_c^2} \\ Y' = \dfrac{l^3}{6RL_c} - \dfrac{l^7}{336R^3 L_c^3} \end{cases} \quad (2\text{-}38)$$

(2) 计算圆曲线段 X'、Y':

$$\begin{cases} X' = R\sin\left(\beta + \dfrac{l'}{R}\cdot\dfrac{180}{\pi}\right) + q \\ Y' = R - R\cos\left(\beta + \dfrac{l'}{R}\cdot\dfrac{180}{\pi}\right) + p \end{cases} \quad (2\text{-}39)$$

利用上述公式计算出缓和段内各加桩和圆曲线段内各加桩 X'、Y' 的值,则 ZH~QZ 段的各点的坐标为:

$$\begin{cases} X = X_{ZH_i} + X'\cos A_{i-1} - \zeta Y'\sin A_{i-1} \\ Y = Y_{ZH_i} + X'\sin A_{i-1} + \zeta Y'\cos A_{i-1} \end{cases} \quad (2\text{-}40)$$

(3) QZ~HZ 段的坐标计算:以曲线终点 HZ 为坐标原点、切线为 X' 轴、法线为 Y' 轴建立直角坐标系,利用式(2-38)和式(2-39)可以计算出缓和曲线和圆曲线段内各点的 X'、Y' 的坐标,则 QZ~HZ 段的各点的坐标为:

$$\begin{cases} X = X_{HZ_i} - X'\cos A_i - \zeta Y'\sin A_i \\ Y = Y_{HZ_i} - X'\sin A_i + \zeta Y'\cos A_i \end{cases} \quad (2\text{-}41)$$

3. 直线段中桩坐标的计算

位于 ZH 点之前或 HZ 点之后的直线段可利用 JD 点的坐标或 ZH、HZ 点的坐标与该点的距离计算出该点的坐标。

【工程实例 2-1】 某高速公路,路线 JD_2 的坐标为:$X_{JD_2} = 2\,588\,711.270\text{m}$,$Y_{JD_2} = 20\,478\,702.880\text{m}$;路线 JD_3 的坐标 $X_{JD_3} = 2\,591\,069.056\text{m}$,$Y_{JD_3} = 20\,478\,662.850\text{m}$;路线 JD_4 的坐标 $X_{JD_4} = 2\,594\,145.875\text{m}$,$Y_{JD_4} = 20\,481\,070.75\text{m}$;$JD_3$ 的里程桩号为 K6+790.306;圆曲线半径 $R = 2\,000\text{m}$,缓和曲线长度 $L_c = 100\text{m}$。试计算该平曲线的主点桩号及按整桩号(20m)确定平曲线各主点和加桩的坐标。

解:(1)计算路线转角:

$$\tan A_{32} = \left| \frac{Y_{JD_2} - Y_{JD_3}}{X_{JD_2} - X_{JD_3}} \right| = \left| \frac{+40.030}{-2\,357.786} \right| = 0.016\,977\,792$$

$$A_{32} = 180° - 0°58'21.6'' = 179°01'38.4''$$

$$\tan A_{34} = \frac{Y_{JD_4} - Y_{JD_3}}{X_{JD_4} - X_{JD_3}} = \frac{+2\,407.90}{+3\,076.819} = 0.782\,593\,97$$

$$A_{34} = 38°02'47.5''$$

右角 $\beta = 179°01'38.4'' - 38°02'47.5'' = 140°58'50.9''$

$\beta < 180°$,为右转角。

右转角 $\alpha = 180° - 140°58'50.9'' = 39°01'09.1''$

①缓和曲线常数:

$$\beta = \frac{L_c}{2R} \frac{180}{\pi} = 1°25'56.6''$$

②平曲线要素:

$$T_H = (R+p)\tan\frac{\alpha}{2} + q = 758.687\text{m}$$

$$L' = (\alpha - 2\beta)\frac{\pi}{180}R = 1\,262.027\text{m}$$

$$L_H = (\alpha - 2\beta)\frac{\pi}{180}R + 2L_c = 1\,462.027\text{m}$$

$$E_H = (R+p)\sec\frac{\alpha}{2} - R = 122.044\text{m}$$

$$D_H = 2T_H - L_H = 55.347\text{m}$$

③主点桩桩号：

JD$_3$	K6+790.306
$-T_H$	758.687
ZH	K6+031.619
$+L_c$	100
HY	K6+131.619
$+L'$	1 262.027
YH	K7+393.646
$+L_c$	100
HZ	K7+493.646
$-L_H/2$	713.014
QZ	K6+762.632
$+D_H/2$	27.674
JD$_3$	K6+790.306

(2) 计算中桩坐标及方位角。

ZH 点的坐标：

$$A_{23} = A_{32} + 180° = 359°01'38''$$

$$\begin{cases} X_{ZH_3} = X_{JD_3} - T_H \cos A_{23} = 2\,590\,310.479\,\text{m} \\ Y_{ZH_3} = Y_{JD_3} - T_H \sin A_{23} = 20\,478\,675.729\,\text{m} \end{cases}$$

ZH~HY 第一缓和曲线上的中桩坐标的计算，如桩号 K6+100：

$$l = 6\,100 - 6\,031.619 = 68.381(\text{m})$$

$$X' = l - \frac{l^5}{40R^2 L_c^2} = 68.380\,\text{m}$$

$$Y' = \frac{l^3}{6RL_c} = 0.266\,\text{m}$$

$$\begin{cases} X = X_{ZH_3} + X'\cos A_{23} - Y'\sin A_{23} = 2\,590\,378.854\,\text{m} \\ Y = Y_{ZH_3} + X'\sin A_{23} + Y'\cos A_{23} = 20\,478\,674.834\,\text{m} \end{cases}$$

HY 点的坐标计算：

$$l = 6\,131.619 - 6\,031.619 = 100(\text{m})$$

$$X' = l - \frac{l^5}{40R^2 L_c^2} = 99.994\,\text{m}$$

$$Y' = \frac{l^3}{6RL_c} = 0.833\,\text{m}$$

$$\begin{cases} X = X_{ZH_3} + X'\cos A_{23} - Y'\sin A_{23} = 259\,041.473\,\text{m} \\ Y = Y_{ZH_3} + X'\sin A_{23} + Y'\cos A_{23} = 20\,478\,674.864\,\text{m} \end{cases}$$

HY~QZ 圆曲线部分的中桩坐标计算,如桩号 K6+500：

$$l' = 6\,500 - 6\,131.619 = 368.381(\text{m})$$

$$X' = R\sin\left(\beta + \frac{l'}{R} \cdot \frac{180}{\pi}\right) + q = 465.335\,\text{m}$$

$$Y' = R - R\cos\left(\beta + \frac{l'}{R} \cdot \frac{180}{\pi}\right) + p = 43.809\,\text{m}$$

$$\begin{cases} X = X_{ZH_3} + X'\cos A_{23} - Y'\sin A_{23} = 2\,590\,776.491\,\text{m} \\ Y = Y_{ZH_3} + X'\sin A_{23} + Y'\cos A_{23} = 20\,478\,711.632\,\text{m} \end{cases}$$

QZ 点的坐标计算：

$$l' = 6\,762.632 - 6\,131.619 = 631.014(\text{m})$$

$$X' = R\sin\left(\beta + \frac{l'}{R} \cdot \frac{180}{\pi}\right) + q = 717.929\,\text{m}$$

$$Y' = R - R\cos\left(\beta + \frac{l'}{R} \cdot \frac{180}{\pi}\right) + p = 115.037\,\text{m}$$

$$\begin{cases} X = X_{ZH_3} + X'\cos A_{23} - Y'\sin A_{23} = 291\,030.257\,\text{m} \\ Y = Y_{ZH_3} + X'\sin A_{23} + Y'\cos A_{23} = 20\,478\,778.562\,\text{m} \end{cases}$$

HZ 点的坐标计算：

$$A_{34} = 38°02'47.5''$$

$$\begin{cases} X_{HZ_3} = X_{JD_3} + T_H\cos A_{34} = 2\,591\,666.530\,\text{m} \\ Y_{HZ_3} = Y_{JD_3} + T_H\sin A_{34} = 20\,479\,130.430\,\text{m} \end{cases}$$

YH~HZ 第二缓和曲线上的中桩坐标计算,如 K7+450 点的坐标：

$$L = 7\,493.646 - 7\,450 = 43.646(\text{m})$$

$$X' = l - \frac{l^5}{40R^2L_c^2} = 43.646\,\text{m}$$

$$Y' = \frac{l^3}{6RL_c} = 0.069\,\text{m}$$

$$\begin{cases} X = X_{HZ_3} - X'\cos A_{34} - Y'\sin A_{34} = 2\,591\,632.116\,\text{m} \\ Y = Y_{HZ_3} - X'\sin A_{34} + Y'\cos A_{34} = 20\,479\,103.585\,\text{m} \end{cases}$$

YH 点的坐标,$l = 100\,\text{m}$：

$$\begin{cases} X' = l - \dfrac{l^5}{40R^2L_c^2} = 99.994\,\text{m} \\ Y' = \dfrac{l^3}{6RL_c} = 0.833\,\text{m} \end{cases}$$

$$\begin{cases} X = X_{HZ_3} - X'\cos A_{34} - Y'\sin A_{34} = 2\,591\,587.270\text{m} \\ Y = Y_{HZ_3} - X'\sin A_{34} + Y'\cos A_{34} = 20\,479\,069.460\text{m} \end{cases}$$

QZ~YH 点的坐标计算,如 K7+300:

$$l' = 7\,393.646 - 7\,300 = 93.646(\text{m})$$

$$X' = R\sin\left(\beta + \frac{l'}{R} \cdot \frac{180}{\pi}\right) + q = 193.612\text{m}$$

$$Y' = R - R\cos\left(\beta + \frac{l'}{R} \cdot \frac{180}{\pi}\right) + p = 5.371\text{m}$$

$$\begin{cases} X = X_{HZ_3} - X'\cos A_{34} - Y'\sin A_{34} = 2\,591\,510.764\text{m} \\ Y = Y_{HZ_3} - X'\sin A_{34} + Y'\cos A_{34} = 20\,479\,015.320\text{m} \end{cases}$$

直线上中桩坐标的计算,如 K7+600:

$$D = 7\,600 - 7\,493.646 = 106.354(\text{m})$$

$$\begin{cases} X = X_{HZ_3} + D\cos A_{34} = 2\,591\,750.285\text{m} \\ Y = Y_{HZ_3} + D\sin A_{34} = 20\,479\,195.976\text{m} \end{cases}$$

第五节 行车视距及其保证

一、视距的种类

为了保证行车安全,驾驶员驾驶汽车在公路上行驶时,在任意点位置都应能看到汽车前方相当远的距离,以便在发现路面障碍物或迎面来车时,能采取措施,以避免相撞,这一必要距离称为行车视距。为了计算方便,《规范》规定行车轨迹为离路面内侧边缘(曲线段为路面内侧未加宽前)1.5m 处,驾驶员眼高为 1.2m,障碍物高 0.1m。

驾驶员发现路面障碍物或迎面来车时,根据其采取措施不同,行车视距可分为以下几种:

(1)停车视距:汽车行驶时,自驾驶员看到障碍物时起,至在障碍物前安全停止,所需要的最短距离。

(2)会车视距:在同一车道上两对向行驶的汽车相遇,从互相发现起,至同时采取制动措施使两车安全停止,所需要的最短距离。

(3)错车视距:在没有明确划分车道线的双车道公路上,两对向行驶的汽车相遇,发现后即采取减速避让措施安全错车所需要的最短距离。

(4)超车视距:在双车道公路上,后车超越前车时,从开始驶离原车道之处起,至在与对向来车相遇之前,完成超车安全回到自己的车道,所需要的最短距离。

在上述 4 种视距中,超车视距最长,需单独研究;错车视距最短,容易保证。经研究分析,会车视距约等于停车视距的 2 倍,所以停车视距是最基本视距,双车道公路也应保证足够长度的满足超车视距的路段。

二、停车视距

停车视距是指驾驶员从发现障碍物时起,至在障碍物前安全停止所需要的最短距离。停车视距可分为反应距离、制动距离和安全距离 3 个部分,如图 2-17 所示。

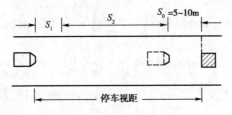

图 2-17 停车视距计算示意图

计算停车视距规定驾驶员眼高为 1.2m,物高为 0.1m。对于高速公路、一级公路以及大型车比例高的二级公路、三级公路的下坡路段,应采用下坡段货车停车视距对相关路段进行检验。货车停车视距计算时,眼高规定为 2.00m,物高规定为 0.10m。

1. 反应距离 $S_1(m)$

驾驶员发现前方的障碍物,经过判断决定采取制动措施的那一瞬间到制动器真正开始起作用的瞬间汽车所行驶的距离即反应距离。在这段时间过程中,可分为"感觉时间"和"制动反应时间"进行分析,并用试验来测定。感觉时间很大程度上取决于物体的外形、颜色、驾驶员的视力和机敏程度以及大气的可见度等。根据测定资料,设计上采取感觉时间为 1.5s,制动反应时间取 1.0s 是较适当的,感觉时间和制动反应总时间 $t=2.5s$,在这段时间内汽车行驶的距离为:

$$S_1 = \frac{vt}{3.6} \tag{2-42}$$

2. 制动距离 $S_2(m)$

制动距离是指汽车从制动生效到汽车完全停住这段时间所行驶的距离。

$$S_2 = \frac{kv^2}{254(\varphi \pm i)} \tag{2-43}$$

式中:v——设计速度,km/h;
φ——纵向摩阻系数,依车速及路面状况而定;
i——公路纵坡坡度,以小数计;
k——制动系数,一般取 1.2~1.4。

3. 安全距离 $S_0(m)$

安全距离是指汽车停住至障碍物前的距离,S_0 一般取 5~10m,所以停车视距为:

$$S_T = \frac{vt}{3.6} + \frac{kv^2}{254(\varphi \pm i)} + S_0 \tag{2-44}$$

三、超车视距

超车视距的全程分为 4 个阶段,如图 2-18 所示。

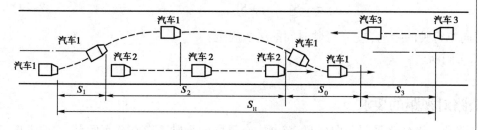

图 2-18 超车视距计算示意图

3. 全超车视距

1. 加速行驶距离 S_1(m)

当驾驶员经判断认为有超车的可能,于是加速驶入对向车道,在驶入对向车道之前的加速行驶距离 S_1:

$$S_1 = \frac{v_0 t_1}{3.6} - \frac{a t_1^2}{2} \tag{2-45}$$

式中:v_0——超车的初速度,km/h;
t_1——超车加速时间,s;
a——超车平均加速度,m/s²。

2. 超车在对向车道行驶的距离 S_2(m)

$$S_2 = \frac{v t_2}{3.6} \tag{2-46}$$

式中:v——超车在对向车道上行驶的速度,km/h;
t_2——超车在对向车道上行驶的时间,s。

3. 超车完成时,超车与对向汽车之间的安全距离 S_0(m)

这个距离视超车和对向汽车的行驶速度不同而采用不同的数值,一般取:

$$S_0 = 15 \sim 100 \text{m}$$

4. 超车开始加速到超车完成时对向汽车的行驶距离 S_3(m)

$$S_3 = \frac{v'(t_1 + t_2)}{3.6} \tag{2-47}$$

式中:v'——对向汽车行驶速度,km/h。

理想全超车过程为:

$$S_H = S_1 + S_2 + S_3 + S_0 \tag{2-48}$$

这样计算所得距离较长,在地形复杂时很难实现。因为尾随在慢车后面的快车驾驶员往往在未看到前面安全区段时,就开始加速进入了对向车道,如果在进入对向车道之后,发现迎面有汽车开来而超车距离不足时,及时返回自己的车道仍尾随在慢车之后。因此超车视距在地形条件困难时可采用:

$$S_H = \frac{2}{3}S_2 + S_3 + S_3' \tag{2-49}$$

式中:S_3'——对向车行驶的距离,按 t_2 行驶时间的 2/3 确定;
其余符号意义同前。

四、各级公路对视距的要求

由于高速公路和一级公路采用分向分车道行驶,车辆同向行驶不存在会车问题,主要考虑的是停车视距,所以,《标准》规定高速公路、一级公路应满足停车视距的要求,见表 2-8。

高速公路、一级公路停车视距 表 2-8

设计速度(km/h)	120	100	80	60
停车视距(m)	210	160	110	75

二级公路、三级公路、四级公路上、下行车道没有分开,混合交通严重,所以,《标准》规定二级公路、三级公路、四级公路必须保证会车视距。会车视距长度不应小于停车视距的 2 倍,见表 2-9。

二级、三级、四级公路停车视距、会车视距与超车视距 表 2-9

设计速度(km/h)		80	60	40	30	20
会车视距(m)		220	150	80	60	40
停车视距(m)		110	75	40	30	20
超车视距(m)	一般值	550	350	200	150	100
	极限值	350	250	150	100	70

双向行驶的双车道公路,应根据需要并结合地形,宜在 3min 的行驶时间里,提供一次满足超车视距要求的超车路段。一般情况下,超车路段不小于路线总长度的 10%~30%。超车路段的设置应结合地形并力求均匀。

五、视距保证

汽车在直线上行驶时,一般会车视距、停车视距和超车视距是容易保证的。但当汽车在平面弯道上行驶时若遇到内侧有建筑物、树木、路堑边坡等,均可能阻碍视线。这种处于隐蔽地段的弯道称为"暗弯"。凡属于"暗弯"都应该进行视距检查,若不能保证该级公路的最短视距,应将阻碍视线的障碍物清除。

1. 用计算法确定横净距

在弯道各点的横断面上,驾驶员视点轨迹与视距曲线之间的距离叫横净距,用 h 表示。视距曲线是指对驾驶员视点轨迹每隔一定间隔绘出一系列与视线相切的外边缘 C 线。平曲线内最大横净距计算公式见表 2-10。表中公式符号如图 2-19 ~ 图 2-21 所示。

最大横净距计算公式 表 2-10

类型		计算公式	
不设回旋线	$L \geq S$,见图 2-19a)	$h = R_S \left(1 - \cos \dfrac{\gamma}{2}\right)$	$\gamma = \dfrac{180 S}{\pi R_S}$
	$L < S$,见图 2-19b)	$h = R_S \left(1 - \cos \dfrac{\alpha}{2}\right) + \dfrac{1}{2}(S - L_S) \sin \dfrac{\alpha}{2}$	$L_S = \dfrac{\pi}{180} \alpha R_S$
设回旋线	$L' \geq S$	$h = R_S \left(1 - \cos \dfrac{\beta}{2}\right)$	$\beta = \dfrac{180 S}{\pi R_S}$
	$L \geq S > L'$,见图 2-20	$h = R_S \left(1 - \cos \dfrac{\alpha - 2\beta}{2}\right) + (l - l') \sin \left(\dfrac{\alpha}{2} - \delta\right)$	$\delta = \arctan \left\{\dfrac{l}{6R_S}\left[l + \dfrac{l'}{l} + \left(\dfrac{l'}{l}\right)^2\right]\right\}$ $l' = \dfrac{1}{2}(L_S - S)$ $\beta = \dfrac{L_S}{2R}$
	$L < S$,见图 2-21	$h = R_S \left(1 - \cos \dfrac{\alpha - 2\beta}{2}\right) + \sin \left(\dfrac{\alpha}{2} - \delta\right) l + \dfrac{S - L_S}{2} \sin \dfrac{\alpha}{2}$	$\delta = \arctan \dfrac{l}{6R_S}$

注:h——最大横净距,m;

S——视距,m;

L——曲线长度,m;

L'——圆曲线长度,m;

l——缓和曲线长度,m;

L_S——曲线内侧行驶轨迹长度,m;

R_S——曲线内侧行驶轨迹的半径,m,其值为未加宽前路面内缘的半径加上 1.5m,即 $R_S = R - \dfrac{B}{2} + 1.5$,$B$ 为路面宽度,m;

α——曲线转角,(°);

γ——视距线所对应的圆心角,(°);

β——缓和曲线切线角,(°)。

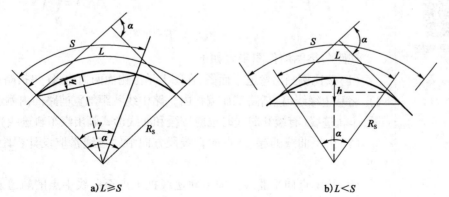

a) $L \geq S$ b) $L < S$

图 2-19 不设回旋线时横净距计算图

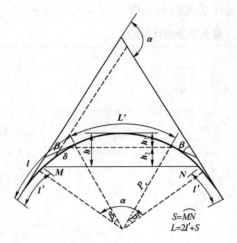
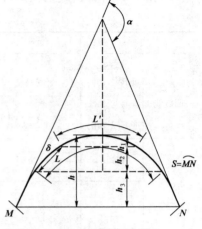

图 2-20 设回旋线时横净距计算图($L' < S \leq L$)　　图 2-21 设回旋线时横净距计算图($L < S$)

2. 用视距包络图法确定横净距

如图 2-22 所示,AB 是驾驶员视点轨迹线,从该轨迹线上的不同位置(图中的 1、2、3…各点)引出一系列视线(图中的 1-1′、2-2′、3-3′…′),其弧长都等于视距 S,与这些视线相切的曲线(包络线)即为视距曲线。

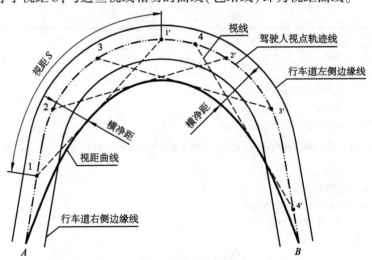

图 2-22 视距包络图

4. 弯道视距检查

视距包络图的作图步骤如下:

(1)按比例画出弯道平面图,在图上示出路面两边边缘(包括路面加宽在内)、路基边缘线(包括路基加宽在内)、路中线及距加宽前路面内侧边缘1.5m 的行车轨迹线(有缓和曲线时也应按缓和曲线形式画出汽车轨迹线)。

(2)由平曲线的起、终点向直线段方向沿轨迹线量取设计视距 S 长度,定出 1 点。

(3)从 1 点向平曲线方向沿轨迹线把 1 点至曲线中点的轨迹长度分成若干等份,得 1、2、3…各点或对称 1′、2′、3′…

（4）从 1、2、3…分别沿轨迹方向量取设计视距 S，定出各相应点 $1'$、$2'$、$3'$…，则 $1\text{-}1'$、$2\text{-}2'$、$3\text{-}3'$…都在轨迹线上满足设计视距 S 的要求。

（5）用曲线板内切各交叉线段，画出内切曲线，这条内切曲线就是视距包络线。

（6）视距包络线两端与障碍线相交，在视距包络线与障碍线之间的部分，就是应该清除障碍物的范围。

用视距包络图的方法不但能确定最大横净距，还可以确定弯道上任意桩号的横净距，而解析法只能确定弯道中点的最大横净距。

3. 开挖视距台

用计算法或视距包络图的方法计算出横净距后，就可按比例在各桩号的横断图上画出视距台，以供施工放样。作图步骤如下：

（1）按比例画出需要保证设计视距的各桩号横断面图。

（2）由未加宽时路面内侧边缘向路中心量取 1.5m，并垂直向上量 1.2m 得 A 点，则 A 点为驾驶员眼睛位置。

（3）由 A 点作水平线，并沿内侧方向量取横净距 z 得 B 点。

（4）由 B 点垂直向下量取 y 高度得 C 点（由于泥土或碎石落在视距台上影响视线，为保证通视，对于土质边坡，$y=0.3\text{m}$，对于石质边坡，$y=0.1\text{m}$）。

（5）由 C 点按边坡比例画出边坡线，则图中阴影线部分即为挖除的部分，如图 2-23 所示。

（6）各桩号分别按需要的横净距开挖视距台，连接起来就能保证设计视距。

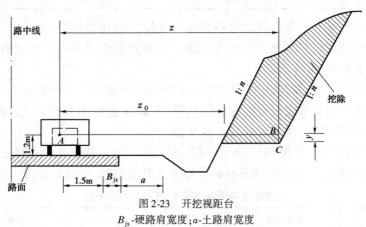

图 2-23　开挖视距台
B_{jx}-硬路肩宽度；a-土路肩宽度

第六节　平面线形设计要点

一、平面线形设计原则

1. 平面线形应直捷、连续、顺适，并与地形、地物相适应，与周围环境相协调

在地形平坦开阔的平原微丘区，路线直捷舒顺，在平面线形三要素中直线所占比例较大。

而在地势有很大起伏的山岭重丘区,路线多弯曲,曲线所占比例较大。路线要与地形相适应,这既是美学问题,也是经济问题和保护生态环境问题。直线、圆曲线、回旋线的选用与合理组合取决于地形地物等具体条件,片面强调路线要以直线为主或以曲线为主,或人为规定三者的比例都是错误的。

2. 保持平面线形的均衡与连贯

高、低标准之间要有过渡。结合地形变化,使路线的平面线形指标逐渐过渡,避免出现突变。不同标准路段相互衔接的地点应选在交通量发生变化处。

3. 应避免连续急弯的线形

连续急弯的线形会给驾驶员造成不便,也会降低乘客的舒适性。设计时可在曲线间插入足够长的直线或回旋线。

4. 平曲线应有足够的长度

平曲线太短,会导致汽车在曲线上的行驶时间过短,使驾驶员操纵转向盘困难,来不及调整。所以《规范》规定了各级公路平曲线最小长度,见表2-11。

各级公路平曲线最小长度　　表2-11

公路等级	高速公路			一级公路			二级公路		三级公路		四级公路
设计速度(km/h)	120	100	80	100	80	60	80	60	40	30	20
平曲线最小长度(m)	200	170	140	170	140	100	140	100	70	50	40

公路弯道在一般情况下是由两段缓和曲线(或超高、加宽缓和段)和一段圆曲线组成。缓和曲线(一般采用回旋线)的长度不能小于该级公路对其最小缓和曲线长度的规定;中间圆曲线的长度不宜小于3s的行程。

路线转角的大小反映了路线的舒顺程度,以相对小一些为好。但转角过小,即使设置了较大的半径也容易使驾驶员将曲线看成比实际的要短,造成急转弯的感觉。这种现象转角越小越显著,驾驶员会产生错觉,作出减速转弯的操作。

一般认为,$\theta \leqslant 7°$属于小偏角。对于小转角弯道应设置较长的平曲线,其长度应大于表2-12中规定的"一般值"。但受地形及其他特殊情况限制时,可减短至表中的"低限值"。

公路转角等于或小于7°时的平曲线长度　　表2-12

公路等级		高速公路			一级公路			二级公路		三级公路		四级公路
设计速度(km/h)		120	100	80	100	80	60	80	60	40	30	20
平曲线最小长度(m)	一般值	$1400/\theta$	$1200/\theta$	$1000/\theta$	$1200/\theta$	$1000/\theta$	$700/\theta$	$1000/\theta$	$700/\theta$	$500/\theta$	$350/\theta$	$280/\theta$
	低限值	200	170	140	170	140	100	140	100	70	50	40

注:表中的θ角为路线转角值(°),当$\theta < 2°$时,取$\theta = 2°$。

二、平面线形组合类型

可根据具体情况选用下述几种平面线形组合形式。

1. 基本形

基本形的两个回旋线参数可以根据地形条件设计成对称的或非对称的曲线,如图 2-24 所示。当回旋线两个参数 $A_1 = A_2$ 时,称为对称基本形,这种线形经常采用。根据线形、地形变化的需要,在圆曲线两侧采用 $A_1 \neq A_2$ 的回旋线,设计成非对称基本形,并注意设置基本型的几何条件:$\alpha > 2\beta_0$(α 为平曲线转角,β_0 为缓和曲线切线角)。

2. S 形

两个反向圆曲线用回旋线连接起来的组合线形称为 S 形,如图 2-25 所示。

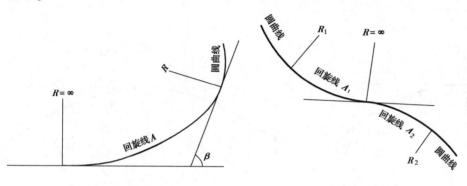

图 2-24　基本型　　　　　图 2-25　S 形

S 形的相邻两个回旋线参数 A_1 与 A_2 宜相等,设计成对称型。当采用不同的参数时,A_1 与 A_2 之比应小于 2.0,有条件时以小于 1.5 为宜;当 $A_2 \leqslant 200$ 时,A_1 与 A_2 之比应小于 1.5。

两圆曲线半径之比不宜过大,以 $R_1/R_2 \leqslant 2$ 为宜。R_1 为大圆曲线半径(m),R_2 为小圆曲线半径(m)。

3. 复曲线

(1)直线与两同向圆曲线直接相连形式。两同向圆曲线按直线—圆曲线 R_1—圆曲线 R_2—直线的顺序组合构成。

(2)两同向圆曲线两端设置缓和曲线形式。两同向圆曲线按直线—回旋线 A_1—圆曲线 R_1—圆曲线 R_2—回旋线 A_2—直线的顺序组合构成。

(3)卵形。用一个回旋线连接两个同向圆曲线的组合形式,称为卵形,按直线—回旋线 A_1—圆曲线 R_1—回旋线—圆曲线 R_2—回旋线 A_2—直线顺序组合构成,如图 2-26 所示。

卵形组合的回旋线参数宜符合下式要求:

$$\frac{R_2}{2} \leqslant A \leqslant R_2 \tag{2-50}$$

式中:A——回旋线参数;

R_2——小圆曲线半径,m。

两圆曲线半径之比,以 $R_2/R_1 = 0.2 \sim 0.8$ 为宜。

两圆曲线的间距 D/R_2 以 $0.003 \sim 0.03$ 为宜,以免曲率变化太大。D 为两圆曲线间的最小间距(m)。

4. 凸形

如图2-27所示,两个同向回旋线间不插入圆曲线而径相连接的线形称为凸形曲线。

凸形曲线的回旋线参数及其连接点的曲率半径,应分别符合最小回旋线参数和圆曲线最小半径的规定。凸形曲线连接点附近的 $0.3v$(以 m 计;v 为设计速度,单位为 km/h)长度范围内,应保持以连接点曲率半径确定的超高(或路拱)横坡度。凸形曲线尽管在连接点处曲率是连续的,但因中间圆曲线长度为零,对驾驶操作不利,所以只在路线严格受地形、地物限制时,方可采用。

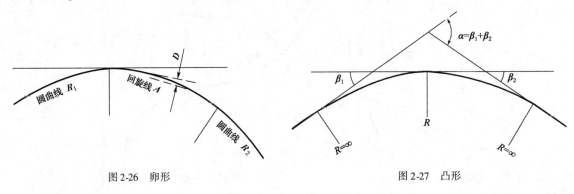

图2-26 卵形　　　　　　　图2-27 凸形

5. 复合形

两个及两个以上的同向回旋线,在曲率相等处相互连接的形式称为复合形,如图2-28所示。

复合形的两个回旋线参数之比以小于 $1:1.5$ 为宜。复合形的线形组合仅在地形或其他特殊原因限制时(互通式立体交叉除外)才使用。

6. C形

同向曲线的两个回旋线在曲率为零处径相衔接(即连接处曲率为 0,$R = \infty$)的形式称为 C 形,如图2-29所示。C 形的线形组合方式仅限于地形条件特殊、路线严格受限制时,方可采用。

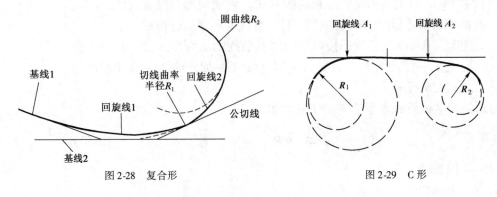

图2-28 复合形　　　　　　　图2-29 C形

第七节　平面设计成果

公路平面设计主要成果包括图纸和表格两个部分。其中图纸有路线平面设计图、路线平面总体设计图、公路用地图、路线交叉设计图等；表格有直线、曲线及转角一览表、逐桩坐标表、总里程及断链桩号表。以下仅就直线、曲线及转角一览表、逐桩坐标表、路线平面设计图予以说明。

1. 直线、曲线及转角一览表

"直线、曲线及转角一览表"全面反映路线的平面位置和路线平面线形的各项指标，它是公路设计的主要成果之一，见表2-13。完成该表后才能计算"逐桩坐标表"和绘制"路线平面设计图"，同时在公路的纵、横断面和其他构造物设计时都要用到该表数据。

2. 逐桩坐标表

高速、一级公路的路线高程，在测设和放线时需采用坐标法才能保证测设精度。所以平面设计成果必须提供一份"逐桩坐标表"，见表2-14。

3. 路线平面设计图

公路路线平面图是设计文件的重要组成部分，该图全面、清晰地反映公路平面位置和经过地区的地形、地物等，是平面设计的重要成果之一，如图2-30所示。

(1) 平面图的比例尺和测绘范围。

路线平面图是指包括公路中线在内的有一定宽度的带状地形。若供工程可行性研究，可采用1∶10 000的比例尺测绘(或向国家测绘部门和其他工程单位收集)，但初步设计、施工图设计的设计文件组成部分应采用较大的比例尺，一般测绘时常用1∶2 000，在地形复杂地段的路线初步设计、施工图设计可采用1∶500或1∶1 000。路线带状地形图的测绘宽度一般为路中线两侧各100～200m，对1∶5 000的地形图，测绘宽度每侧应不小于250m，若有比较线，测绘宽度应包括比较线。

路线平面图应示出地形、地物、路线位置及桩号、断链、平曲线主要桩位与其他主要交通路线的关系，以及县以上境界等，标注水准点、导线点及坐标格网或指北图式，示出特大桥、大桥、中桥、隧道、路线交叉位置等。图中还应列出平曲线要素表。

(2) 路线平面图的展绘。路线平面图的展绘包括以下内容。

① 导线或路中线的展绘。在初测阶段，应先沿着路线走廊布设附合导线，将导线点按其坐标X、Y准确地展绘到绘有坐标方格网的图纸上，以导线为基线，作为测绘地形图的依据。

在定测阶段，先将交点按其坐标X、Y准确地展绘到绘有坐标方格网的图纸上，再按"逐桩坐标表"提供的数据展绘曲线，并注明百米桩、公里桩；以路线为基线，测绘地形。

② 控制点的展绘。对于各种比例尺的地形图，均应展绘出测绘宽度内的各等级三角点、导线点、图根点、水准点等，并按规定的符号表示。

直线、曲线及转角一览表

表 2-13

交点号	交点坐标 X	交点坐标 Y	交点桩号	转角值 (° ' ")	曲线要素 (m) 半径	缓和曲线长	切线长度	曲线长度	外距	校正值	曲线位置 第一缓和曲线起点	第一缓和曲线终点	曲线中点	第二缓和曲线起点	第二缓和曲线终点	直线长度 (m)	交点距离 (m)	计算方位角或计算方向角 (° ' ")	测量断链 桩号	增减长度	备注
1	2	3	4	5	6	7	8	9	10	11	12	13	14	15	16	17	18	19	20	21	22
起点	41 808.20	90 033.60	K0+000.00													395.59	652.72	138 44 00			
2	41 317.59	90 464.10	K0+652.72	右 35 35 25	800.00	0.00	256.78	496.93	40.20	16.62		K0+395.39	K0+644.41	K0+892.87		104.57	523.86	174 19 25			
3	40 796.31	90 515.92	K1+159.95	左 57 32 52	250.00	50.00	162.51	301.10	35.69	23.92	K0+997.44	K1+047.43	K1+147.99	K1+248.54	K1+298.54	558.27	787.53	116 46 33			
4	40 441.52	91 219.07	K1+923.56	左 34 32 06	150.00	40.00	66.75	130.41	7.55	3.09	K1+856.81	K1+896.81	K1+922.02	K1+947.22	K1+987.22	328.67	582.80	82 14 27			
5	40 520.20	91 796.47	K2+503.27	左 78 53 21	200.00	45.00	187.38	320.38	59.53	54.39	K2+315.89	K2+360.89	K2+476.08	K2+591.27	K2+636.27	0.03	316.05	161 07 48			
6	40 221.11	91 898.70	K2+764.97	右 51 40 28	224.13	40.00	128.67	242.14	25.22	15.19	K2+636.30	K2+676.30	K2+757.37	K2+838.44	K2+838.44	365.56	561.55	109 27 20			
7	40 047.40	92 390.47	K3+271.32	左 34 55 51	150.00	40.00	67.32	131.45	7.72	3.20	K3+204.00	K3+244.00	K3+269.72	K3+259.44	K3+335.44	528.61	714.86	74 31 29			
8	40 190.11	92 905.94	K3+802.98	右 22 25 25	600.00	0.00	118.93	234.82	11.67	3.04		K3+864.05	K3+801.46	K3+918.87		460.31	579.24	96 56 54			
终点	40 120.03	93 480.92	K4+379.18																		

逐桩坐标表

表 2-14

桩号	坐标(m)		方向角 (° ′ ″)	桩号	坐标(m)		方向角 (° ′ ″)
	X	Y			X	Y	
K1+500.00	40 632.336	90 840.861	1 164 633	K2+140.00	40 471.158	91 436.529	821 427
K1+540.00	40 614.316	90 876.572	1 164 633	K2+160.00	40 473.858	91 456.346	821 427
K1+570.00	40 600.801	90 903.355	1 164 633	K2+180.00	40 476.558	91 476.163	821 427
K1+600.00	40 587.286	90 930.139	1 164 633	K2+200.00	40 479.258	91 495.980	821 427
K1+630.33	40 573.623	90 957.216	1 164 633	K2+220.00	40 481.959	91 515.797	821 427
K1+669.00	40 556.202	90 991.740	1 164 633	K2+240.00	40 484.659	91 535.613	821 427
K1+680.00	40 551.246	91 001.561	1 164 633	K2+260.00	40 487.359	91 555.430	821 427
K1+700.00	40 542.236	91 019.416	1 164 633	K2+280.00	40 490.059	91575.247	821 427
K1+720.00	40 533.226	91 037.272	1 164 633	K2+300.00	40 492.759	91 595.064	821 427
K1+750.00	40 519.711	91 064.055	1 164 633	ZH+315.89	40 494.905	91 610.809	821 427
K1+780.00	40 506.196	91 090.838	1 164 633	K2+340.00	40 497.902	91 634.730	840 527
K1+800.00	40 497.186	91 108.694	1 164 633	HY+360.89	40 499.302	91 655.568	884 109
K1+820.00	40 488.176	91 126.549	1 164 633	K2+380.00	40 498.828	91 674.665	940 937
K1+840.00	40 479.166	91 144.405	1 164 633	K2+400.00	40 496.383	91 694.506	995 324
ZH+856.33	40 471.593	91 159 412	1 164 633	K2+420.00	40 491.969	91 714.005	1 053 710
K1+870.00	40 465.708	91 171.216	1 155 642	K2+440.00	40 485.631	91 732.965	1 112 057
HY+896.81	40 455.191	91 195.860	1 090 810	K2+460.00	40 477.431	91 751.198	1 170 443
K1+900.00	40 454.177	91 198.885	1 075 503	QZ+476.08	40 469.544	91 765.206	1 214 107
QZ+922.01	40 448.963	91 220.253	993 030	K2+500.00	40 455.794	91 784.761	1 283 216
K1+940.00	40 447.061	91 238.126	923 819	K2+520.00	40 442.573	91 799.757	1 341 603
YH+947.00	40 446.902	91 245.344	895 251	K2+540.00	40 427.920	91 813.357	1 395 949
K1+960.00	40 447.413	91 258.112	854 644	K2+560.00	40 411.983	91 825.427	1 454 336
K1+980.00	40 449.567	91 277.993	822 923	K2+580.00	40 394.921	91 835.845	1 512 722
HZ+987.22	40 450.531	91 285.148	821 427	YH+591.27	40 384.875	91 840.947	1 544 105
K2+000.00	40 452.257	91 297.811	821 427	K2+600.00	40 376.910	91 844.518	1 565 635
K2+010.00	40 453.607	91 307.719	821 427	K2+620.00	40 358.262	91 851.740	1 601 715
K2+030.00	40 456.307	91 327.536	821 427	GQ+636.27	40 342.893	91 857.077	1 610 748
K2+050.00	40 459.007	91 347.353	821 427	K2+650.00	40 329.916	91 861.563	1 603 148
K2+070.00	40 461.707	91 367.170	821 427	K2+670.00	40 311.219	91 868.655	1 573 002
K2+100.00	40 465.757	91 396.895	821 427	K2+700.00	40 284.324	91 881.898	1 495 730
K2+120.00	40 468.458	91 416.712	821 427				

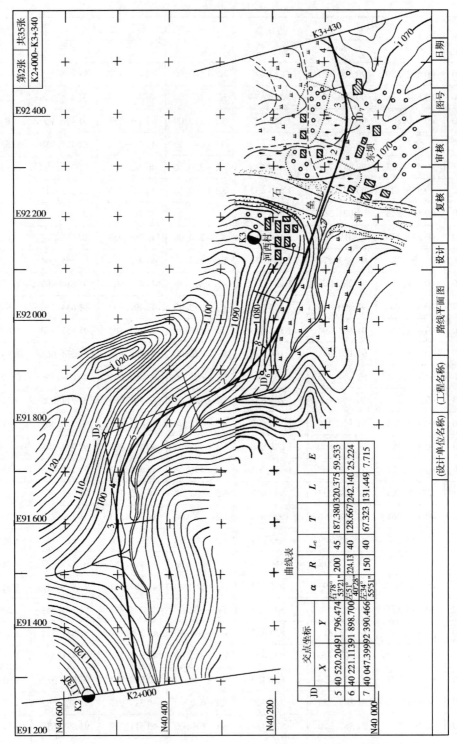

图2-30 公路路线平面设计图

③各种构造物的测绘。各种比例尺的地形图,各类构造物、建筑物及其主要附属设施应按《公路勘测规范》(JTG C10—2007)的规定测绘和表示。对各种线状地物,如管线、高、低压电线等,应实测其支架或电杆的位置。对穿越路线的高压线,应实测其悬垂线距地面的高度并注明伏安。对地下管线等应详细测定其位置。对公路及其附属物应按实际形状测绘。

④水系及其附属物的测绘。各种比例尺的地形图,均应展绘出测绘宽度内的海洋海岸线位置,水渠顶边及底边高程,堤坝顶部及坡脚的高程,水井井台高程,水塘顶边及塘底的高程。河流、水沟等应注明水流流向。

⑤地形、地貌的测绘。各种比例尺的地形图,对地形、地貌、植被、不良地质地带等均应详细测绘,并用等高线和国家测绘局制定的"地形图图式"符号及数字注明。

1. 高速公路设计车速为 $v=120\text{km/h}$,路拱横坡度为 2%,若横向力系数采用 0.040。试计算不设超高的圆曲线最小半径(取 500m 的整数倍)。

2. 某新建二级公路(设计车速为 80km/h),有一处弯道半径 $R=300\text{m}$,试根据离心加速度变化率和驾驶员操作转向盘所需时间的要求计算该弯道可采用的缓和曲线最小长度(取 10m 的整数倍)。

3. 某新建三级公路有一处弯道,其平曲线半径 R 取 120m,偏角 $\alpha=29°23'24''$,若该平曲线设置为基本形,其缓和曲线长度最大可取多长?

4. 某新建二级公路有一处弯道,其平曲线半径 R 为 400m,缓和曲线长为 80m,试计算缓和曲线上距起点 40m 点和缓和曲线终点的坐标(以缓和曲线起点为原点)。

5. 已知两相邻平曲线:JD_{50} 桩号为 K9+977.54,$T=65.42\text{m}$,缓和曲线长 $L_S=35\text{m}$,切曲差 $J=1.25\text{m}$;JD_{51} 桩号为 K10+182.69,$T=45.83\text{m}$。试计算:(1)JD_{50} 平曲线上五个主点桩桩号;(2)JD_{50} 与 JD_{51} 交点间的距离;(3)两曲线间的直线长度。

6. 某二级公路有一处弯道,其平曲线半径 $R=400\text{m}$,交点桩号为 K8+075.756,偏角 $\alpha_y=27°53'55''$,若缓和曲线长度为 70m,试计算该平曲线的 5 个基本桩号。

第三章 CHAPTER THREE

纵断面设计

学习目标

通过本章学习,应理解公路纵断面线形设计的基本方法;熟悉纵坡设计主要技术指标的相关规定;熟悉纵断面设计成果;掌握公路平、纵线形组合的基本要求和应注意的问题;能识读公路纵断面设计图;能进行设计高程的计算。

沿着公路中线竖直剖切然后展开即为路线纵断面。由于自然因素的影响以及经济性要求,路线纵断面总是一条有起伏的空间线。纵断面设计的主要任务就是根据汽车的动力特性、公路等级、当地的自然地理条件以及工程经济性等,研究起伏空间线几何构成的大小及长度,以便达到行车安全迅速、运输经济合理及乘客感觉舒适的目的。

图 3-1 为路线纵断面示意图。纵断面图是公路纵断面设计的主要成果,也是公路设计的技术文件之一。把公路的纵断面图与平面图结合起来,就能准确地定出公路的空间位置。

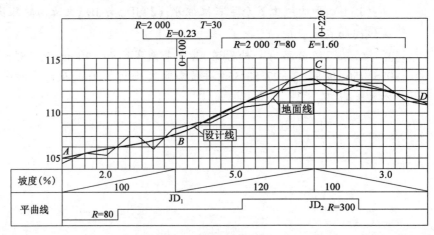

图 3-1 公路纵断面示意图

在纵断面图上有两条主要的线:一条是地面线,它是根据中线上各桩点的高程而点绘的一条不规则的折线,反映了沿着中线地面的起伏变化情况;另一条是设计线,它是经过技术上、经济上以及美学上等多方面比较后定出的一条具有规则形状的几何线,反映了公路路线的起伏变化情况。纵断面设计线由直线和竖曲线组成。直线(即均匀坡度线)有上坡和下坡,用坡度和水平长度表示。直线的坡度和长度影响着汽车的行驶速度和运输的经济以及行车的安全,它们的一些临界值的确定和必要的限制,是以通行的汽车类型及行驶性能来决定的。

在直线的坡度转折处,为平顺过渡要设置竖曲线。按坡度转折形式的不同,竖曲线有凹有凸,其大小用半径和水平长度表示。

一般而言,路线纵断面图上的设计高程(即路基设计高程)应符合以下规定:

(1)对于新建公路路基设计高程:高速公路和一级公路宜采用中央分隔带的外侧边缘高程;二级公路、三级公路、四级公路宜采用路基边缘高程,在设置超高、加宽地段为设超高、加宽前该处边缘高程。

(2)对于改建公路路基设计高程:一般按新建公路的规定办理,也可视具体情况而采用中央分隔带中线或行车道中线处的高程。

纵断面设计指标主要有最大纵坡、坡长限制、缓和坡段等纵坡设计指标以及竖曲线最小半径和最小长度等竖曲线设计指标。

第一节 纵坡及坡长设计

一、汽车行驶与公路纵坡的关系

1.汽车行驶要求

汽车行驶的牵引力来源于汽车的发动机,发动机将燃料燃烧所放出的热能转化为机械能。汽车行驶的阻力有空气阻力、滚动阻力、坡度阻力和惯性阻力,要保证汽车正常行驶,牵引力必须大于或等于各项阻力之和。汽车牵引力的发挥受轮胎和路面之间摩阻力限制,如果轮胎和路面之间摩阻力不够大,牵引力就不可能发挥作用,车轮只能空转打滑,所以汽车的牵引力又受驱动轮与路面之间摩阻力的限制。当路面阻力较大时,汽车行驶条件较差,当路面阻力超过一定限度时,汽车将无法行驶。

2.汽车在坡道上的行驶要求

(1)纵坡坡度力求平缓。
(2)陡坡宜短,对长坡道的纵坡坡度应加以严格限制。
(3)纵坡坡度的变化不宜太多,尤其应避免急剧起伏变化,力求纵坡均匀。

二、最大纵坡、最小纵坡和坡长限制

(一)最大纵坡

在高差较大的地区,坡度越大,公路里程就越短,一般来说工程数量也越省。但由于汽车的牵引力有一定的限度,故纵坡不能采用太大,必须对纵坡加以限制。最大纵坡是公路纵坡设计的极限值,是纵断面线形设计的一项重要指标。最大纵坡的大小将直接影响路线的长短、使用质量、行车安全以及运营成本和工程的经济性。

汽车沿陡坡行驶时,因升坡阻力增加而增大牵引力,从而降低车速,若长时间爬陡坡,不但会引起汽车水箱沸腾、气阻,使汽车行驶无力以致发动机熄火,导致行驶条件恶化。汽车下坡时,制动次数增加,制动器易发热而失效,驾驶员心理紧张,也容易发生交通事故。因此,从行车安全考虑,对最大纵坡必须加以限制。

1. 确定最大纵坡应考虑的因素

《标准》在确定路线最大纵坡时主要考虑了以下三方面的因素:

(1)汽车的动力性能:考虑公路上行驶的车辆,按汽车行驶的必要条件和充分条件来确定。

(2)公路等级:不同的公路等级要求的行车速度不同,公路等级越高,行车速度越大,要求的纵坡越平缓。

(3)自然因素:公路所经过的地形、海拔高度、气温、雨量、湿度和其他自然因素,均影响汽车的行驶条件和上坡能力。

2. 最大纵坡的确定

最大纵坡是各级公路纵坡限制值,只有在山岭区路线特别困难时采用,见表3-1。

最大纵坡　　　　　　　　　　　　　　　　表3-1

设计速度(km/h)	120	100	80	60	40	30	20
最大纵坡(%)	3	4	5	6	7	8	9

3. 最大纵坡应符合的规定

(1)设计速度为120km/h、100km/h、80km/h的高速公路受地形条件或其他特殊情况限制时,经技术经济论证,最大纵坡值可增加1%。

(2)改扩建公路设计速度为40km/h、30km/h、20km/h的利用原有公路的路段,经技术经济论证,最大纵坡值可增加1%。

(3)桥上纵坡不宜大于4%,桥头引道纵坡不宜大于5%,位于城镇混合交通繁忙处的桥梁,桥上纵坡和桥头引道纵坡均不得大于3%。

(4)直线码头的引道纵坡宜采用9%~10%,锯齿式码头宜采用4%~6%。

(5)隧道内纵坡应小于3%、大于0.3%,但短于100m的隧道可不受此限,对于高速公路、一级公路的中短隧道,当条件受限制时,最大纵坡可适当加大,但不宜大于4%。

(二)最小纵坡

为使公路上行车快速、安全和畅通,希望公路纵坡设计得小一些,但是在长路堑低填方以及其他横向排水不畅通的地段,为防止积水渗入路基而影响其稳定,规定各级公路的长路堑路段以及其他横向排水不畅的路段,均应采用不小于0.3%的纵坡。当必须设计水平坡(0%)或小于0.3%的纵坡时,边沟排水设计应与纵坡设计一起综合考虑,其边沟应进行纵向排水设计。

(三) 坡长限制

1. 最大坡长的限制

公路纵坡的大小及坡长对汽车正常行驶影响很大。坡长限制,系根据汽车动力性能来决定的。长距离的陡坡对汽车行驶不利。连续上坡时,发动机过热影响机械效率,从而使行驶条件恶化;下坡则因制动频繁而危及行车安全。因此,纵坡越陡、坡长越长,对行车的影响越大。《标准》对各级公路不同陡坡的最大坡长加以限制,见表3-2。

各级公路纵坡的最大坡长(m)   表3-2

纵坡坡度(%)	设计速度(km/h)						
	120	100	80	60	40	30	20
3	900	1 000	1 100	1 200			
4	700	800	900	1 000	1 100	1 100	1 200
5		600	700	800	900	900	1 000
6			500	600	700	700	800
7					500	500	600
8					300	300	400
9						200	300
10							200

2. 陡坡组合坡长

进行公路纵坡设计时,当连续陡坡由几个不同坡度值的坡段组合而成时,相邻坡段长度应按限制的规定进行坡长折算。例如,某山岭区三级公路,第一坡段纵坡度为7%,长度为200m,即占坡长限制的2/5,第二坡段纵坡度为6%,长度为200m,即占坡长限制的2/7,第一坡段、第二坡段设计完后还剩1-2/5-2/7=31.43%,若第三坡段采用4%的坡度,则第三段坡长最长可采用31.43%×1 100=345.71(m),这时就把100%的坡长值全用完了。在使用坡长限制的纵坡度时,坡长只能小于或等于100%的坡长限制,一般情况下,应留有一定的余地。

3. 最小坡长限制

最小坡长限制主要是从汽车行驶平顺性的要求考虑。如果坡长过短,使变坡点增多,汽车行驶在连续起伏地段产生增重与减重的频繁变化,导致车上人员感觉不舒适,且车速越高,不适感越突出;而且从路容美观、相邻两竖曲线的设置和纵断面的视距等方面也要求坡长不能太短。为使纵断面线形不至于因起伏频繁而呈锯齿形的状况,并便于平面线形的合理布设,应对纵坡的最小长度作出限制。最小坡长通常以设计速度行驶9~15s的行程作为规定值。《规范》规定的各级公路最小坡长见表3-3。

公路最小坡长   表3-3

设计速度(km/h)	120	100	80	60	40	30	20
最小坡长(m)	300	250	200	150	120	100	60

三、缓和坡段

对于各级公路的连续上坡路段,应根据载重汽车上坡时的速度折减变化,在不大于表 3-2 规定的纵坡长度之间设置缓和坡段。缓和坡段设置应符合下列规定:

(1)设计速度小于或等于 80km/h 时,缓和坡段的纵坡应不大于 3%;设计速度大于 80km/h 时,缓和坡段的纵坡应不大于 2.5%。

(2)缓和坡段的长度应大于表 3-3 的规定。

四、平均纵坡

平均纵坡是指一定长度的路段纵向所克服的高差与该路段长度的比。平均纵坡是衡量路线线形设计质量的重要指标之一。

对山区公路行车的实际调查发现:有时虽然公路纵坡设计完全符合最大纵坡、坡长限制的规定,但也不能保证行车的顺利和安全。如果在长距离内,平均纵坡较大:汽车上坡用低速挡时间较长,发动机长时间发热,易导致汽车水箱沸腾、气阻;同样,汽车下坡时,频繁制动,易引起制动器发热,甚至烧毁制动片,加之驾驶员心理过分紧张,极易发生事故。因此,从汽车行驶方便和安全出发,合理运用最大纵坡、坡长限制的规定,还应控制平均纵坡。

平均纵坡不仅与坡道长度有关,还与相对高差有关。《标准》规定:二级公路、三级公路、四级公路越岭路线连续上坡(或下坡)路段,相对高差为 200~500m 时,平均纵坡不应大于 5.5%,相对高差大于 500m 时,平均纵坡不应大于 5%,并注意任意连续 3km 路段的平均纵坡不应大于 5.5%。

高速公路、一级公路应论证采用合理的平均纵坡,对存在连续长、陡纵坡的路段应进行安全性评价。

五、合成坡度

公路在平曲线地段,若纵向有纵坡并横向有超高时,则最大坡度既不在纵坡上,也不在横向超高上,而是在纵坡和超高的合成方向上,这个最大的坡度称为合成坡度,又称作流水线坡度,如图 3-2 所示。

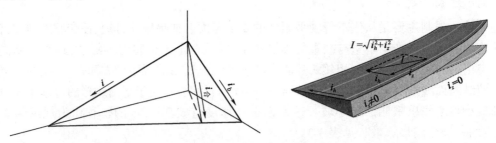

图 3-2 合成坡度示意

合成坡度可按矢量关系或勾股定理关系导出:

$$i_合 = \sqrt{i^2 + i_b^2} \tag{3-1}$$

式中：$i_合$——合成坡度，%；
　　　i——公路平曲线处的纵坡坡度，%；
　　　i_b——公路平曲线处的超高横坡度，%。

汽车在有合成坡度的地段行驶：若合成坡度过大，当车速过慢或汽车停在弯道上时，汽车可能沿合成坡度的方向发生侧滑；若遇急弯陡坡，汽车可能沿合成坡度方向冲出弯道之外而造成事故；此外，合成坡度较大，还会造成汽车倾斜、货物偏重，致使汽车倾倒。

各级公路的最大合成坡度见表3-4。

公路最大合成坡度　　　　　　　表3-4

公路技术等级	高速公路、一级公路				二级公路、三级公路、四级公路				
设计速度（km/h）	120	100	80	60	80	60	40	30	20
合成坡度值（%）	10.0	10.0	10.5	10.5	9.0	9.5	10.0	10.0	10.0

最大合成坡度是控制极限值，一般情况应留有一定的余地。

在纵断面设计拉坡时，纵坡的确定必须考虑满足合成坡度的要求。当陡坡与小半径平曲线相重叠时，在条件许可的情况下，以采用较小的合成坡度为宜，特别是在下述情况下，合成坡度必须小于8%。

（1）冬季路面有积雪、结冰地区。
（2）自然横坡较陡峻的傍山路段。
（3）非汽车交通量比率高的路段。

为保证路面排水，各级公路的最小合成坡度不宜小于0.5%。当合成坡度小于0.5%时，应采取综合排水措施，以保证路面排水畅通。

第二节　竖曲线

当纵断面上两条坡度不同的相邻纵坡线相交时，就出现了变坡点。汽车在变坡点上行驶不顺适，故在变坡点处都必须用曲线将前后两条相邻纵坡线顺势连接起来，以适应行车的需要，这条连接两纵坡线的曲线（二次抛物线）称为竖曲线。竖曲线分凸形竖曲线和凹形竖曲线两种形式，纵断面设计线由直线坡段和竖曲线组成。

一、竖曲线要素计算

如图3-3所示，O'为变坡点，前坡段纵坡坡度为i_1，后坡段纵坡坡度为i_2，则相邻两坡度的差为$\omega = i_1 - i_2$，上坡时取正值，下坡时取负值。当$i_1 - i_2$为正值时，为凸形竖曲线；当$i_1 - i_2$为负值时，为凹形竖曲线。

我国采用二次抛物线作为竖曲线。设抛物线顶点半径为R，则竖曲线要素如下。

竖曲线长：

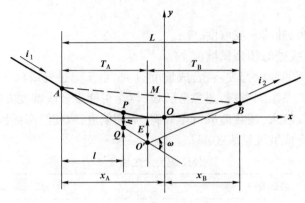

图 3-3 竖曲线计算图示

$$L = R\omega \tag{3-2}$$

竖曲线切线长：

$$T = T_A = T_B \approx \frac{L}{2} = \frac{R\omega}{2} \tag{3-3}$$

竖曲线的外距：

$$E = \frac{T^2}{2R} \tag{3-4}$$

竖曲线上任意点竖距：

$$H = \frac{l^2}{2R} \tag{3-5}$$

式中：l——竖曲线任意点至竖曲线起点(终点)的距离，m；

R——竖曲线的半径，m。

二、竖曲线的最小半径和最小长度

在纵断面设计中竖曲线的设计受众多因素限制，其中有三个限制因素决定着竖曲线最小半径或最小长度。

1. 缓和冲击

汽车行驶在竖曲线上时，产生径向离心力，这个力在凹形竖曲线上是增重，在凸形竖曲线上是减重，这种增重或减重达到某种程度时，乘客会有不适的感觉，所以确定竖曲线半径时，对离心加速度要加以控制。

2. 经行时间不宜过短

当竖曲线两端直线坡段的坡度差很小时，即使竖曲线半径较大，竖曲线长度也有可能较短。此时汽车在竖曲线段倏忽而过，冲击增大，乘客不适；从视觉上考虑，也会使人感到线形突然转折。因此，汽车在凸形竖曲线上行驶的时间不能太短，通常控制汽车在凸形竖曲线上行驶时间不得小于 3s。

3. 满足视距的要求

汽车行驶在凸形竖曲线上，如果竖曲线半径太小，会阻挡驾驶员的视线；若为凹形竖曲线，同样存在视距问题。对地形起伏较大地区的路段,在夜间行车时,若半径过小,前照灯照射距离过短,影响行车安全和速度;在高速公路及城市道路上有许多跨线桥、门式交通标志及广告宣传牌等,如果它们正好处在凹形竖曲线上方,也会影响驾驶员的视线。因此,为了行车安全,对凸形竖曲线的最小半径和最小长度应加以限制。

根据缓和冲击、经行时间及视距要求,可计算出各设计速度时竖曲线的最小半径和最小长度。与平曲线相似,当坡度角较小时,即使采用较大的竖曲线半径,竖曲线的长度也很短,这样容易使驾驶员产生急促的变坡感觉,同时,竖曲线长度过短,易对行车造成冲击。我国按照汽车在竖曲线上以设计速度行驶 3s 行程时间控制竖曲线最小长度。各级公路的竖曲线最小半径和最小长度规定见表 3-5,在进行竖曲线设计时,不但要满足竖曲线半径要求,还必须满足竖曲线最小长度规定。

公路竖曲线最小半径和最小长度 表 3-5

设计速度(km/h)	120	100	80	60	40	30	20
凸形竖曲线最小半径(m)	11 000	6 500	3 000	1 400	450	250	100
凹形竖曲线最小半径(m)	4 000	3 000	2 000	1 000	450	250	100
竖曲线最小长度(m)	100	85	70	50	35	25	20

三、竖曲线设计与计算

1. 竖曲线设计

对于设计速度大于或等于 60km/h 的公路,竖曲线设计宜采用长的竖曲线和长的直线坡段的组合,有条件时最好采用不小于表 3-6 所列视觉所需的竖曲线半径值。

视觉所需的最小竖曲线半径 表 3-6

设计速度(km/h)	竖曲线半径(m)		设计速度(km/h)	竖曲线半径(m)	
	凸形	凹形		凸形	凹形
120	20 000	12 000	80	12 000	8 000
100	16 000	10 000	60	9 000	6 000

相邻竖曲线衔接时应注意:

(1)同向竖曲线之间,特别是同向凹形竖曲线之间,如果直线坡段接近或达到最小坡长,应合并为单曲线或复曲线,避免出现断背曲线。

(2)反向竖曲线之间,为使汽车的增重与失重之间有一过渡段,应尽量在中间设置一段直线坡段,以利于汽车行驶过渡,直线坡段的长度一般不小于 3s 的行程,当半径较大时也可直接连接。

(3)相邻纵坡之差很小且采用大半径竖曲线时,如果导致竖曲线上的纵坡小于 0.3%,不利于排水,应做专门的排水设计以满足排水要求。

2. 竖曲线计算

(1)计算竖曲线的基本要素:竖曲线长 L、切线长 T、外距 E。

(2)计算竖曲线的起、终点桩号:

$$竖曲线起点桩号 = 变坡点桩号 - T \tag{3-6}$$

$$竖曲线终点桩号 = 变坡点桩号 + T \tag{3-7}$$

(3) 计算竖曲线上任意点切线高程及竖距：

$$切线高程 = 变坡点的高程 \pm (T - l) \cdot i \tag{3-8}$$

竖距：
$$h = \frac{l^2}{2R} \tag{3-9}$$

(4) 计算竖曲线上任意点设计高程：

凸形竖曲线： 某桩号的设计高程 = 该桩号的切线高程 $- h$ （3-10）

凹形竖曲线： 某桩号的设计高程 = 该桩号的切线高程 $+ h$ （3-11）

【工程实例 3-1】 某山岭区二级公路，变坡点桩号为 K3+030.00，高程为 427.68m，前坡为上坡，$i_1 = +5\%$，后坡为下坡，$i_2 = -4\%$，竖曲线半径 $R = 2\,000$m。试计算竖曲线诸要素以及桩号为 K3+000.00 和 K3+100.00 处的设计高程，如图 3-4 所示。

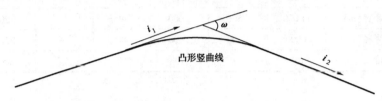

图 3-4 竖曲线计算示意

解：1. 计算竖曲线要素

$$\omega = i_1 - i_2 = 5\% - (-4\%) = 0.09$$

所以该竖曲线为凸形竖曲线。

曲线长
$$L = R\omega = 2\,000 \times 0.09 = 180(\mathrm{m})$$

切线长
$$T = \frac{L}{2} = \frac{180}{2} = 90(\mathrm{m})$$

外距
$$E = \frac{T^2}{2R} = \frac{90^2}{2 \times 2\,000} = 2.03(\mathrm{m})$$

2. 竖曲线起、终点桩号

$$竖曲线起点桩号 = (K3+030.00) - 90 = K2+940.00$$

$$竖曲线终点桩号 = (K3+030.00) + 90 = K3+120.00$$

3. K3+000.00、K3+100.00 的切线高程和竖距

K3+000.00 的切线高程 $= 427.68 - (K3+030.00 - K3+000.00) \times 5\% = 426.18(\mathrm{m})$

$$K3+000.00 \text{ 的竖距} = \frac{(K3+000.00 - K2+940.00)^2}{2 \times 2\,000} = 0.90(\mathrm{m})$$

K3+100.00 的切线高程 $= 427.68 - (K3+100.00 - K3+030.00) \times 4\% = 424.88(\mathrm{m})$

$$K3+100.00 \text{ 的竖距} = \frac{(K3+120.00 - K3+100.00)^2}{2 \times 2\,000} = 0.10(\mathrm{m})$$

4. K3+000.00 和 K3+100.00 的设计高程

$$K3+000.00 \text{ 的设计高程} = 426.18 - 0.9 = 425.28(\text{m})$$
$$K3+100.00 \text{ 的设计高程} = 424.88 - 0.1 = 424.78(\text{m})$$

第三节　公路平、纵线形组合设计

公路的空间线形是由公路的平面线形和纵断面线形及横断面所组成的空间带状物。公路设计是从路线规划开始的,然后经选线、平面线形设计、纵断面设计和平纵线形组合设计,最终以平、纵、横组合的立体线形展现出来。汽车行驶过程中,驾驶员所选择的实际行车速度是根据他对立体线形的判断作出的,因此,设计中不仅要满足平面、纵断面线形标准,还必须满足公路空间线形视觉的连续性,并有足够的舒适感和安全感。

一、公路平、纵线形组合设计原则

平面与纵断面的线形组合是指在满足汽车运动学和力学要求的前提下,研究如何满足驾驶员视觉和心理方面的连续性、舒适感,研究如何与周围环境协调和达到良好的排水条件。公路平、纵线形组合的基本原则是:

(1)视觉上能自然地诱导驾驶员的视线,并保持视觉的连续性。

(2)平面与纵断面的线形技术指标应大小均衡,不要过于悬殊,使线形在人们的视觉上和心理上保持协调。

(3)选择组合得当的合成坡度,以利于路面排水和安全行车。

(4)注意与公路周围环境相协调,尽量保持自然景观的连续,使公路与自然融为一体。

二、线形组合的形式

通过分解立体线形要素,可得出平、纵线形有以下六种组合形式,如图3-5和图3-6所示。

上述a、b、c形是在垂直平面内的线形,d、e、f形是立体曲线。从视觉、心理分析来看各有优势和不足。

(1)a形组合线形单调、枯燥,行车过程中视景观缺乏变化,容易使驾驶员产生疲劳,频繁超车。设计时采用画车道线、设标志、绿化,并与路侧设施配合等方法来调节单调的视觉,增进视线诱导。

(2)b形组合具有较好的视距条件,给驾驶员以动的视觉效果,行车条件较好。设计时要注意避免采用较短的凹形竖曲线,尤其在两个凹形竖曲线间不要插入短的直线坡段,在长直线末端不宜插入小半径的凹形竖曲线。

(3)c形组合视距条件差,线形单调,应避免,无法避免时应采用较大的竖曲线半径。

(4)d形组合只要平曲线半径选择适当,纵坡不太陡,即可获得较好的视觉效果和心理感受,设计时应注意检查合成坡度是否超限。应注意避免"驼峰""暗凹"和"浪形"等不良视觉现象出现。

(5)e、f形组合设计是常见又比较复杂的组合形式。如果平、纵面线形几何要素的大小适当、均衡协调、位置适当,便可获得视觉舒顺、诱导视线良好的空间线形。相反,则会出现一些不良的后果,设计时应引起特别重视。

编号	平面要素	纵断面要素	立体线形要素
a	直线	直线	具有恒等坡度的直线
b	直线	曲线	凹形曲线
c	直线	曲线	凸形曲线
d	曲线	直线	具有恒等坡度的曲线
e	曲线	曲线	凹形曲线
f	曲线	曲线	凸形曲线

图 3-5 空间线形要素

a) 平面直线与纵面直线的组合

b) 平面直线与纵面凹形曲线的组合

图 3-6

c) 平面上为直线，纵面上是凸形竖曲线

d) 平面上为曲线，纵面上为直线

e) 平面上为曲线，纵面上为凹形竖曲线

f) 平面上为曲线，纵面上为凸形竖曲线

图 3-6　6 种组合形式示例

三、平、纵线形组合的基本要求

1. 平曲线与竖曲线宜相互重合，且平曲线应稍长于竖曲线

平曲线和竖曲线对应设置，且平曲线稍长于竖曲线，俗称"平包竖"。这种立体线形不仅能起诱导视线的作用，而且可取得平顺而流畅的效果。

竖曲线的起、终点宜设在平曲线的两个缓和曲线内，其中任一点都不要设在缓和曲线以外的直线上或圆曲线内，如图 3-7 所示。若平、竖曲线半径都很大且坡差较小时，则平、竖曲线位置可不受上述限制；若达不到平、竖曲线的较好组合，可将二者拉开适当距离，使平曲线位于直线坡段或竖曲线位于直线上。

2. 要保持平曲线与竖曲线大小的均衡

一个长的平曲线内有两个以上凸、凹相间的竖曲线，或一个大的竖曲线含有两个以上反向平曲线，看上去非常别扭，如图 3-8 所示。保持平曲线、竖曲线的半径和长度均衡，能在视觉上获得协调、舒顺的感觉。平、竖曲线长度若能达到图 3-7 组合得当的情况，则是均衡的。

研究表明，当平曲线半径在 1 000m 以下时，竖曲线半径宜为平曲线半径的 10～20 倍，便可达到线形的均衡性。表 3-7 为平纵曲线半径大致均衡的参考值。

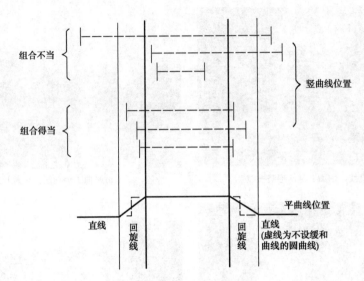

图 3-7 平曲线与竖曲线组合

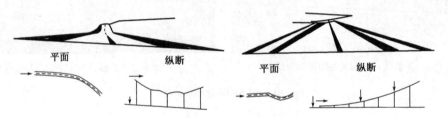

图 3-8 平曲线和竖曲线大小不均衡示意图

平、竖曲线半径的均衡   表 3-7

平曲线半径(m)	竖曲线半径(m)	平曲线半径(m)	竖曲线半径(m)
500	10 000	1 100	30 000
700	12 000	1 200	40 000
800	16 000	1 500	60 000
900	20 000	2 000	100 000
1 000	25 000		

3. 要选择适当的合成坡度

合成坡度过大对行车不利,特别是在冬季结冰期更危险,合成坡度过小会导致排水不畅,影响行车安全。虽然《规范》对合成坡度的最大允许值做了规定,但在进行平、纵面线形组合时,如条件允许,最好使合成坡度小于8%,最小合成坡度不宜小于0.5%。

四、平、纵线形设计中应注意避免的组合形式

(1) 避免在竖曲线的顶、底部插入小半径的平曲线。

如果在凸形竖曲线的顶部有小半径的平曲线,不仅不能引导视线而且会因急转转向盘致使行车危险。在凹形竖曲线的底部有小半径的平曲线,便会出现汽车加速而急转弯的情况,同样可能发生危险。

(2) 避免将小半径的平曲线起、讫点设在或接近竖曲线的顶部或底部。

若将凸形竖曲线的顶部设在小半径平曲线的起点,如图 3-9 所示,会产生不连续的线形,失去了视线引导作用。而将凹形竖曲线的底部设在小半径平曲线的起点,除了视觉上扭曲外,还会产生下坡尽头接急弯的不安全组合。

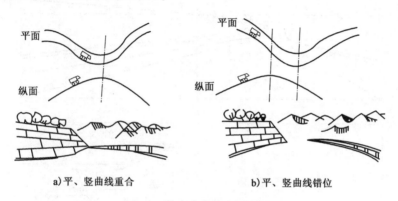

a) 平、竖曲线重合　　　　b) 平、竖曲线错位

图 3-9　平、竖曲线的重合与错位

(3) 避免使竖曲线顶、底部与反向平曲线的拐点重合。

此类组合都存在不同程度的扭曲外观:前者不能正确引导视线,会使驾驶员操作失误;后者使路面排水不畅,从而积水影响行车安全。

(4) 避免出现驼峰、暗凹、跳跃、断背、折曲等使驾驶员视线中断的线形。

(5) 避免在长直线上设置陡坡或曲线长度短、半径小的凹形竖曲线。

在长直线上设置陡坡易使驾驶员超速行驶,危及行车安全;在长直线上设置曲线长度短、半径小的凹形竖曲线易使驾驶员产生坡底道路变窄的错觉,导致高速行驶中的制动操作,影响行车安全。

(6) 避免急弯与陡坡的不利组合。

(7) 应避免小半径的竖曲线与缓和曲线的重合。采用该组合形式,对凸形竖曲线,诱导性差,事故率较高;对凹形竖曲线,路面排水不良,影响行车安全。

五、公路平、纵线形组合检查

公路平纵线形组合的好坏一般可直观地通过透视图法检查,常用的透视图有线形透视图、全景透视图和动态透视图。随着计算机技术的发展和仿真技术的应用,目前还出现了道路仿真和道路虚拟现实技术,为线形评价提供了更先进的平台。

驾驶员透视图是按汽车在公路上的行驶位置,根据驾驶员的目高和线形情况确定的视轴

方向,以及由行驶速度确定的视轴长度,利用坐标透视的原理画出的。目前使用的公路CAD软件都具有透视图制作功能,有些软件还具有动态透视图制作工具,大大提高了透视图的制作效率。但是应用透视图检查平纵组合设计的好坏,只能是定性的分析,要达到定量评价的目的,还需要有其他技术手段的配合。图3-10和图3-11是用透视图检查线形组合的示意说明。

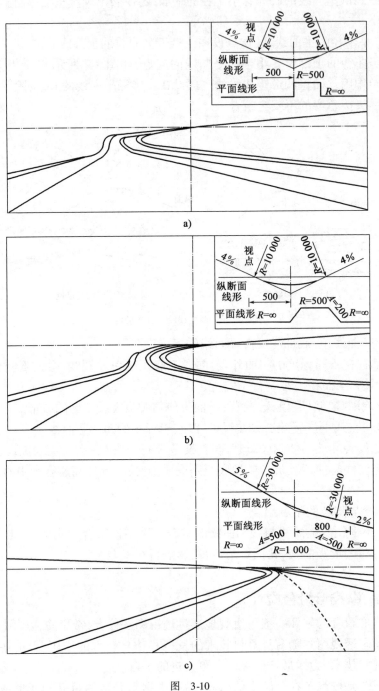

图 3-10

图 3-10 公路线形透视图(尺寸单位:m)

图 3-11 公路全景透视图

第四节 纵断面设计要点及方法

一、纵断面设计要点

纵断面设计的主要内容是根据公路等级、沿线自然条件和构造物控制高程等,确定路线合适的高程、各坡段的纵坡度和坡长,并设计竖曲线。其基本要求是纵坡均匀平顺、起伏和缓,坡长和竖曲线长短适当,平面与纵断面组合设计协调以及填挖经济、平衡。这些要求虽然在选、定线阶段有所考虑,但要在纵断面设计中具体加以实现。

1. 关于纵坡极限值的运用

根据汽车动力特性和考虑经济等因素制定的极限值,设计时不可轻易采用,应留有余地。在受限制较严时,如越岭线,为争取高度、缩短路线长度或避开艰巨工程等,才可有条件地采用。好的设计应尽量考虑人的视觉、心理上的要求,使驾驶员有足够的安全感、舒适感和视觉上的美感。一般来讲,纵坡缓些为好,但为了路面和边沟排水,最小纵坡不应低于0.3%。

2. 关于最小坡长的选用

坡长是指纵断面两变坡点之间的水平距离。坡长不宜过短,应符合《规范》规定(参见表3-3)。对连续起伏的路段,坡度应尽量小,一般可取竖曲线最小长度的3~5倍。

3. 各种地形条件下的纵坡设计

(1)平原、微丘地形的纵坡应均匀平缓,注意保证最小填土高度和最小纵坡的要求。丘陵地形应避免过分迁就地形而起伏过大,注意纵坡应顺适、不产生突变。

(2)山岭、重丘地形的沿河线应尽量采用平缓纵坡,坡长不应超过限制长度,注意路基控制高程的要求。

(3)越岭线的纵坡应力求均匀,尽量不采用极限或接近极限的坡度,更不宜在连续采用极限长度的陡坡之间夹短的缓和坡段。越岭路线一般不应设置反坡。

(4)山脊线和山腰线除结合地形不得已时采用较大纵坡外,在可能的条件下纵坡应缓些。

4. 关于竖曲线半径的选用

竖曲线应以选用较大半径为宜。在不过分增加工程数量的情况下,应选用大于或等于一般最小半径的半径值,特殊困难地段方可用极限最小值。坡差小时应尽量采用大的竖曲线半径。当有条件时,宜按表3-6的规定进行设计。

5. 关于相邻竖曲线的衔接

两相邻竖曲线,当它们的转向相同(变坡角符号相同)时称为同向竖曲线,反之称为反向竖曲线。相邻两个同向凹形或凸形竖曲线,特别是同向凹形竖曲线之间,如直坡段不长,应合并为单曲线或复曲线,这样对行车是有利的。对反向竖曲线,最好中间设置一段直坡线,直坡线的长度一般不小于设计速度的3s行程。当半径比较大时,也可直接连接。

二、纵断面设计方法和注意事项

路线纵断面设计主要是指纵坡设计和竖曲线设计,在纵断面设计之前的选(定)线阶段,设计人员实际已对纵坡设计的部分内容进行过考虑。在室内进行纵断面设计时,一般要根据实地选(定)线时的意图,以及桥涵、地质等方面对路线纵断面设计的要求,综合考虑工程技术与工程经济因素,定出路线的纵坡,再选择合适的竖曲线半径,最后才计算出各桩号的设计高程和填挖值。

1. 纵断面设计的方法

（1）拉坡前的准备工作。内业设计人员在熟悉有关设计标准的基础上，在纵断面图上点绘出每个中桩的位置、平曲线示意图（起、终点位和半径），标出每个中桩的地面高程，并绘出地面线。

（2）标注控制点位置。控制点是指影响纵坡设计的高程控制点。如路线起、终点的接线高程，越岭垭口、大中桥涵、地质不良地段的最小填土高度和最大挖深，沿溪线的洪水位，隧道进出口，路线交叉点，重要城市通过点，以及其他路线高程必须通过的控制点位，都应作为纵断面设计的控制依据。

在山区道路上，除考虑上述控制点外，还应考虑各横断面上的"经济点"，以求降低造价。

横断面上的经济点有以下三种情况，如图 3-12 所示。

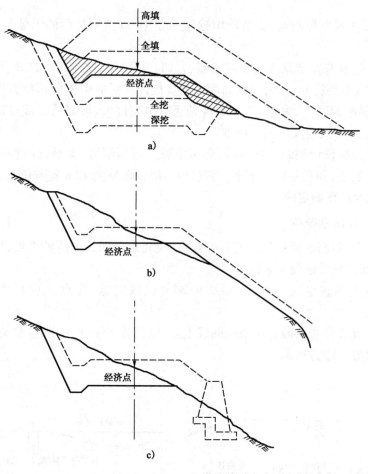

图 3-12　横断面上的经济点

①当地面横坡不大时，可在中桩地面高程上下找到填方和挖方基本平衡的高程，纵坡设计应尽量通过该点，如图 3-12a) 所示。

②当地面横坡较陡，填方往往不易填稳，采用多挖少填或全挖路基的方法比砌筑坡脚、修筑挡土墙经济，此时多挖少填或全挖路基的高程为经济点，如图 3-12b) 所示。

③当地面横坡很陡,无法填方时,需砌筑挡土墙,此时采用全挖路基比填方修筑挡土墙更经济,如图 3-12c)所示。

(3)试坡。在已标出"控制点""经济点"的纵断面图上,根据技术标准、选线意图,结合地面线起伏情况,本着以"控制点"为依据,照顾多数"经济点"的原则,在这些点位间进行穿插和裁弯取直,试定出若干坡度线。经过对各种可能的坡度线方案进行反复比较,最后选出既符合技术标准,又满足控制点要求,而且土石方数量最省的设计线作为初定坡度线,再将前后坡度线延长交会,即可定出变坡点的初步位置。

(4)调整。试定纵坡后,先将所定坡度与选线时考虑的坡度进行比较,两者应基本相符,若有较大的差异,则应全面分析,找出原因,然后对照《规范》检查设计的最大纵坡、合成坡度、坡长限制等是否超过规定限值,以及平面线形与纵断面线形的组合是否适宜,若发现问题,应进行调整。

调整时应以少脱离控制点、少变动填挖值为原则,以使调整后的纵坡与试定纵坡变化不太大。

(5)核对。选择有控制意义的重点横断面,如高填深挖、陡峭山坡路基、挡土墙、重要桥涵等断面,以及其他重要控制点等,在纵断面图上直接读出对应中桩的填挖高度,然后按该填挖值用"模板"在横断面图上"戴帽子"。检查是否有填挖过大、坡脚落空或过远、挡土墙工程过大等情况,若发现问题,应及时调整纵坡。

(6)定坡。纵坡设计经调整核对后,即可定坡。所谓定坡,就是逐段将坡度线的坡度值、变坡点的位置(桩号)和高程确定下来。变坡点一般要调整到 10m 整桩位上,变坡点高程是根据坡度、坡长依次计算确定的。

2.纵断面设计注意事项

(1)在回头曲线路段,路线纵坡有特殊规定,应先定出回头曲线的纵坡,然后从两端接坡,同时应注意在回头曲线地段不宜设竖曲线。

(2)大中桥上不宜设置竖曲线,桥头两端竖曲线的起、终点应设在桥头 10m 以外,如图 3-13a)所示。

(3)小桥涵允许设在斜坡地段或竖曲线上,为保证行车平顺,应尽量避免在小桥涵处出现驼峰式纵坡,如图 3-13b)所示。

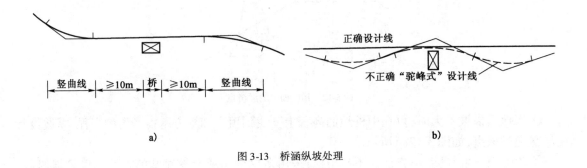

图 3-13 桥涵纵坡处理

(4)注意平面交叉口纵坡及两端接线要求。公路与公路交叉时,一般宜设在坡度较小路段,其长度应不小于最短坡长规定。两端接线纵坡应不大于3%,山区工程艰巨地段不大于5%。

第五节　纵断面设计成果

纵断面设计成果,主要包括路线纵断面图,纵坡、竖曲线表和路基设计表。

一、路线纵断面图

路线纵断面图是公路设计的主要文件之一,它反映路线所经的中心地面起伏情况与设计高程的关系。把它与平面线形结合起来,就能反映出公路路线在空间的位置。

纵断面图采用直角坐标,以横坐标表示里程桩号,纵坐标表示高程。为了明显地表明地形起伏,横坐标的比例通常采用1∶2 000,纵坐标采用1∶200,如图3-14所示。

纵断面图由上半部分和下半部分组成,上半部分主要用来绘制地面线和纵坡设计线,下半部分主要用来填写有关数据。

纵断面图的上半部分应将下列内容在适当位置绘出:
(1)竖曲线及其要素。
(2)沿线桥涵及人工构造物的位置、结构类型及孔径。
(3)与铁路、公路交叉的桩号及路名。
(4)沿线跨越河流名称、桩号,现有水位及最高洪水位。
(5)水准点位置、编号和高程。
(6)断链桩位置、桩号及长短链关系。

纵断面图的下半部分应包括:
(1)直线及平曲线。
(2)里程及桩号。
(3)地面高程。
(4)设计高程。
(5)填挖高度。
(6)超高。
(7)坡度/坡长。
(8)土壤地质说明。

二、纵坡、竖曲线表

与公路路线纵断面图相配合的设计成果还有纵坡、竖曲线表,见表3-8,它反映变坡点的位置、竖曲线要素、坡度、坡长及直坡段长度等。

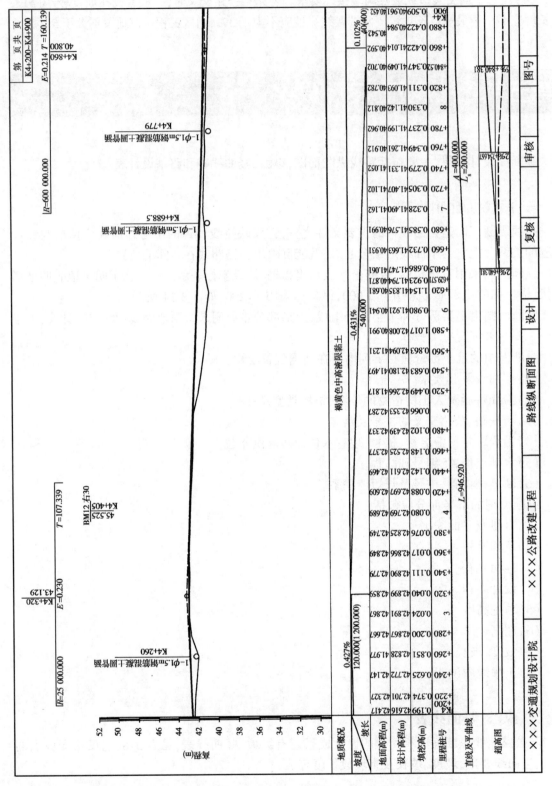

图3-14 纵断面图

×××× 高速公路

纵坡、竖曲线表

S2-5　　表 3-8　　第 1 页　共 2 页

序号	桩号	高程(m)	竖曲线 凸曲线半径 R(m)	竖曲线 凹曲线半径 R(m)	竖曲线 切线长 T(m)	竖曲线 外距(m)	起点桩号	终点桩号	纵坡(%) +	纵坡(%) -	变坡点间距(m)	直坡段长(m)	备注
	右线贯通												第 LWTJ-3 标段设计起终点 YK17+580 ~ K28+806.96
1	YK16+790	535.247		10 800.000	183.600	1.561	YK16+606.400	YK16+973.600		−0.500	630.000	234.703	
2	YK17+420	532.097		16 000.000	211.697	1.400	YK17+208.303	YK17+631.697	2.146		1 110.000	647.998	
3	YK18+530	555.920	10 000.000		250.304	3.133	YK18+279.696	YK18+780.304		−2.860	760.000	215.679	
4	YK19+290	534.185		17 500.000	294.017	2.470	YK18+995.983	YK19+584.017	0.500		775.000	329.822	
5	YK20+065	538.063		55 000.000	151.161	0.208	YK19+913.839	YK20+216.161	1.050		865.000	504.539	
6	YK20+930	547.145		23 000.000	209.300	0.952	YK20+720.700	YK21+139.300	2.870		675.000	331.586	
7	YK21+605	566.518	28 000.000		134.114	0.321	YK21+470.886	YK21+739.114	1.912		845.000	465.363	
8	YK22+450	582.674	12 000.000		245.523	2.512	YK22+204.477	YK22+695.523		−2.180	3 200.000	2 778.477	
9	YK25+650	512.914	40 000.000		176.000	0.387	YK25+474	YK25+826		−1.3	600	199	
10	YK26+250	505.114	30 000.000		225.000	0.844	YK26+025	YK26+475		−1.900	700.000	259.803	断链 YK26+317.282 ~ K26+263.469
11	YK26+950	484.008		9 535.963	215.197	2.428	K26+437.803	K27+165.197	1.713		480.000	0.000	
12	K27+430	492.232	12 000.000		264.803	2.922	K27+165.197	K27+694.803		−2.700	370.000	0.000	
13	K27+800	482.242		10 882.465	105.197	0.508	K27+694.803	K27+905.197		−0.767	600.000	278.136	
14	K28+400	477.642	100 000.000		216.667	0.235	K28+183.333	K28+616.667		−1.200	400.000	0.000	
15	K28+800	472.842		61 111.130	183.333	0.275	K28+616.667	K28+983.333		−0.600	570.000	249.847	
16	K29+370	469.422		11 000.000	136.820	0.851	K29+233.180	K29+506.820	1.888		380.000	104.417	
17	K29+750	476.595	20 000.000		138.763	0.481	K29+611.237	K29+888.763	0.500		570.000	431.237	第 LWTJ-3 标段设计起终点 YK17+580 ~ K28+806.96
18	K30+320	479.445											
19													

坐标系统:1980 国家大地坐标系,中央子午线:106°22′40″,
投影面:600m;高程系统:1985 国家高程基准

编制:　　　　　　复核:　　　　　　审核:　　　　　　审查:

三、路基设计表

路基设计表是公路设计文件的组成内容之一,它是公路平、纵、横等主要测设资料的综合。表中填列所有整桩、加桩及填挖高度、路基宽度(包括加宽)、超高值等有关资料,为路基横断面设计的基本数据,也是施工的依据之一。

1. 一般公路路基设计表

一般公路路基设计表见表3-9,填算方法如下:

第(1)栏"桩号"和第(5)栏"地面高程"都是从有关测量记录上抄录的;

第(2)栏"平曲线"中,可只列转角号和半径,供计算加宽超高之用;

第(3)(4)栏"坡度及竖曲线"是从纵断面图上抄录的,转坡点要注明桩号和高程,竖曲线要注明起、终点桩号;

第(6)栏"设计高程"在直坡段为切线高程,在竖曲线段应考虑"改正值",用公式 $h = l^2/2R$ 算出,其中,l 为各桩距竖曲线起点或终点的距离,R 由第(2)栏或直接由纵断面图上抄录,凹形竖曲线改正值为"+"号,凸形竖曲线改正值为"-"号;第(6)栏"设计高程"在竖曲线内,则为该桩号的切线高程与改正值的代数和;

第(7)(8)栏的"填""挖"是第(5)栏与第(6)栏之差,"+"号为挖,"-"号为填;

第(9)(10)栏为左、右路基宽度,当圆曲线半径小于或等于250m时,应考虑平曲线内侧加宽;

第(11)(12)(13)栏为路基两侧边缘及中桩与设计高程的差,当圆曲线半径小于不设超高最小半径时,应考虑平曲线段超高。

2. 高速公路路基设计表

高速公路路基设计表见表3-10,填算方法如下:

第(1)栏"桩号"和第(6)栏"地面高程"都是从有关测量记录上抄录的;

第(2)(3)栏"平曲线"中,可只列转角号和半径,供计算加宽加高之用;

第(4)(5)栏"坡度及竖曲线"是从纵断面图上抄录的,转坡点要注明桩号和高程,竖曲线要注明起、终点桩号;

第(7)栏"设计高程"在直坡段为切线高程,在竖曲线段应考虑"改正值",用公式 $h = l^2/2R$ 算出,其中 l 为各桩距竖曲线起点或终点的距离,R 由第(4)(5)栏得到或直接由纵断面图上抄录,凹形竖曲线改正值为"+"号,凸形竖曲线改正值为"-"号;第(7)栏"设计高程"在竖曲线内,应为该桩号的切线高程与改正值的代数和;

第(8)(9)栏的"填""挖"是第(6)栏与第(7)栏之差,"+"号为挖,"-"号为填;

第(10)(11)(12)(13)(14)(15)(16)(17)(18)栏"路基宽度"为左土路肩、左硬路肩、左行车道、左路缘带、中分带、右路缘带、右行车道、右硬路肩、右土路肩宽度;

第(19)(20)(21)(22)(23)(24)(25)(26)栏为各点与设计高程的差;

第(27)(30)栏"坡度"为左、右边沟纵坡;(28)(31)为左、右边沟底宽;第(29)(32)栏为左、右边沟沟底高程。

一般公路路基设计表

表 3-9

序号	桩号	平曲线	变坡点高程、桩号及纵坡坡度、坡长	竖曲线	地面高程 (m)	设计高程 (m)	填挖高度 (m) 填	填挖高度 (m) 挖	路基宽度 (m) 左	路基宽度 (m) 右	路基边缘、路中心桩与设计高程之高差 (m) 左	路基边缘、路中心桩与设计高程之高差 (m) 中	路基边缘、路中心桩与设计高程之高差 (m) 右	施工时中桩填挖高 (m) 填	施工时中桩填挖高 (m) 挖	备注
1	2	3	4	5	6	7	8	9	10	11	12	13	14	15	16	
1	K2+580.000				102.56	102.50		0.06								
2	K2+600.000				102.72	103.03	0.31		5.00	5.00	0	0.12	0	0.43		
3	K2+620.000				103.26	103.57	0.31		5.00	5.00	0	0.12	0	0.43		
4	K2+640.000				103.62	104.11	0.49		5.00	5.00	0	0.12	0	0.61		
5	K2+660.000				104.28	104.64	0.36		5.00	5.00	0	0.12	0	0.48		
6	K2+680.000				105.16	105.18	0.02		5.00	5.00	0	0.12	0	0.14		
7	K2+700.000		$\dfrac{+2.679\%}{280(640)}$		105.35	105.71	0.36		5.00	5.00	0	0.12	0	0.48		
8	K2+720.000				105.06	106.25	1.19		5.00	5.00	0	0.12	0	1.31		
9	ZH K2+738.363			+758.789	104.84	106.74	1.90		5.00	5.00	0.02	0.12	0.02	2.02		$B_{jx}=0.02$
10	K2+740.000				104.25	106.79	2.54		5.02	5.00	0.01	0.12	0.01	2.66		$B_{jx}=0.25$
11	K2+760.000			$R=3300$ $T=101.21$ $E=1.55$	104.76	107.32	2.56		5.25	5.00	0.01	0.12	0.20	2.68		$B_{jx}=0.48$
12	K2+780.000				105.06	107.79	2.73		5.48	5.00	-0.04	0.12	0.38	2.92		$B_{jx}=0.70$
13	K2+800.00				105.64	108.14	2.50		5.70	5.00	-0.09	0.19	0.56	2.76		$B_{j}=0.80$
14	HY K2+808.363				105.98	108.24	2.26		5.80	5.00	-0.12	0.26	0.64	2.55		$B_{j}=0.80$
15	K2+820.000	JD$_4$、K2+865.421 α$_y$=45°15′18″			106.25	108.36	2.11		5.80	5.00	-0.12	0.29	0.64	2.40		$B_{j}=0.80$
16	K2+840.000		K2+860.000 110.000		108.76	108.46		0.30	5.80	5.00	-0.12	0.29	0.64		0.01	$B_{j}=0.80$
17	QZ K2+860.246	$R=220$ $L_s=70$			110.65	108.45		2.20	5.80	5.00	-0.12	0.29	0.64	1.91	2.49	$B_{j}=0.80$
18	K2+880.000				111.09	108.31		2.78	5.80	5.00	-0.12	0.29	0.64		2.02	$B_{j}=0.80$
19	K2+900.000				110.36	108.05		2.31	5.80	5.00	-0.12	0.29	0.64		0.27	$B_{j}=0.80$
20	YH K2+912.130			+961.211	108.39	107.83		0.56	5.71	5.00	-0.09	0.26	0.57	0.47		$B_{jx}=0.71$
21	K2+920.000				107.46	107.67	0.21		5.48	5.00	-0.04	0.19	0.39	1.11		$B_{jx}=0.48$
22	K2+940.000		$\dfrac{-3.455\%}{220(850)}$		106.25	107.17	0.92		5.25	5.00	0.01	0.12	0.20	0.90		$B_{jx}=0.25$
23	K2+960.000				105.76	106.54	0.78		5.00	5.00	0.02	0.12	0.02	0.85		$B_{jx}=0.02$
24	K2+980.000				105.12	105.78	1.42		5.00	0.02	0.02	0.02	1.54			
25	HZ K2+982.130				104.36	105.78	1.42		5.00	5.00	0.12	0.02	1.54			
26	K3+000.000				103.65	105.16	1.51		5.00	5.00	0	0.12	0	1.63		
27	K3+020.000				103.36	104.47	1.11		5.00	5.00	0	0.12	0	1.23		
28	K3+040.000				103.02	103.78	0.76		5.00	5.00	0	0.12	0	0.88		
29	K3+060.000				102.68	103.09	0.41		5.00	5.00	0	0.12	0	0.53		
30	K3+080.000				102.38	102.4	0.02		5.00	5.00	0	0.12	0	0.14		

高速公路路基设计表

××公路改建工程

桩号	平曲线		坡度及竖曲线		地面高程(m)	设计高程(m)	填挖高度(m)		路基宽度(m) 左				中分带	右			
	左	右	凹	凸			填	挖	W_4	W_3	W_2	W_1	W	W_1	W_2	W_3	W_4
1	2	3	4	5	6	7	8	9	10	11	12	13	14	15	16	17	18
K0+000					35.074	35.074		0.000	0.75	3.00	7.50	0.50	2.00	0.50	7.50	3.00	0.75
+020					35.174	35.306	0.132		0.75	3.00	7.50	0.50	2.00	0.50	7.50	3.00	0.75
+040					34.291	35.538	1.247		0.75	3.00	7.50	0.50	2.00	0.50	7.50	3.00	0.75
+046.5					32.755	35.613	2.858		0.75	3.00	7.50	0.50	2.00	0.50	7.50	3.00	0.75
+060					32.577	35.770	3.193		0.75	3.00	7.50	0.50	2.00	0.50	7.50	3.00	0.75
+077.2					34.548	35.969	1.421		0.75	3.00	7.50	0.50	2.00	0.50	7.50	3.00	0.75
+080					34.108	36.002	1.894		0.75	3.00	7.50	0.50	2.00	0.50	7.50	3.00	0.75
+100					33.071	36.234	3.163		0.75	3.00	7.50	0.50	2.00	0.50	7.50	3.00	0.75
+120					33.026	36.466	3.440		0.75	3.00	7.50	0.50	2.00	0.50	7.50	3.00	0.75
+140					33.985	36.698	2.713		0.75	3.00	7.50	0.50	2.00	0.50	7.50	3.00	0.75
+160.506					35.529	36.936	1.407		0.75	3.00	7.50	0.50	2.00	0.50	7.50	3.00	0.75
+180					34.424	37.162	2.738		0.75	3.00	7.50	0.50	2.00	0.50	7.50	3.00	0.75
+200	$R=\infty$		1.159 8% 600		36.606	37.394	0.788		0.75	3.00	7.50	0.50	2.00	0.50	7.50	3.00	0.75
+220	L=843.749				37.047	37.626	0.579		0.75	3.00	7.50	0.50	2.00	0.50	7.50	3.00	0.75
+240					37.394	37.858	0.464		0.75	3.00	7.50	0.50	2.00	0.50	7.50	3.00	0.75
+260					37.577	38.090	0.513		0.75	3.00	7.50	0.50	2.00	0.50	7.50	3.00	0.75
+280					37.887	38.322	0.435		0.75	3.00	7.50	0.50	2.00	0.50	7.50	3.00	0.75
+300					37.064	38.554	1.490		0.75	3.00	7.50	0.50	2.00	0.50	7.50	3.00	0.75
+304.251					37.880	38.603	0.723		0.75	3.00	7.50	0.50	2.00	0.50	7.50	3.00	0.75
+320					35.575	38.785	3.210		0.75	3.00	7.50	0.50	2.00	0.50	7.50	3.00	0.75
+340					35.552	39.017	3.465		0.75	3.00	7.50	0.50	2.00	0.50	7.50	3.00	0.75
+360					35.679	39.249	3.570		0.75	3.00	7.50	0.50	2.00	0.50	7.50	3.00	0.75
+380					35.978	39.481	3.503		0.75	3.00	7.50	0.50	2.00	0.50	7.50	3.00	0.75
+400					35.983	39.713	3.730		0.75	3.00	7.50	0.50	2.00	0.50	7.50	3.00	0.75
+420					36.249	39.945	3.696		0.75	3.00	7.50	0.50	2.00	0.50	7.50	3.00	0.75
+440					36.416	40.177	3.761		0.75	3.00	7.50	0.50	2.00	0.50	7.50	3.00	0.75
+460					37.718	40.408	2.690		0.75	3.00	7.50	0.50	2.00	0.50	7.50	3.00	0.75
+480					38.088	40.629	2.541		0.75	3.00	7.50	0.50	2.00	0.50	7.50	3.00	0.75
+500					38.142	40.839	2.697		0.75	3.00	7.50	0.50	2.00	0.50	7.50	3.00	0.75

编制：

表 3-10

各点与设计高程之高差(m)								边沟及排水沟					
左				右				左			右		
A_4	A_3	A_2	A_1	B_1	B_2	B_3	B_4	坡度	底宽(m)	沟底高程(m)	坡度	底宽(m)	沟底高程(m)
19	20	21	22	23	24	25	26	27	28	29	30	31	32
-0.250	-0.220	-0.160	-0.010	-0.010	-0.160	-0.220	-0.250		0.800	34.024		0.800	34.024
-0.250	-0.220	-0.160	-0.010	-0.010	-0.160	-0.220	-0.250		0.800	34.256		0.800	34.256
-0.250	-0.220	-0.160	-0.010	-0.010	-0.160	-0.220	-0.250		0.800	34.391		0.800	33.791
-0.250	-0.220	-0.160	-0.010	-0.010	-0.160	-0.220	-0.250		0.800	33.173		0.800	32.158
-0.250	-0.220	-0.160	-0.010	-0.010	-0.160	-0.220	-0.250		0.800	34.577		0.800	31.777
-0.250	-0.220	-0.160	-0.010	-0.010	-0.160	-0.220	-0.250		0.800	33.748		0.800	34.919
-0.250	-0.220	-0.160	-0.010	-0.010	-0.160	-0.220	-0.250		0.800	33.942		0.800	31.708
-0.250	-0.220	-0.160	-0.010	-0.010	-0.160	-0.220	-0.250		0.800	33.955		0.800	32.271
-0.250	-0.220	-0.160	-0.010	-0.010	-0.160	-0.220	-0.250		0.800	33.526		0.800	32.226
-0.250	-0.220	-0.160	-0.010	-0.010	-0.160	-0.220	-0.250		0.800	33.585		0.800	32.985
-0.250	-0.220	-0.160	-0.010	-0.010	-0.160	-0.220	-0.250		0.800	35.029		0.800	33.529
-0.250	-0.220	-0.160	-0.010	-0.010	-0.160	-0.220	-0.250		0.800	35.524		0.800	35.135
-0.250	-0.220	-0.160	-0.010	-0.010	-0.160	-0.220	-0.250		0.800	36.344		0.800	36.344
-0.250	-0.220	-0.160	-0.010	-0.010	-0.160	-0.220	-0.250		0.800	36.247		0.800	35.745
-0.250	-0.220	-0.160	-0.010	-0.010	-0.160	-0.220	-0.250		0.800	36.594		0.800	35.189
-0.250	-0.220	-0.160	-0.010	-0.010	-0.160	-0.220	-0.250		0.800	36.777		0.800	34.877
-0.250	-0.220	-0.160	-0.010	-0.010	-0.160	-0.220	-0.250		0.800	37.087		0.800	37.087
-0.250	-0.220	-0.160	-0.010	-0.010	-0.160	-0.220	-0.250		0.800	36.264		0.800	36.264
-0.250	-0.220	-0.160	-0.010	-0.010	-0.160	-0.220	-0.250		0.800	35.590		0.800	37.080
-0.250	-0.220	-0.160	-0.010	-0.010	-0.160	-0.220	-0.250		0.800	34.375		0.800	37.735
-0.250	-0.220	-0.160	-0.010	-0.010	-0.160	-0.220	-0.250		0.800	34.752		0.800	37.352
-0.250	-0.220	-0.160	-0.010	-0.010	-0.160	-0.220	-0.250		0.800	34.879		0.800	35.279
-0.250	-0.220	-0.160	-0.010	-0.010	-0.160	-0.220	-0.250		0.800	35.178		0.800	35.178
-0.250	-0.220	-0.160	-0.010	-0.010	-0.160	-0.220	-0.250		0.800	35.783		0.800	35.183
-0.250	-0.220	-0.160	-0.010	-0.010	-0.160	-0.220	-0.250		0.800	36.449		0.800	35.449
-0.250	-0.220	-0.160	-0.010	-0.010	-0.160	-0.220	-0.250		0.800	36.494		0.800	35.616
-0.250	-0.220	-0.160	-0.010	-0.010	-0.160	-0.220	-0.250		0.800	38.018		0.800	36.218
-0.250	-0.220	-0.160	-0.010	-0.010	-0.160	-0.220	-0.250		0.800	37.688		0.800	37.488
-0.250	-0.220	-0.160	-0.010	-0.010	-0.160	-0.220	-0.250		0.800	38.142		0.800	37.342

复核： 总页次：

1. 在纵断面设计中，选取最大纵坡和最小纵坡考虑的因素分别有哪些？
2. 确定竖曲线最小半径时主要考虑哪些因素？
3. 简述平、纵面线形组合的基本原则。
4. 确定变坡点位置时应考虑哪些问题？
5. 路线纵断面设计应考虑哪些主要高程控制点？
6. 简述纵断面设计的方法与步骤。
7. 某公路有连续三个变坡点分别为：K8+700、K9+100、K9+380，对应的设计高程分别为：77.756m、65.356m、68.716m。若在变坡点 K9+100 处的竖曲线半径为 3 000m，试计算：

(1) 该竖曲线要素及起止点桩号；

(2) 桩号 K8+980、K9+060、K9+150、K9+220 的路基设计高程。

8. 某路段中有一变坡点桩号为 K15+450，高程为 66.770m，其相邻坡段的纵坡分别为 -3.68% 和 +2.06%。为保证路基的最小填土高度，变坡点处的路基设计高程不得低于 68.560m。

(1) 计算竖曲线半径最小应为多少米（取百米的整数倍数）？

(2) 用确定的竖曲线半径计算竖曲线起止点桩号。

第四章 CHAPTER FOUR
横断面设计

学习目标

通过本章学习,学生应了解公路横断面的组成;熟悉横断面设计方法以及横断面设计成果;掌握公路横断面各组成部分尺寸及规定;能进行平曲线超高和加宽计算;能进行路基土石方数量计算和调配;能编制《路基设计表》。

公路中线的法线方向剖面图称为公路横断面图。公路横断面设计是根据行车对公路的要求,结合当地的地形、地质、气候、水文等自然因素,确定横断面的形式、各组成部分的位置和尺寸。设计的目的是保证足够的断面尺寸、强度和稳定性,使之经济合理,同时为路基土石方工程数量计算、公路的施工和养护提供依据。

第一节 路基横断面

一、路基横断面组成及形式

路基横断面由横断面设计线与地面线组成,其中横断面设计线包括行车道、路肩、边坡、边沟、截水沟、护坡道以及取土坑、弃土堆、环境保护设施等部分,如图4-1所示。高速公路、一级公路还包括中间带、爬坡车道、紧急停车带、变速车道等。地面线是表征地面起伏变化的线,是经过现场实测或由大比例尺地形图、航测相片、数字地面模型等途径获得的。路线设计研究的横断面设计一般只限于与行车直接有关的路幅部分,边坡、边沟、截水沟、护坡道等设施的设计在路基工程中具体研究。

1.路基横断面组成

(1)高速公路、一级公路的路基横断面分为整体式和分离式两种。整体式路基的横断面由行车道、中间带(中央分隔带、左侧路缘带)、路肩(右侧硬路肩、土路肩)等部分组成。分离式路基的横断面由行车道、路肩(右侧硬路肩、左侧硬路肩、土路肩)等部分组成。

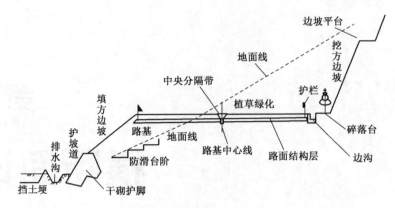

图 4-1 路基横断面组成示意图

(2)二级公路路基的横断面由行车道、路肩(硬路肩、土路肩)等部分组成。

(3)三级公路、四级公路路基的横断面由行车道、路肩等部分组成。

2.路基横断面形式

路基横断面的形式应根据公路功能、技术等级、交通量和地形条件确定。各级公路的路基横断面形式一般如下:

(1)高速公路、一级公路应根据需要采用整体式或分离式断面形式,如图 4-2 和图 4-3 所示。

图 4-2 高速公路、一级公路整体式断面形式

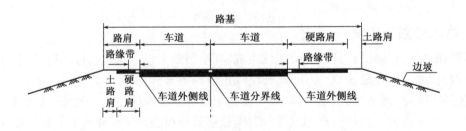

图 4-3 高速公路、一级公路分离式断面形式(右幅断面)

(2)双向十车道及以上车道数的高速公路可采用复合式断面形式,如图 4-4 和图 4-5 所示。其中内幅以通行过境交通或客运交通为主,外幅以通行区域交通或货运交通为主。

(3)二级、三级、四级公路应采用整体式断面形式,如图 4-6 所示。

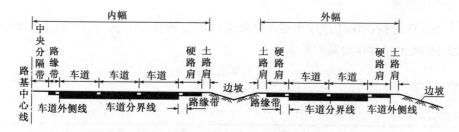

图 4-4 高速公路分离复合式断面形式(右幅断面)

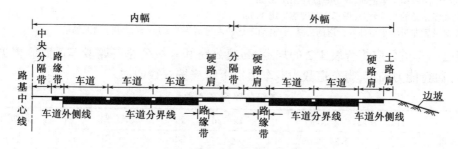

图 4-5 高速公路整体复合式断面形式(右幅断面)

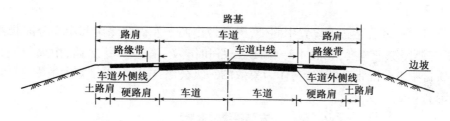

图 4-6 二级公路、三级公路、四级公路路基断面形式

二、路基横断面各组成部分尺寸及规定

1. 路基宽度

路基宽度为车道宽度与路肩宽度之和。

(1)当设有中间带、紧急停车带、爬坡车道、加(减)速车道、错车道、超车道、侧分隔带、非机动车道(或慢车道)和人行道时,应包括上述部分的宽度。

(2)在非机动车、行人密集公路和城市出入口的公路,可根据需要设置侧分隔带、非机动车道和人行道。

(3)当一级公路上的慢行车辆较多时,可利用右侧硬路肩(宽度不足时应加宽)设置慢车道,并应在车道与慢车道之间设置隔离设施。

(4)当二级公路上的慢行车辆较多时,可根据需要采用加宽硬路肩的方式设置慢车道,并应增加必要的交通安全设施,加强交通组织管理。

2. 行车道宽度

行车道宽度是指在保证设计车速及公路通行能力的情况下安全行车所必须的宽度。《标准》规定的各级公路行车道宽度见表4-1。

行车道宽度　　　　　　　　　　　　　　　　　　　　　　表4-1

设计速度(km/h)	120	100	80	60	40	30	20
车道宽度(m)	3.75	3.75	3.75	3.50	3.50	3.25	3.00

注：1. 八车道及以上公路在内侧车道(内侧第1、2车道)仅限小客车通行时，其车道宽度可采用3.5m。
　　2. 以通行中、小型客运车辆为主且设计速度为80km/h及以上的公路，经论证车道宽度可采用3.5m。
　　3. 四级公路采用单车道时，车道宽度应采用3.5m。
　　4. 设置慢车道的二级公路，慢车道宽度应采用3.5m。
　　5. 需要设置非机动车道和人行道的公路，非机动车道和人行道等的宽度，宜视实际情况确定。

各级公路车道数应符合表4-2的规定，高速公路和一级公路各路段车道数应根据设计交通量、设计通行能力确定，当车道数为双车道以上时应按双数增加。

各级公路行车道数　　　　　　　　　　　　　　　　　　表4-2

公路等级	高速、一级公路	二级公路	三级公路	四级公路
车道路	≥4	2	2	2(1)

注：四级公路应采用双车道，交通量小或困难路段可采用单车道。

3. 中间带

高速公路和一级公路必须设置中间带，中间带由两条左侧路缘带和中央分隔带组成，《规范》规定了左侧路缘带宽度，见表4-3。高速公路和作为干线的一级公路，中央分隔带宽度应根据公路项目中央分隔带功能确定，作为集散的一级公路，中央分隔带宽度根据中间隔离设施的宽度确定。

左侧路缘带宽度　　　　　　　　　　　　　　　　　　表4-3

设计速度(km/h)		120	100	80	60
左侧路缘带宽度(m)	一般值	0.75	0.75	0.50	0.50
	最小值	0.50	0.50	0.50	0.50

注：1. "一般值"为正常情况下的采用值。
　　2. 设计速度为120km/h、100km/h时，受地形、地物限制的路段或多车道公路内侧仅限小型车辆通行的路段，可论证采用"最小值"。

中间带的作用如下：
(1) 分离不同方向的交通流，减少车辆的迎面冲撞，引导驾驶员视线。
(2) 防止无序的交叉运行和转弯运行。
(3) 提供绿化带或为防眩设施、预埋构件提供设置场所。
(4) 为超高路段设置路面排水设施提供场所，并为养护人员提供避车带。

中间带可不等宽，也不一定等高，应与地形、景观配合。不等宽的中间带应逐步过渡，避免突变。互通式立体交叉、隧道、特大桥、服务区等构造物前后，以及整体式路基、分离式路基的分离(汇合)处，应设置中央分隔带。中央分隔带每隔不小于2km设置一处开口，中央分隔带开口长度不大于40m，八车道以上高速公路可适当增长，但不应大于50m，开口处应设置活动护栏。

4. 路肩

路肩位于行车道外缘至路基边缘之间，是具有一定宽度的带状结构物，高速公路、一级公路和二级公路的路肩包括硬路肩和土路肩两部分。高速公路和一级公路并应在右侧硬路肩内设置右侧路缘带，其宽度为0.50m。三、四级公路的路肩一般只设土路肩。

路肩的主要作用如下：

(1) 由于路肩紧靠在路面的两侧设置，具有保护及支撑路面结构的作用。

(2) 供发生故障的车辆临时停放，有利于防止交通事故和避免交通混乱。

(3) 作为侧向余宽的一部分能增进驾驶的安全和舒适感，这对保证设计车速是必要的，尤其在挖方路段，还可以增加弯道视距，减少行车事故。

(4) 提供道路养护作业、埋设地下管线的场所。

(5) 精心养护的路肩，能增加公路的美感。

《规范》规定的各级公路右侧路肩宽度见表4-4，高速公路、一级公路分离式路基的左侧路肩宽度见表4-5。

各级公路右侧路肩宽度 表4-4

公路等级(功能)		高速公路			一级公路(干线功能)	
设计速度(km/h)		120	100	80	100	80
右侧硬路肩宽度(m)	一般值	3.00(2.50)	3.00(2.50)	3.00(2.50)	3.00(2.50)	3.00(2.50)
	最小值	1.50	1.50	1.50	1.50	1.50
设计速度(km/h)		120	100	80	100	80
土路肩宽度(m)	一般值	0.75	0.75	0.75	0.75	0.75
	最小值	0.75	0.75	0.75	0.75	0.75
公路等级(功能)		一级公路(集散功能)和二级公路			三级公路、四级公路	
设计速度(km/h)		80	60	40	30	20
右侧硬路肩宽度(m)	一般值	1.50	0.75	—	—	—
	最小值	0.75	0.75	—	—	—
土路肩宽度(m)	一般值	0.75	0.75	0.75	0.50	0.25(双车道)0.50(单车道)
	最小值	0.50	0.50			

注：1. 正常情况下，应采用"一般值"；在设爬坡车道、变速车道及超车道路段，受地形、地物等条件限制路段及多车道公路特大桥，可论证采用"最小值"。
2. 高速公路和作为干线的一级公路以通行小客车为主时，右侧硬路肩宽度可采用括号内数值。
3. 高速公路局部设计速度采用60km/h的路段，右侧硬路肩宽度不应小于1.5m。

高速公路、一级公路分离式路基的左侧路肩 表4-5

设计速度(km/h)	120	100	80	60
左侧硬路肩宽度(m)	1.25	1.00	0.75	0.75
左侧土路肩宽度(m)	0.75	0.75	0.75	0.50

5. 错车道

四级公路采用单车道时，应在不大于300m的距离内选择有利地点设置错车道。设置错车道路段的路基宽度应不小于6.5m，有效长度不小于20m。错车道布置及尺寸规定如图4-7所示。

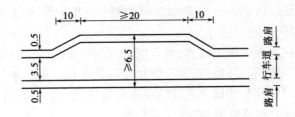

图4-7　错车道(尺寸单位 m)

6. 爬坡车道

对于四车道高速公路、一级公路以及二级公路连续上坡路段，符合下列情况之一者应设置爬坡车道，宜在上坡方向行车道右侧设置爬坡车道。

(1) 沿连续上坡方向载重汽车的运行速度降低到表4-6的容许最低速度以下时。

(2) 单一纵坡坡长超过陡坡的最大坡长规定或上坡路段的设计通行能力小于设计小时交通量时。

(3) 经设置爬坡车道与改善主线纵坡不设爬坡车道技术经济比较论证，设置爬坡车道的效益费用比、行车安全性较优。

上坡方向容许最低速度　　　　表4-6

设计速度(km/h)	120	100	80	60	40
容许最低速度(km/h)	60	55	50	40	25

高速公路、一级公路的爬坡车道应紧靠车道的外侧设置，如图4-8所示。条件受限时，爬坡车道右侧硬路肩宽度应不小于0.75m。

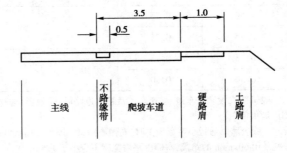

图4-8　爬坡车道横断面组成(尺寸单位:m)

二级公路的爬坡车道应紧靠车道的外侧设置，可利用硬路肩宽度。当需保留原来供非汽车交通行驶的硬路肩时，该部分应移至爬坡车道的外侧。

高速公路、一级公路爬坡车道长度大于500m时，应按规定在其右侧设置紧急停车带。

因为爬坡车道的行车速度比主线低，为了行车安全起见，主线的超高坡度与爬坡车道的超高坡度之间的关系应符合表 4-7 的规定。超高坡度的旋转轴为爬坡车道内侧边缘线。

爬坡车道的超高值   表 4-7

主线的超高坡度(%)	10	9	8	7	6	5	4	3	2
爬坡车道的超高坡度(%)		5			4			3	2

若爬坡车道位于直线路段时,其横坡度的大小同主线路拱坡度,采用直线式横坡,坡向向外。另外,爬坡车道右侧路肩的横坡度大小和坡向,参照主线与右侧路肩之间关系的有关规定确定。

爬坡车道的布设形式如图 4-9 所示。

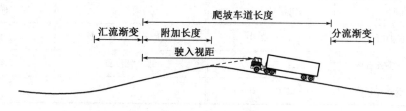

图 4-9 典型爬坡车道

爬坡车道的起点应设于陡坡路段上载重汽车运行速度降低至表 4-6 中"容许最低速度"处。爬坡车道的终点应设于载重汽车爬经陡坡路段后恢复至"容许最低速度"处,或陡坡路段后延伸的附加长度的端部。该陡坡路段后延伸的附加长度规定见表 4-8。相邻两爬坡车道相距较近时,宜将两爬坡车道直接相连。

陡坡路段后延伸的附加长度   表 4-8

附加段纵坡(%)	下坡	平坡	上坡			
			0.5	1.0	1.5	2.0
附加长度(m)	100	150	200	250	300	350

爬坡车道起点、终点处应设置分流、汇流渐变段,其长度规定见表 4-9。

爬坡车道分流、汇流渐变段长度   表 4-9

公路等级	分流渐变段长度(m)	汇流渐变段长度(m)
高速公路、一级公路	100	150～200
二级公路	50	90

7. 避险车道

在连续长陡坡路段,应结合交通安全性评价论证设置避险车道。避险车道应设置在长陡下坡路段的右侧视距良好的适当位置,其宽度不小于 4.5m。有条件时,宜在避险车道右侧平行设置救援车道。

8. 路拱及路拱横坡

为了利于路面横向排水,将路面做成由中央向两侧倾斜的拱形,称为路拱。其倾斜的大小称为路拱横坡度,以百分率表示。

路拱对排水有利,但对行车不利。因此,对路拱大小的采用及形状的设计应兼顾以上两方面的影响。

对于不同类型的路面由于其表面的平整度和透水性不同,再考虑当地的自然条件可选用不同的路拱坡度,具体规定值见表4-10。由于高速公路和一级公路路面较宽,迅速排除路面降水尤为重要,所以当此种公路处于降雨强度较大的地区时应采用高值。对于分离式路基,每侧行车道可设置双向路拱,这样对排除路面积水有利。在降水量不大的地区也可采用单向横坡,并向路基外侧倾斜。但在积雪冻融地区,应设置双向路拱。

路拱横坡度　　　　　　　　　　　　　表4-10

路面类型	路拱横坡度(%)	路面类型	路拱横坡度(%)
混凝土路面、沥青混凝土路面	1.0~2.0	碎、砾石等粒料路面	2.5~3.5
其他沥青路面、整齐石块	1.5~2.5	低等级路面	3.0~4.0
半整齐石块、不整齐石块	2.0~3.0		

路拱的形式有抛物线形、直线接抛物线形、折线形等,可根据路面宽度及路面类型确定具体的形式。低等级公路可采用抛物线形路拱,高等级公路一般采用直线接抛物线形路拱,多车道的水泥混凝土路面可采用折线形路拱。土路肩的排水性远低于路面,其横坡度较路面宜增大1.0%~2.0%。硬路肩视具体情况(材料、宽度)可与路面采用相同的横坡坡度,也可稍大于路面。

9. 取土坑

路堤的填方根据来源可分为调方和借方。调方是把挖方的土调去作填方。当调方运距太远不经济时,需设取土坑进行借方。

取土坑分路侧取土和路外集中取土两种。

(1)路侧取土。路侧取土的取土坑不宜距离路基过近,取土应避免直接开挖路侧山坡坡体。

①取土坑的位置:在地面横坡不大于1:10的平坦地区,可在路基两侧设置取土坑;在地面横坡大于1:10的平坦地区,取土坑最好设置在地势较高的一侧,这样取土坑可兼作截水沟。

②取土坑的深度和宽度:应根据所取土的数量、施工方法和排水的要求而定。为保证路基的稳定,取土坑的深度不宜大于1m,但在农田地区,为少占耕地,宜深挖、窄挖,其深度可根据地质和水文情况而定。

③取土坑的边坡坡度:一般内侧边坡可采用1:1.5,外侧边坡不陡于1:1。

④取土坑的纵坡:为保证排水,取土坑的底面纵坡应不小于0.3%,同时取土坑出水口处的坑底高程应不低于所流入的桥涵进口的高程。

(2)路外集中取土。取土坑应尽量设在荒山、荒地和地势较高的山地上。应因地制宜,统筹规划、布置取土坑的宽度和深度。

10. 弃土堆

路基挖方尽量考虑移挖作填。当路基、隧道弃方或弃渣量大时,应结合项目施工组织设计最大限度利用弃方和弃渣;难以利用时,应合理设置弃土、弃渣场地,做好专项设计,保证其稳定,防止水土流失。弃土堆的设置一般应满足以下要求。

(1)位置的选择:弃土堆通常选择在路堑下方荒地或低洼处;当地面横坡小于1:5时,可设置在路堑两侧,此时,若路堑上方需设截水沟,截水沟应设在弃土堆外。弃土堆的内侧坡脚与路堑边坡坡顶的距离:当土质干燥坚硬时,应不小于3m;当土质潮湿软弱时,应不小于路堑深度加5m。

(2)外形:弃土堆的形状应规则整齐,顶宽视弃土数量而定,顶面有2%的向外横坡,高度一般不超过3m,边坡不陡于1:1.5。

三、公路典型横断面

当路基的设计高程低于天然地面时需要开挖,当路基的设计高程高于天然地面时需要填筑。由于填挖情况的不同,公路典型横断面形式可归纳为路堤、路堑、半填半挖路基三种,如图4-10所示。

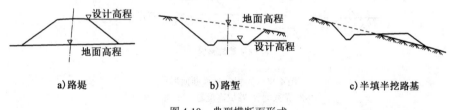

图4-10 典型横断面形式

1. 路堤

路堤是指高于原地面的填方路基。常见的路堤形式如图4-11所示。路堤按填土高度的不同,可划分为低路堤、一般路堤、高路堤。随路堤所处条件和加固类型的不同,还可划分为沿河路堤、护脚路堤、挖渠填筑路堤等。

路基填土高度小于路基工作区深度的称为低路堤,低路堤必须在边坡坡脚处设计边沟。路基填土高度大于20m的称为高路堤。浸水路堤为桥头引道、河滩路堤常采用的形式,路基的高度要考虑设计洪水位,路堤浸水部分的边坡,可采用1:2的坡度,并视水流情况采取加固措施,如植草、铺草皮、干砌或浆砌片石等。护脚路堤是当陡坡路基填方坡脚伸得较远且不稳定,或坡脚占用耕地时采用的形式,护脚的尺寸要根据土压力的大小确定。挖渠填筑路堤是与当前农田水利建设相结合的常用形式,需综合考虑、慎重对待,尤其是渠道的设计流量、流速水位纵坡等是否危及公路正常使用,路堤的高度和加固措施是否满足路基强度和稳定性的要求等。

当地面横坡度不陡于1:5时,可以直接填筑路基,地基可不予处理;当地面横坡度陡于1:5时,地基必须挖成台阶,台阶宽度不小于1m,台阶的底面应向内倾斜2%~4%,填土时台阶的高度视分层填筑的高度而定,一般每层不大于0.5m;当地面横坡陡于1:2时,除地基应挖成台阶外,还应设置支挡工程。

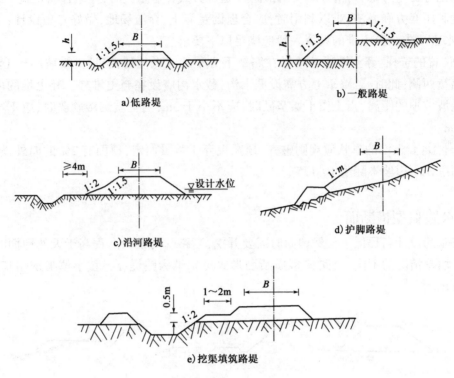

图 4-11 路堤常见横断面形式
B-路堤宽度;h-路堤高度;$1:m$-横坡度

2. 路堑

路堑是指低于原地面的挖方路基。图 4-12 所示为路堑的几种常见形式,即全挖路堑、台口式路堑、半山洞路堑。

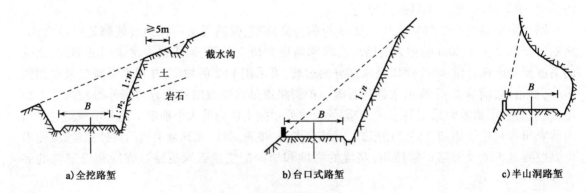

图 4-12 路堑常见横断面形式
B-路堑宽度;$1:n$-横坡度

路基挖方深度小于20m,一般地质条件下的路堑称为一般路堑。路堑路段均应设置边沟,边沟断面可根据土质情况采用梯形、矩形或三角形,内侧边坡可采用1:0(矩形)、1:0~1:1.5(梯形)、1:2~1:3(三角形),外侧边坡与路堑边坡相同。为拦截上侧地面径流以保证边坡的稳定,应在坡顶外至少5m处设置截水沟,截水沟为底宽一般不小于0.5m的梯形断面,路堑段的废方应做成规则形状的弃土堆,一般置于下侧坡顶外至少3m处。台口式路堑将山体的自然坡面作为路堑的下边坡,适用于地质状况良好的地段。半山洞路堑适用于整体坚硬的岩石层,可节省工程量,但应用时须注意公路的安全和建筑限界的要求。

3. 填挖结合路基

填挖结合路基是指介于填方和挖方之间,部分为路堤、部分为路堑的路基。在山坡路段有时采用填挖结合断面,该断面是路堤和路堑的结合形式,填方部分应按路堤的要求填筑,挖方部分应按路堑的要求设计。图4-13所示为填挖结合路基的几种常见横断面形式。

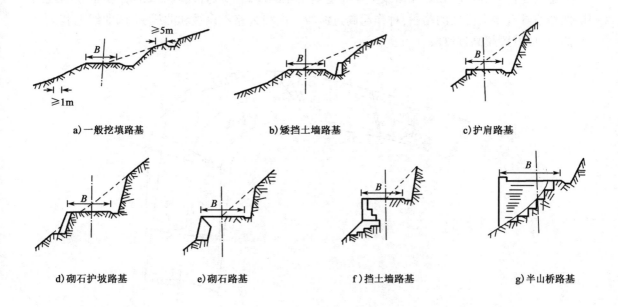

图4-13 填挖结合常见横断面形式
B-路基宽度

填挖结合路基是比较经济的断面形式。矮挡土墙路基用于挖方边坡土质松散、易产生碎落的情况。护肩路基用于填土高度不大,但坡脚太远不易填筑时的情况,护肩高度不高于3m。砌石路基用于地面横坡太陡坡脚落空,不能填筑时的情况。挡土墙路基中的挡土墙是不依靠路基也能独立稳定的结构物,它能支挡填方,稳定路基。

第二节　平曲线超高和加宽

一、平曲线超高

1. 超高及其作用

为了抵消或减小汽车在曲线路段上行驶时所产生的离心力,在该路段横断面上设置的外侧高于内侧的单向横坡,称为超高,如图 4-14 所示。合理设置超高,可全部或部分抵消离心力,提高汽车在曲线路段上行驶的稳定性与舒适性。当汽车匀速行驶时,圆曲线上产生的离心力是常数,超高横坡度是一个不变的定值,称为全超高。而在缓和曲线上曲率是变化的,其离心力也是变化的,因此,在缓和曲线上应设逐渐变化的超高。从直线段的双向路拱横坡渐变到圆曲线段具有单向横坡的路段,称作超高过渡段。四级公路不设缓和曲线,但圆曲线上若设有超高,也应设置超高过渡段。

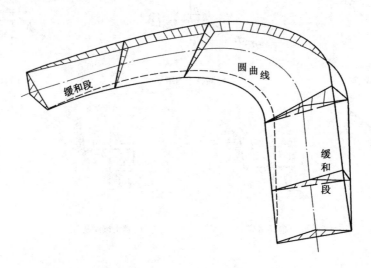

图 4-14　超高及超高过渡段

2. 圆曲线上全超高值

若圆曲线段半径不变,则超高横坡度从圆曲线起点至圆曲线终点是一个不变的定值,即全超高,全超高值应按公路等级、设计速度、圆曲线半径、路面类型、自然条件和车辆组成等情况查《规范》确定,见表 4-11,必要时应按运行速度验算。

圆曲线半径与超高值

表 4-11

设计速度 (km/h)	120 一般情况			120 积雪冰冻		100 一般情况			100 积雪冰冻		80 一般情况			80 积雪冰冻		60 一般情况			60 积雪冰冻	
超高 (%)	10%	8%	6%	8%	6%	10%	8%	6%	8%	6%	10%	8%	6%	8%	6%	10%	8%	6%	4%	
2	5 500~(7 550)~2 950	5 500~(7 550)~2 860	5 500~(7 550)~2 730	5 500~(7 550)~2 780		4 000~(5 250)~2 180	4 000~(5 250)~2 150	4 000~(5 250)~2 000	4 000~(5 250)~2 090		2 500~(3 350)~1 460	2 500~(3 350)~1 410	2 500~(3 350)~1 360	2 500~(3 350)~1 390		1 500~(1 900)~900	1 500~(1 900)~870	1 500~(1 900)~800	1 500~(1 900)~610	1 500~(1 900)~860
3	2 950~2 080	2 860~1 990	2 730~1 840	2 780~1 910		2 180~1 520	2 150~1 480	2 000~1 320	2 090~1 410		1 460~1 020	1 410~960	1 360~890	1 390~940		900~620	870~590	800~500	610~270	860~570
4	2 080~1 590	1 990~1 500	1 840~1 340	1 910~1 410		1 520~1 160	1 480~1 100	1 320~920	1 410~1 040		1 020~770	960~710	890~600	940~680		620~470	590~430	500~320	270~150	570~410
5	1 590~1 280	1 500~1 190	1 340~970	1 410~1 070		1 160~920	1 100~860	920~630	1 040~770		770~610	710~550	600~400	680~490		470~360	430~320	320~200	150~—	410~290
6	1 280~1 070	1 190~980	970~710	1 070~810		920~760	860~690	630~440	770~565		610~500	550~420	400~270	490~360		360~290	320~240	200~135	—	290~205
7	1 070~910	980~790	—	—		760~640	690~530	—	—		500~410	420~320	—	—		290~240	240~170	—	—	—
8	910~790	790~650	—	—		640~540	530~400	—	—		410~340	320~250	—	—		240~190	170~125	—	—	—
9	790~680	—	—	—		540~450	—	—	—		340~280	—	—	—		190~150	—	—	—	—
10	680~570	—	—	—		450~360	—	—	—		280~220	—	—	—		150~115	—	—	—	—

注：括号值为路拱大于 2% 时的不设超高圆曲线最小半径。

续上表

设计速度 (km/h)	40 一般情况			40 一般情况	40 积雪冰冻	30 一般情况			30	30 积雪冰冻	20 一般情况			20	20 积雪冰冻
超高(%)	8%	6%	4%	2%		8%	6%	4%	2%		8%	6%	4%	2%	
2	600~470 (800)	600~410 (800)	600~330 (800)	600~75 (800)	600~430 (800)	350~250 (450)	350~230 (450)	350~150 (450)	350~40 (450)	350~270 (450)	150~140 (200)	150~110 (200)	150~70 (200)	150~20 (200)	150~120 (200)
3	470~310	410~250	330~130	—	430~280	250~170	230~140	150~60	—	270~180	140~90	110~70	70~30	—	120~80
4	310~220	250~150	130~70	—	280~190	170~120	140~80	60~35	—	180~120	90~70	70~40	30~15	—	80~60
5	220~160	150~90	—	—	190~130	120~90	80~50	—	—	120~90	70~50	40~30	—	—	60~40
6	160~120	90~60	—	—	130~90	90~60	50~35	—	—	90~55	50~40	30~15	—	—	40~25
7	120~80	—	—	—	—	60~40	—	—	—	—	40~30	—	—	—	—
8	80~55	—	—	—	—	40~30	—	—	—	—	30~15	—	—	—	—

注:括号内值为路拱大于2%时的不设超高圆曲线最小半径。

3. 圆曲线上超高横坡度的最大值和最小值

慢车及停在弯道上的车辆易产生向内侧滑移的现象,特别是冬季路面有积雪结冰情况下,更有可能出现滑移危险,所以超高横坡度不能太大。《标准》限制了各级公路圆曲线最大超高值,见第二章表2-2和表2-3。

各级公路圆曲线部分的最小超高横坡度应是该级公路直线部分的路拱横坡度。

4. 超高过渡方式

对于平面圆曲线部分,当半径小于不设超高的最小半径时必须设置超高,汽车从没有超高的双向横坡直线段进入设有单向横坡全超高的圆曲线上是一个突变,影响行车安全;从立面来看,这个突变也影响美观。所以,在直线和圆曲线之间设置超高过渡段,完成从直线双向横坡逐渐到圆曲线上的单向超高横坡的过渡。其过渡形式分无中间带公路和有中间带公路两种情况。

(1)无中间带公路的超高过渡。超高横坡度等于路拱坡度,路面由直线上双向倾斜路拱形式过渡到圆曲线上具有超高的单向倾斜形式,只需行车道外侧绕中线逐渐抬高,直至与内侧横坡相等为止,如图4-15所示。

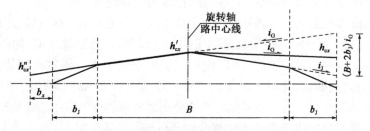

图 4-15 超高值等于路拱横坡度时的过渡

B-行车道宽度;i_G-路拱横坡度;i_J-路肩横坡度;h_{cx}-x距离处路基外缘抬高值;h'_{cx}-x距离处路基中线抬高值;h''_{cx}-x距离处路基内缘降低值;b_J-路肩宽度;b_x-x距离处路面加宽值

当超高值大于路拱横坡度时,可分别采用以下三种过渡方式:

①绕内边线旋转。先将外侧车道绕路中心线旋转,待达到与内侧车道构成单向横坡(坡度为i_G)后,整个断面绕路面未加宽时的内侧车道边线旋转,直至超高值i_h,如图4-16所示。绕内边线旋转,由于行车道内侧高程不降低,因此有利于路基纵向排水,一般新建公路多用此种超高过渡方式。

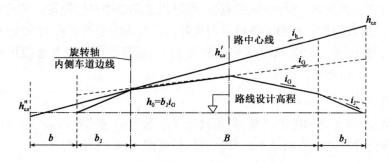

图 4-16 无中间带公路绕内边线旋转

②绕中线旋转。先将外侧车道绕路中心线旋转,待达到与内侧构成单向横坡后,整个断面仍绕路中心线旋转,直至超高值,如图4-17所示。绕中心线旋转可保持中线高程不变,且在超

高坡度一定的情况下,外侧边缘的抬高值较小,多用于旧路改建工程。

③绕外边线旋转。先将外侧车道绕外边线旋转,与此同时,内侧车道随中线的降低而相应降低,此时内侧横坡不变,待达到单向横坡后,整个断面仍绕外侧车道边旋转,直至超高值,如图4-18所示。绕外侧边线旋转在路基外缘高程受限制或路容美观有特殊要求时采用。

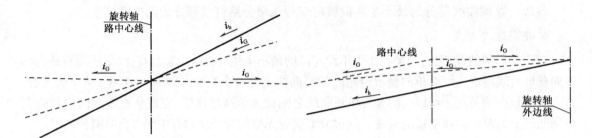

图4-17 无中间带公路绕中线旋转　　　　图4-18 无中间带公路绕外边线旋转

(2)有中间带公路的超高过渡。有中间带公路的超高过渡有三种方式:绕中央分隔带中线旋转、绕中央分隔带两侧边线旋转、绕各自的行车道中线旋转。

①绕中央分隔带中线旋转。先将外侧行车道绕中央分隔带的中心线旋转,待达到与内侧行车道构成单向横坡后,整个断面一同绕中央分隔带的中心线旋转,直至超高值,如图4-19a)所示。

②绕中央分隔带两侧边线旋转。将两侧行车道分别绕中央分隔带两侧边线旋转,使之各自成为独立的单向超高断面,此时中央分隔带维持原水平状态,如图4-19b)所示。

③绕各自的行车道中线旋转。将两侧行车道分别绕各自的行车道中心线旋转,使之各自成为独立的单向超高断面,此时中央分隔带两边缘分别升高与降低而成为倾斜断面,如图4-19c)所示。

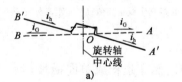 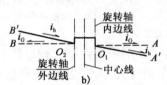 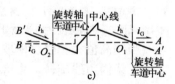

图4-19 有中央分隔带公路的超高过渡

三种超高过渡方式各有优缺点:中间带宽度小于或等于4.5m的公路可用绕中央分隔带中心线旋转的方式设置超高;各种中间带宽度,都可以采用绕中央分隔带两侧边缘旋转的方式设置超高;对于车道数大于4条的公路可采用绕各自行车道中心线旋转的方式设置超高;对于分离式断面的公路,由于上、下行车道是各自独立的,其超高的设置及其过渡可按两条无中央分隔带的公路分别予以处理。

5. 超高过渡段长度

为行车舒适、路容美观和排水通畅,必须设置一定长度的超高过渡段,超高过渡是在超高过渡段全长范围内进行的。公路最小超高过渡段长度按式(4-1)计算。

$$L_e = \frac{B'\Delta_i}{p} \tag{4-1}$$

式中:L_e——最小超高过渡段长度,m;

B'——对于未设硬路肩的公路,B'值为旋转轴至行车道(设路缘带时为路缘带)外侧边缘的宽度(m),对于设有硬路肩的公路,B'值为旋转轴至硬路肩外侧边缘的宽度(m);

Δ_i——超高坡度与路拱横坡度的代数差(%),当绕内边线旋转时,$\Delta_i = i_h$,当绕中线旋转时,$\Delta_i = i_h + i_G$,i_G为路拱横坡度,i_h为超高值;

p——超高渐变率,即旋转轴线与行车道(设路缘带时为路缘带)外边线之间的相对坡度,超高渐变率应根据旋转轴的位置按表4-12确定。

超高渐变率 表4-12

设计速度(km/h)	超高旋转轴位置		设计速度(km/h)	超高旋转轴位置	
	中线	内边线		中线	内边线
120	1/250	1/200	40	1/150	1/100
100	1/225	1/175	30	1/125	1/75
80	1/200	1/150	20	1/100	1/50
60	1/175	1/125			

由式(4-1)计算的超高过渡段长度,应取5m的整数倍,且不小于10m。

超高过渡段长度主要考虑两个方面:一是从行车舒适性来考虑,过渡段长度越长越好;二是从横向排水来考虑,过渡段长度短些好,特别是路线纵坡较小时,更应注意排水的要求。为了行车的舒适,超高过渡段应不小于按式(4-1)计算的长度。但从利于排除路面降水的方面考虑,横坡度由2%(或1.5%)过渡到0%路段的超高渐变率不得小于1/330,即超高过渡段又不能设置得太长。所以在确定超高过渡段长度时应考虑以下几点:

(1)一般情况下,在确定缓和曲线长度时,已经考虑了超高过渡段所需的最短长度,故通常取超高过渡段L_c与缓和曲线长度L_s相等,即$L_c = L_s$。

(2)若计算出的$L_c > L_s$,此时应修改平面线形,使$L_s \geq L_c$。当平面线形无法修改时,可将超高过渡段起点前移,即超高过渡在缓和曲线起点前的直线路段开始,路面外侧以适当的超高渐变率逐渐抬高,使横断面在ZH(或HZ)点渐变为向内倾斜的单向横坡(临界断面)。

(3)若计算出的$L_c \leq L_s$,但只要超高渐变率$p \geq 1/330$,仍可取$L_c = L_s$。

(4)在高速公路和一级公路设计中,为照顾线形的协调性,在平曲线中一般配置较长的缓和曲线。为了避免在缓和曲线全长范围内均匀过渡超高而造成路面横向排水不畅,可按以下方式设置超高过渡:

①超高的过渡仅在缓和曲线的某一区段内进行。超高过渡起点可从缓和曲线起点($R = \infty$)与缓和曲线上不设超高的最小半径之间的任一点开始,至缓和曲线终点结束。

②超高过渡在缓和曲线全长范围内按两种超高渐变率分段进行。第一段从缓和曲线起点由双向路拱横坡以超高渐变率1/330过渡到单向横坡,其值等于路拱横坡;第二段由单向横坡过渡到缓和曲线终点处的超高横坡。全超高断面宜设在缓圆点或圆缓点处。

(5)四级公路不设缓和曲线,但若圆曲线上设有超高,则应设超高过渡段,超高过渡段应设在紧接圆曲线起(终)点的直线上。受地形或其他特殊情况限制时,如直线长度不足,容许超高过渡段在直线和圆曲线上各分配一半。

对线形设计要求较高的公路,应在超高过渡段的起、终点插入一段二次抛物线,使之连接圆滑、舒顺。

超高过渡中,在横坡度为0%附近的路段应加强路面排水分析,采取路基和路面结构的综合排水措施,消除可能的路面积水问题。

6. 超高值计算

平曲线设超高后,公路中线和内、外边线与设计高程之差,应计算并列于"路基设计表"中,以便于施工。

(1)无中间带公路。无中间带公路超高方式有三种,常用方式为绕内边线旋转和绕中线旋转,如图 4-20、图 4-21 所示。无中间带公路超高值计算公式列于表 4-13、表 4-14 中。

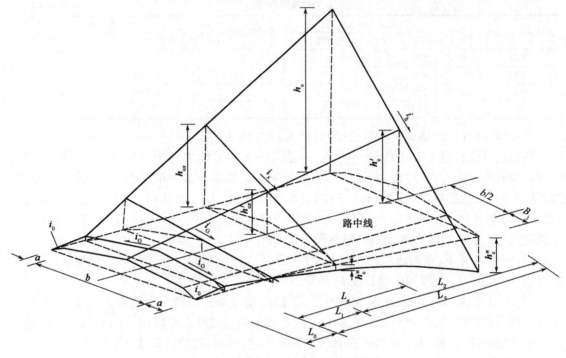

图 4-20 绕内边线旋转的超高过渡段

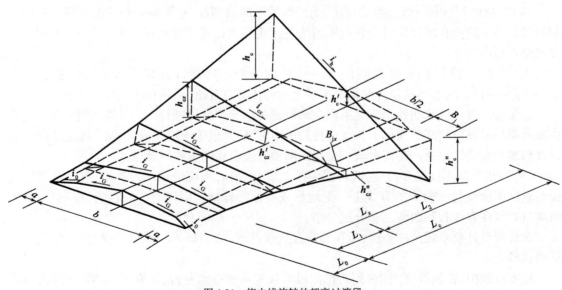

图 4-21 绕中线旋转的超高过渡段

绕内边线旋转的超高值计算公式　　　　　　　　　表 4-13

超高位置		计算公式		备注
		$0 \leq x \leq L_1$	$L_1 \leq x \leq L_c$	
圆曲线段	外缘 h_c	$ai_0 + (a+b)i_h$		各超高值均与设计高程比较，h_c'' 和 h_{cx}'' 为降低值。$L_1 = \dfrac{i_G}{i_h}L_c$ $B_{jx} = \dfrac{x}{L_c}B_j$
	中线 h_c'	$ai_0 + \dfrac{b}{2}i_h$		
	内缘 h_c''	$ai_0 - (a+B_j)i_h$		
超高缓和段	外缘 h_{cx}	$a(i_0 - i_G) + [ai_G + (a+b)i_h]\dfrac{x}{L_c}$ 或 $h_{cx} = \dfrac{x}{L_c}h_c$		
	中线 h_{cx}'	$ai_0 + \dfrac{b}{2}i_G$	$ai_0 + \dfrac{b}{2} \cdot \dfrac{x}{L_c}i_h$	
	内缘 h_{cx}''	$ai_0 - (a+B_{jx})i_G$	$ai_0 - (a+B_{jx})\dfrac{x}{L_c}i_h$	

注：h_c——路肩外边缘最大抬高值，m；
　　h_c'——路中线最大抬高值，m；
　　h_c''——路基内边缘最大降低值，m；
　　h_{cx}——x 距离处路基外缘抬高值，m；
　　h_{cx}'——x 距离处路中线抬高值，m；
　　h_{cx}''——x 距离处路基内缘的降低值；
　　L_c——超高过渡段长度，m；
　　L_1——双向横坡路面过渡到超高坡度为单向路拱坡度时所需的临界长度，m；
　　B_j——圆曲线部分路基的全加宽值，m；
　　B_{jx}——缓和段上距缓和段起点的距离为 x 处路基的加宽值，m；
　　a——路肩宽度，m；
　　b——路面宽度，m；
　　i_0——原路肩横坡度；
　　i_G——原路拱横坡度；
　　i_h——圆曲线超高横坡度；
　　x——超高过渡段内任意点处距起点的距离，m。

绕中线旋转的超高值计算公式　　　　　　　　　表 4-14

超高位置		计算公式		备注
		$0 \leq x \leq L_1$	$L_1 \leq x \leq L_c$	
圆曲线段	外缘 h_c	$a(i_0 - i_G) + \left(a + \dfrac{b}{2}\right)(i_G + i_h)$		各超高值为与设计高程之差，h_c'' 和 h_{cx}'' 为降低值。$L_1 = \dfrac{2i_G}{i_G + i_h}L_c$ $B_{jx} = \dfrac{x}{L_c}B_j$
	中线 h_c'	$ai_0 + \dfrac{b}{2}i_G$		
	内缘 h_c''	$ai_0 + \dfrac{b}{2}i_G - \left(a + \dfrac{b}{2} + B_j\right)i_h$		
超高缓和段	外缘 h_{cx}	$a(i_0 - i_G) + \left(a + \dfrac{b}{2}\right)\dfrac{x}{L_c}(i_G + i_h)$ 或 $h_{cx} = \dfrac{x}{L_c}h_c$		

续上表

超高值		计算公式		备注
		$0 \leq x \leq L_1$	$L_1 \leq x \leq L_c$	各超高值均为与设计高程之差,h_c'' 和 h_{cx}'' 为降低值 $L_1 = \dfrac{2i_G}{i_G + i_h} L_c$ $B_{jx} = \dfrac{x}{L_c} B_j$
超高缓和段	中线 h_{cx}'		$ai_0 + \dfrac{b}{2} i_G$	
	内缘 h_{cx}''	$ai_0 - (a + B_{jx}) i_G$	$ai_0 + \dfrac{b}{2} i_G - \left(a + \dfrac{b}{2} + B_{jx} \right) \dfrac{x}{L_c} i_h$	

注:表中符号意义同前。

（2）有中间带公路。设有中间带道路的超高过渡方式有三种,常用方法是绕中央分隔带边线旋转和绕各自行车道中线旋转。在超高过程中,内、外侧同时从超高过渡段起点开始绕各自旋转轴旋转,外侧逐渐抬高,内侧逐渐降低,直到 HY(或 YH)点达到全超高。可参见图 4-22 和图 4-23,计算方式列于表 4-15 和表 4-16。

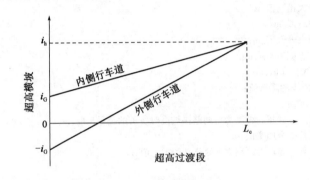

图 4-22　行车道超高横坡变化图

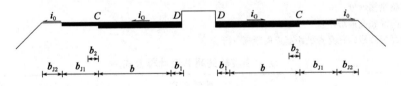

图 4-23　超高计算点位置图

绕中央分隔带边线旋转的超高值计算方式　　表 4-15

超高位置		计算公式	x 距离处行车道横坡值	备注
外侧	C 点	$(b_1 + b) i_x$	$i_x = \dfrac{i_G + i_h}{L_c} x - i_G$	①各超高值均为与设计高程之差; ②设计高程为中央分隔带外侧边缘 D 点的高程; ③加宽值 b_x 按加宽计算公式计算; ④当 $x = L_c$ 时,为圆曲线上的超高值
	D 点	0		
内侧	D 点	0	$i_x = \dfrac{i_h - i_G}{L_c} + i_G$	
	C 点	$-(b_1 + b + b_x) i_x$		

绕各自行车道中线旋转的超高值计算方式　　　　表4-16

超高位置		计算公式	x 距离处行车道横坡值	备注
外侧	C 点	$\left(\dfrac{b}{2}\right)i_x - \left(\dfrac{b}{2}+b_1\right)i_G$	$i_x = \dfrac{i_G + i_h}{L_c}x - i_G$	①各超高值均为与设计高程之差； ②设计高程为中央分隔带外侧边缘 D 点的高程； ③加宽值 b_x 按加宽计算公式计算； ④当 $x=L_c$ 时，为圆曲线上的超高值
外侧	D 点	$-\left(\dfrac{b}{2}+b_1\right)(i_x+i_G)$		
内侧	D 点	$\left(\dfrac{b}{2}+b_1\right)(i_x-i_G)$	$i_x = \dfrac{i_h - i_G}{L_c} + i_G$	
内侧	C 点	$-\left(\dfrac{b}{2}+b_x\right)i_x - \left(\dfrac{b}{2}+b_1\right)i_G$		

图4-23、表4-16、表4-17中：

b——左侧(或右侧)行车道宽度，m；

b_1——左侧路缘带宽度，m；

b_2——右侧路缘带宽度，m；

b_x——x 距离处路基加宽值，m；

i_h——超高横坡度；

i_G——路拱横坡度；

i_z——路拱坡度；

x——超高过渡段中任意一点至超高过渡段起点的距离，m。

表中仅列出了行车道外边线和中央分隔带边线的超高计算公式，硬路肩外边线、路基边线的超高可根据路肩横坡和路肩宽度从行车道外边线推算。

二、圆曲线加宽

车辆在小半径的圆曲线转弯时，前后轮会划过不同的曲线轮迹。由于车体外廓是矩形刚体，部分车身会横向移出车道；同时，在一定转速下，操纵车辆前轴也会使车身产生一定的摆幅。在圆曲线段进行加宽，就是为了给车辆转弯提供合理的空间。

1. 加宽值

二级公路、三级公路、四级公路的圆曲线半径小于或等于250m时，应设置加宽，加宽应设置在曲线内侧。双车道公路路面加宽值应符合表4-17的规定，圆曲线加宽值应根据公路功能、技术等级和实际交通组成确定，并应符合下列规定：

(1)作为干线的二级公路，应采用第3类加宽值。

(2)作为集散的二级公路和三级公路，在考虑铰接列车通行时，应采用第3类加宽值；不考虑通行铰接列车时，可采用第2类加宽值。

(3)作为支线的三级公路、四级公路可采用第1类加宽值。

(4)有特殊车辆通行的专用公路，应根据特殊车辆验算确定其加宽值。

对于双车道公路，当采取强制性措施实行分向行驶的路段，其圆曲线半径较小时，内侧车道的加宽值应大于外侧车道的加宽值，设计时应通过计算确定其差值。

双车道公路路面加宽值　　　　　　　　表 4-17

加宽类别	设计车辆	圆曲线半径(m)								
		200~250	150~200	100~150	70~100	50~70	30~50	25~30	20~25	15~20
第1类	小客车	0.4	0.5	0.6	0.7	0.9	1.3	1.5	1.8	2.2
第2类	载重汽车	0.6	0.7	0.9	1.2	1.5	2.0	—	—	—
第3类	铰接列车	0.8	1.0	1.5	2.0	2.7	—	—	—	—

注：单车道公路路面加宽值应为表列规定值的一半。

2. 加宽过渡

加宽过渡段是为了使路面由直线上的正常宽度过渡到圆曲线上设置了加宽的宽度而设置的宽度变化段。圆曲线加宽值为圆曲线内等值最大加宽(也称全加宽)，而直线上不加宽，在加宽过渡段内，路面宽度逐渐变化。加宽过渡的设置根据公路性质和等级可采用不同的方法。

(1)线性过渡。加宽过渡段全长范围内按长度成比例逐渐加宽，多用于二级、三级、四级公路。如图 4-24 所示，加宽过渡段内任意点的加宽值：

$$B_{jx} = \frac{x}{L_c} B_j \tag{4-2}$$

式中：B_{jx}——加宽过渡段上任意点加宽值，m；

x——任意点距加宽过渡段起点的距离，m；

B_j——圆曲线上的全加宽值，m；

L_c——加宽过渡段全长，可取缓和曲线长为加宽过渡段长度。

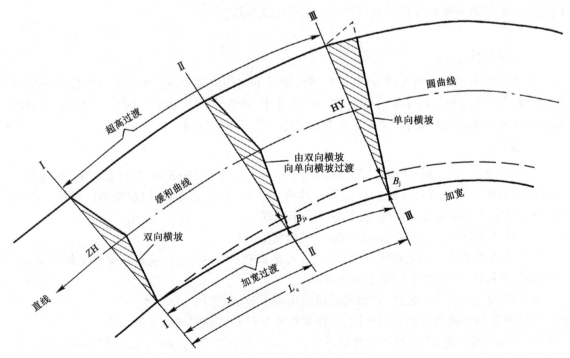

图 4-24　加宽过渡

(2)高次抛物线过渡。在加宽过渡段内插入一条高次抛物线,适用于高等级公路。抛物线上任意点的加宽值:

$$B_{jx} = \left[4\left(\frac{x}{L_c}\right)^3 - 3\left(\frac{x}{L_c}\right)^4\right]B_j \tag{4-3}$$

式中各符号意义同前。

(3)回旋线过渡。在加宽过渡段路面内侧插入回旋线,不但中线上有回旋线,而且加宽后的路面边线也是回旋线,与行车轨迹相符,保证了行车的顺适与线形的美观。该方法适用于互通式立体交叉的匝道和一级、二级公路的下列路段:

①位于大城市近郊的路段;
②桥梁、高架桥、挡土墙、隧道等构造物处;
③设置各种安全防护设施的路段。

3. 加宽过渡段长度

对设置缓和曲线或超高过渡段的平曲线,加宽过渡段应采用与缓和曲线或超高过渡段相同的长度;对不设缓和曲线、但设有超高过渡段的平曲线,加宽过渡段可采用与超高过渡段相同的长度;对不设缓和曲线、又不设置超高过渡段的平曲线,加宽过渡段应按渐变率为 1∶15 且长度不小于 10m 的要求设置。对复曲线的大圆和小圆之间设有缓和曲线的加宽过渡段,均可按上述方法处理。

第三节　路基土石方数量计算及调配

路基土石方是公路工程的一项主要工程量,土石方数量是公路方案评价和比选的主要技术经济指标之一。

土石方计算与调配的主要任务是计算路基土石方数量,合理进行土石方调配,并计算土石方的运量,为编制公路概(预)算、施工组织设计和施工计量支付提供依据。

地面形状是很复杂的,填、挖方不是简单的几何体,所以其计算只能是近似的,计算的精确度取决于中桩间距、测绘横断面时采点的密度和计算公式与实际情况的接近程度等。计算时一般应按工程的要求,在保证使用精度的前提下力求简化。

一、横断面面积计算

路基的填挖断面面积是指横断面图中原地面线与路基设计线所包围的面积,高于地面线者为填,低于地面线者为挖,两者应分别计算。通常采用积距法和坐标法计算横断面面积。

(1)积距法。如图 4-25 所示,将横断面按单位横宽划分为若干个梯形和三角形,每个小条块的面积近似按每个小条块中心高度与单位宽度的乘积计算,即 $A_i = bh_i$,则横断面面积:

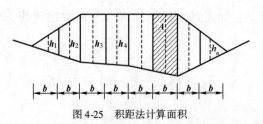

图 4-25 积距法计算面积

$$A = bh_1 + bh_2 + bh_3 + \cdots + bh_n = b\sum h_i \tag{4-4}$$

当 $b = 1\mathrm{m}$ 时，A 在数值上就等于各小条块平均高度之和 $\sum h_i$。

（2）坐标法。如图 4-26 所示，已知横断面图上各转折点坐标 (x_i, y_i)，则横断面面积为：

$$A = \frac{1}{2}\left[\sum(x_i y_{i+1} - x_{i+1} y_i)\right] \tag{4-5}$$

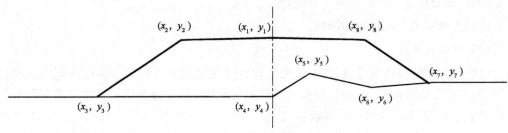

图 4-26 坐标法计算面积

坐标法的计算精度较高，适宜用计算机计算。

二、土石方数量计算

路基土石方计算工作量较大，加之路基填挖变化的不规则性，要精确计算土石方体积是十分困难的。在工程上通常采用近似计算，即假定相邻横断面间为一棱柱体，则其体积为：

$$V = (A_1 + A_2)\frac{L}{2} \tag{4-6}$$

式中：V——体积，即相邻横断面之间的土石方数量，m^3；

A_1、A_2——相邻两横断面的面积，m^2；

L——相邻横断面之间的距离，m。

此种方法称为平均断面法，如图 4-27 所示。用平均断面法计算土石方体积简便、实用，是公路上常采用的方法。

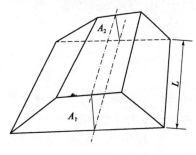

图 4-27 土石方数量计算图示

但平均断面法精度较差，只有当 A_1、A_2 相差不大时才较准确。当 A_1、A_2 相差较大时，按棱台体公式计算更为接近，其公式如下：

$$V = \frac{1}{3}(A_1 + A_2)L\left(1 + \frac{\sqrt{m}}{1+m}\right) \tag{4-7}$$

式中，$m = A_1/A_2$，其中 $A_1 < A_2$。

按棱台体公式计算精度较高，应尽量采用，其特别适用于计算机计算。

用上述方法计算的土石方体积中,包含了路面体积。若所设计的纵断面填挖基本平衡,则填方横断面中多计算的路面面积与挖方横断面中少计算的路面面积相互抵消,其总体积与实际体积相差不大。但若路基是以填方为主或以挖方为主,则最好在计算横断面面积时将路面部分计入,也就是填方要扣除、挖方要增加路面所占的那一部分面积,特别是路面厚度较大时更不能忽略。

计算路基土石方数量时,应扣除大、中桥及隧道所占路线长度的体积;可视需要将桥头引道的土石方全部或部分列入桥梁工程项目中,但应注意不要遗漏或重复;小桥涵所占的体积一般可不扣除。

路基工程中的挖方按天然密实方(天然密实体积)计算,填方按压实后的体积计算,各级公路各类土石方与天然密实方换算系数见表4-18,土石方调配时应注意换算。

路基土石方换算系数　　　　表4-18

公路等级	土石类别				
	土方				石方
	松土	普通土	硬土	运输	
二级及二级以上公路	1.23	1.16	1.09	1.19	0.92
三级公路、四级公路	1.1	1.05	1.00	1.08	0.84

三、路基土石方调配

土石方调配的目的是确定填方用土的来源、挖方土的去向,以及计价土石方的数量和运量等。通过调配,合理地解决各路段土石方平衡与利用问题,从路堑挖出的土石方,在经济合理的调运条件下移挖作填,尽量减少路外借土和弃土,少占用耕地,以求降低公路造价。

1. 土石方调配中的几个问题

(1)平均运距。土方调配的运距是从挖方体积的重心到填方体积的重心之间的距离。在路线工程中,为简化计算起见,这个距离可简单地按挖方断面间距中心至填方断面间距中心的距离计算,称为平均运距。

(2)免费运距。土、石方作业包括挖、装、运、卸等工序,在某一特定距离内,只按土、石方数量计价而不计运费,这一特定的距离称为免费运距。采用不同施工方法,其免费运距也不同,如人工运输的免费运距为20m,铲运机运输的免费运距为100m。

在纵向调配时,当其平均运距超过定额规定的免费运距,应按其超运运距计算土石方运量。

(3)经济运距。填方用土来源有两个,一是路上纵向调运,二是就近路外借土。一般情况下用路堑挖方运去填筑距离较近的路堤还是比较经济的。但如调运的距离过长,以致运价超过了在填方附近借土所需的费用时,移挖作填就不如在路堤附近就地借土经济。因此,采用"借"还是"调",存在限度距离问题,这个限度距离即所谓的"经济运距",其值按下式计算：

$$L_{经} = \frac{B}{T} + L_{免} \tag{4-8}$$

式中：B——借土单价，元/m^3；

T——远运运费单价，元/($m^3 \cdot km$)；

$L_{免}$——免费运距，km。

经济运距是确定借土或调运的界限，当调运距离小于经济运距时，采取纵向调运是经济的，反之，则可考虑就近借土。

(4) 运量。土石方运量为平均超运运距单位与土石方调配数量的乘积。

在生产中，例如《公路工程预算定额》(JTG/T 3832—2018)中人工运输免费运距为20m，将每增运10m划为一个运输单位，称之为"级"。例如，当实际的平均运距为40m，超远运距20m时，则为两个运输单位，称为二级，在路基土石方数量计算表中记作②。

$$总运量 = 调配(土石方)数量 \times n$$

$$n = \frac{L - L_{免}}{A} \tag{4-9}$$

式中：n——平均超远运距单位（四舍五入取整数）；

L——土石方调配平均运距，m；

$L_{免}$——免费运距，m；

A——超远运距单位，m，例如人工运输 $A = 10m$，铲运机运输 $A = 50m$。

(5) 计价土石方数量。在土石方计算与调配中，所有挖方均应予计价，但填方则应按土的来源决定是否计价，如是路外就近借土就应计价，如是移"挖"作"填"的纵向调配利用方，则不应再计价，否则形成双重计价。因此，计价土石方数量为：

$$V_{计} = V_{挖} + V_{借} \tag{4-10}$$

式中：$V_{计}$——计价土石方数量，m^3；

$V_{挖}$——挖方数量，m^3；

$V_{借}$——借方数量，m^3。

2. 土石方调配原则

(1) 在填挖结合的断面中，应首先考虑在本路段内移挖作填进行横向平衡，多余的土石方再进行纵向调配，以减少总的运量。

(2) 土石方调配应考虑桥涵位置对施工运输的影响，一般大沟不采用跨越运输，同时应注意施工的可能与方便，尽可能避免和减少上坡运土。

(3) 为使调配合理，必须根据地形情况和施工条件，选用适当的运输方式，确定合理的经济运距，用以分析工程用土是调运还是外借。

(4) 土方调配"移挖作填"固然要考虑经济运距问题，但这不是唯一的指标，还要综合考虑弃方和借方的占地、赔偿青苗损失及对农业生产的影响等。有时路堑的挖方纵向调配作路堤的填方，虽然运距超出一些，运输费用可能高一些，但如能少占地、少影响农业生产，综合考虑是有利的。

（5）不同的土方和石方应根据工程需要分别进行调配，以保证路基稳定和人工构造物的材料供应。

（6）位于山坡上的回头曲线路段，要优先考虑上下线的土方竖向调运。

（7）土方调配对于借土和弃土应事先同当地政府商量，妥善处理。借土应结合地形、农田规划等选择借土地点，并综合考虑借土还田、整地造田等措施。弃土应不占或少占耕地，在可能的条件下宜将弃土平整为可耕地，防止乱弃乱堆，堵塞河流，损害农田。

3. 土石方调配方法

目前生产上采用土石方计算表调配法，直接在"路基土石方数量计算及调配表"（表4-19）上进行调配，其优点是方法简单，调配清晰，精度符合要求。该表也可由计算机自动完成。具体调配步骤如下：

（1）土石方调配是在土石方数量计算与复核完毕的基础上进行的，调配前应将可能影响运输调配的桥涵位置、陡坡大沟等注明在表旁，供调配时参考。

（2）计算并填写表中"本桩利用""填缺""挖余"各栏。当以石作填土时，石方数应填入"本桩利用"的"土"一栏，并以符号区别。然后按填挖方分别进行闭合核算，其核算式为：

$$填方 = 本桩利用 + 填缺$$
$$挖方 = 本桩利用 + 挖余$$

（3）在作纵向调配前，根据"填缺""挖余"的分布情况，选择适当施工方法及可采用的运输方式，定出合理的经济运距，供土方调配时参考。

（4）根据填缺、挖余分布情况，结合路线纵坡和自然条件，本着技术经济、少占用农田的原则，拟订具体调配方案，将相邻路段的挖余就近纵向调配到填缺内加以利用，并把具体调运方向和数量用箭头表示在纵向调配栏中。

（5）经过纵向调配，如果仍有填缺或挖余，则应会同当地政府协商确定借土或弃土地点，然后将借土或弃土的数量和运距分别填注到借方或废方栏内。

（6）调配完成后，应分页进行闭合核算，核算式为：

$$填缺 = 远运利用 + 借方$$
$$挖余 = 远运利用 + 废方$$

（7）本公里调配完毕，应进行本公里合计，总闭合核算除上述公式外，还应满足：

$$跨公里调入方 + 挖方 + 借方 = 跨公里调出方 + 填方 + 废方$$

（8）土石方调配一般在本公里内进行，必要时也可跨公里调配，但需将调配的方向及数量分别注明，以免混淆。

（9）每公里土石方数量计算与调配完成后，须汇总列入"路基每公里土石方数量表"（表4-20），并进行全线总计与核算。至此完成全部土石方计算与调配工作。

路基土石方数

××××高速公路

桩号	横断面面积(m²)		距离(m)	总数量	挖方分类及数量(m³)										
					土						石				
					Ⅰ		Ⅱ		Ⅲ		Ⅳ		Ⅴ		Ⅵ
	挖方	填方			%	数量	%	数量	%	数量	%	数量	%	数量	%	数量
1	2	3	4	5	6	7	8	9	10	11	12	13	14	15	16	17
YK20+560	0.82	13.01														
			5.00	4.9					100	4.9						
YK20+565	1.14	110.98														
			5.00	5.4					100	5.4						
YK20+570	1.01	295.06														
			5.00	8.7					100	8.7						
YK20+575	2.49	419.58														
			5.00	13.2					100	13.2						
YK20+580	2.79	381.92														
			5.00	13.8					100	13.8						
YK20+585	2.71	305.68														
			5.00	11.0					100	11.0						
YK20+590	1.69	155.09														
			5.00	29.6					100	29.6						
YK20+595	10.13	9.86														
			5.00	273.9					100	273.9						
YK20+600	99.43	0.00														
			3.00	298.7					100	298.7						
YK20+603	99.74	0.00														
			284.00						100							
YK20+887	129.55	0.00														
			3.00	389.1					100	389.1						
YK20+890	129.86	0.00														
			5.00	403.7					100	403.7						
YK20+895	31.63	0.00														
			5.00	82.2					100	82.2						
YK20+900	1.27	24.51														
			3.00	3.8					100	3.8						
YK20+903	1.29	24.42														
			595.00						100							
YK21+498	4.85	6.91														
			2.00	9.7					100	9.7						
YK21+500	4.86	6.85														
			20.00	718.3					30	215.5	70	502.8				
YK21+520	66.97	0.00														
			20.00	1 654.5					30	496.4	70	1 158.2				
YK21+540	98.49	0.00														
			5.00	460.7					30	138.2	70	322.5				
YK21+545	85.79	0.00														
			5.00	385.5					30	115.6	70	269.8				
YK21+550	68.39	0.00														
			5.00	313.5					30	94.0	70	219.4				
YK21+555	57.00	0.00														
			5.00	312.4					30	93.7	70	218.6				
YK21+560	67.94	0.00														
			5.00	302.3					30	90.7	70	211.6				
YK21+565	52.97	0.00														
			5.00	246.0					30	73.8	70	172.2				
YK21+570	45.44	0.97														
			1.96	88.0					30	26.4	70	61.6				
YK21+571.960	44.34	1.84														
			3.04						30		70					
YK21+575	42.63	3.19														
小计				6 029						2 892		3 137				
累计				172 040		0		0		40 921		113 151		17 968		0

编制：　　　　　　　　　　　　　　　　　　　　复核：

量计算及调配表   表4-19

填方数量(m³)			利用方数量及调配(m³)						远运利用及纵向调配示意	备注
			本桩利用		填缺		挖余			
总数量	土	石	土	石	土	石	土	石		
18	19	20	21	22	23	24	25	26	27	28
310.0	310.0		4.5		305.5				±340.6(9m)(从YK20+549段调入)	
1 015.1	11.9	1 003.2	4.9		7.0	1 003.2				
1 786.6	8.0	1 778.6	8.0			1 778.6				
2 003.7	12.1	1 991.6	12.1			1 991.6			石6 287.6(7 876m) 远运利用(从罗苏2号隧道)	
1 719.0	12.6	1 706.4	12.6			1 706.4				
1 151.9	797.3	354.6	10.1		787.2	354.6				
412.4	412.4		27.1		385.2				±545.8(8m)	
24.6	24.6		24.6				247.0		±732.1(303m)	
							298.7			
							389.1			
							403.7			
61.3	61.3		61.3				15.5		±76.1(8m)	
73.4	73.4		3.5		69.9					
13.8	9.8	3.9	8.9		0.9	3.9			±1.0(11m)石3.6(11m)	
68.5	68.5		68.5				140.8	502.8		
							496.4	1 158.2		
							138.2	322.5		
							115.6	269.8		
							94.0	219.4		
							93.7	218.6	±1 263.0(348m)石3 133.1(350m)(调至YK21+870)	
							90.7	211.6		
2.4	2.4		2.4				71.3	172.2		
2.8	2.8		2.8				23.4	61.6		
8 645	1 807	6 838	251		1 556	6 838	2 618	3 137		
472 241	36 383	435 858	3 406	2 242	32 977	433 616	37 208	129 056		

审核： 审查：

路基每公里

××××高速公路

起讫桩号	长度(m)	挖方(m³) 总体积	土方 松土	土方 普通土	土方 硬土	石方 软石	石方 次坚石	石方 坚石	填方(m³) 总数量	填方 土方(m³)	填方 石方(m³)	本桩 土方(m³)
ZK17+590—ZK18+000	410	18 270.2			4 670.2	11 555.0	2 044.9		39 139.0	7 725.8	31 413.2	1 044.6
ZK18+000—ZK20+070	2070	47 469.1			10 124.7	30 539.5	6 804.9		542.5	226.5	316.0	225.8
ZK20+070—ZK21+521.500	1452	1 665.9			616.1	1 028.4	21.4		14 548.2	565.2	13 982.9	172.8
ZK21+521.500—ZK22+000	479	17 257.5			5 255.8	12 001.7			38 865.5	4 821.8	34 043.7	141.9
ZK22+000—ZK25+745	3745	53.8			44.4	9.4			76 038.8	40.7	75 998.0	40.7
ZK25+745—ZK26+018.332	273	711.8			550.4	161.4			88 707.1	504.9	88 202.1	321.7
ZK26+018.33—ZK26+341.86	324	22 884.5			5414.2	17470.3			107 134.3	4 967.2	102 167.1	960.0
YK17+580—YK18+000	420	2 894.1			889.5	1718.2	286.4		97 833.5	15 457.8	82 375.7	114.3
YK18+000—YK20+074	2074	54 427.9			10087.2	35530.2	8810.5		754.6	233.6	521.0	100.0
YK20+074—YK21+49.8	1424	1 914.1			1914.1				8 590.5	1 756.1	6 834.4	201.3
YK21+495—YK22+000	502	7 238.3			1903.5	5060.0	274.8		40 292.0	1 746.4	38 545.6	186.4
YK22+000—YK25+721	3721	3 786.1			537.4	208.1	608.1	2432.4	83 325.0	493.1	82 831.9	354.8
YK25+721—YK26+003.803	283	85.1			85.1				200031.0	9 560.3	190470.7	78.1
YK26+003.50—YK26+317.28	313	4 241.9			1 406.3	2 835.6			168860.8	14782.5	154078.3	501.7
K26+263.469—K27+000	737	438 602.6			78873.6	359729.4			266547.0	46 844.8	219702.2	3 406.1
K27+000—K29+588	2588	370 817.8			69344.9	301473.0			484054.5	75 642.7	408411.7	2 576.7
合计:		992 321			191 717	779 320	18 851	2 432	1715264	185 369	1 529 895	10 427

注：1. 表中挖方、废方为天然方，其他均为压实方。本表不含互通、服务区土石方数量。
2. 土石的松方系数：松土为1.23、普通土为1.16、硬土为1.09、石方均为0.92。
3. ZK20+580～ZK20+620、YK20+560～YK20+900段分别从罗苏2号隧道调入石方11 814.5m³（天然方）、6 287 m³（天然方）。ZK21+930～Z720～120段分别从纳庆隧道出口调入石方157 508.0m³（天然方）、70 811.9m³（天然方）。本表按远运利用计。

土石方数量表

表4-20

利用	远运利用		平均运距(km)		借方				废方		平均运距(km)		超宽填筑	备注
石方 (m³)	土方 (m³)	石方 (m³)	土方	石方	土方 (m³)	平均运距 km	石方 (m³)	平均运距 km	土方 (m³)	石方 (m³)	土方	石方	(m³)	
1 222.4	6 681.2	30 190.8	0.217	0.226									296	
299.6	0.7	16.5	0.011	0.012									46	
78.2	392.4	1 062.8	0.015	0.015									238	
		12 841.8		0.100										罗苏2号隧道调入
	4 679.9	13 045.3	0.330	0.329									695	
		20 998.4		1.043										纳庆隧道调入
10.2													2 323	
		75 987.8		0.813										纳庆隧道调入
	183.2	175.5	0.014	0.016									489	
		88 026.7		1.914										纳庆隧道调入
448.4	4 007.2	18 541.1	0.101	0.103									1 095	
		83 177.7		2.074										纳庆隧道调入
92.6	9 722.6	49 761.7	0.502	0.590			8 876.3	3.507					3 635	
	5 621.0	23 645.1	0.618	0.591										调入
90.5	133.6	430.6	0.024	0.022									432	
	1 554.7		0.136										127	
		6 834.4		0.100										罗苏2号隧道调入
120.3	1 559.9	5 678.4	0.268	0.223									467	
		32 746.9		1.050										纳庆隧道调入
2 738.3	138.3	792.9	0.012	0.026									711	
		79 300.7		0.880										纳庆隧道调入
					9 482.2	0.100	173 913.0	0.100					1 910	
		16 557.7		1.892										纳庆隧道调入
289.3	788.5	2 792.9	0.036	0.041									1 338	
		60 411.8		2.031										纳庆隧道调入
	13 492.3	90 584.3	0.390	0.390										调入
1 063.5	43 438.7	218 638.7	0.146	0.148									3 000	
319.5	73 066.0	408 092.2	0.208	0.225									5 314	
6 773	165 460	1 340 332			9 482		182 789						22 116	

K212+460、YK21+910~YK22+410段分别从纳庆隧道进口调入石方89227.3m³（天然方）、103 083.8m³（天然方）。ZK25+770~ZK26+140、YK25+

第四节　横断面设计方法

横断面设计方法俗称"戴帽子",即在横断面测量所得各桩号的横断面地面线上,按纵断面设计确定的填挖高度和平面设计确定的路基宽度、超高、加宽值,结合当地的地形、地质等自然条件,参考典型横断面图式,逐桩号绘出横断面图。

1. 横断面设计要求

除与行车有关的路幅宽度外,横断面设计还包括与路基工程、排水工程、环保工程有关的各种设施。这些设施的位置和尺寸均应在横断面设计中有所体现。

横断面设计必须结合地形、地质、水文等条件,本着节约用地的原则,选用合理的断面形式,以满足交通安全、行车顺适、工程经济、路基稳定且便于施工和养护的要求。

2. 横断面设计方法

应用路线 CAD(计算机辅助设计)时,按路基标准横断面输入各组成部分尺寸、分段起止桩号,显示设计横断面,逐一检查、修改设计断面,绘制路基横断面设计图,输出路基设计表、土石方工程数量表等,上述过程均由计算机自动完成。下面以传统横断面设计方法为例进行介绍。

(1)在计算纸上绘制横断面地面线。地面线是现场测绘,若纸上定线,可从大比例的地形图上内插获得。横断面图的比例一般是 1:200。

(2)从"路基设计表"中抄入"路基中心填挖高度""左高""右高""左宽""右宽"等数据。

(3)根据现场调查的"土壤、地质、水文资料",参照"标准横断面图",画出路幅宽度、填或挖的边坡线,在需要各种支挡工程和防护工程的地方画出该工程结构的断面示意图。

(4)根据综合排水设计,画出路基边沟、截水沟的位置和断面形式,必要时需注明各部分尺寸。此外,应画出取土坑、弃土堆、绿化带、碎落台等。经检查无误后,修饰描绘。

(5)分别计算各桩号断面的填方面积(A_t)、挖方面积(A_w),并标注于图上,如图 4-28 所示。

对分离式断面的公路和设有变速车道、爬坡车道等的路基断面,可参照上述步骤绘制。

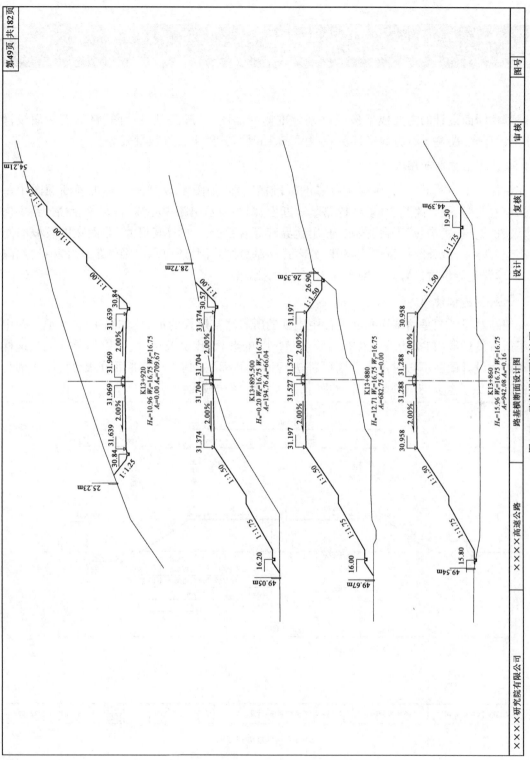

图4-28 路基横断面设计图

H_w—中心控制高程；W_z—左侧路基宽度；W_y—右侧路基宽度

第五节 横断面设计成果

路基横断面设计的主要成果包括路基标准横断面图、一般路基设计图、路基横断面设计图、路基设计表、路基土石方数量计算及调配表、路基每公里土石方数量表等。

1. 路基标准横断面图

在设计每个横断面之前,应确定路基的标准横断面,如图 4-29 所示。标准横断面图中一般包括填方路基、挖方路基、半填半挖路基等断面,图中应示出路中心线、行车道、路肩、路拱横坡、边坡、护坡道、边沟、碎落台、截水沟、用地界碑等各部分组成及其尺寸、路面宽度及概略厚度。高速公路、一级公路按整体式路基、分离式路基分别绘制,还应示出中间带尺寸和护栏、隔离栅、预埋管道等设置位置。一般采用 1:200 的比例。

2. 一般路基设计图

一般路基设计图是路基横断面设计中出现的所有路基形式的汇总,如图 4-30 所示。图中示出了所有设计线(包括边坡、边沟、挡墙、护肩等)的形状、比例及尺寸,用以指导施工。这样路基横断面设计图就不必对每一个断面都进行详细的标注(其中很多断面的比例、尺寸都是相同的),避免了重复与烦琐的工作,也使横断面设计图比较简洁。

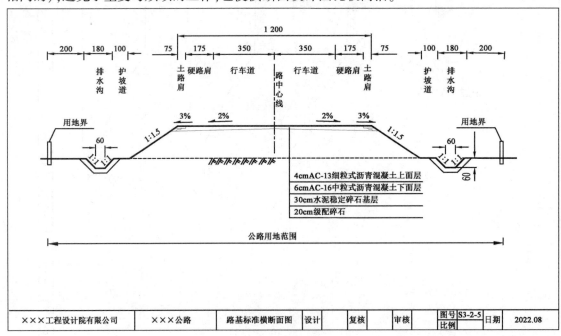

a) 单幅公路标准横断面图

图 4-29

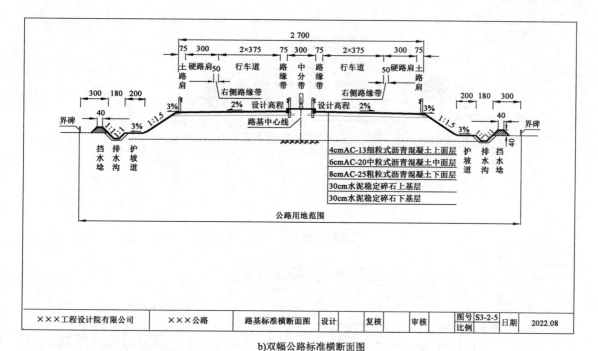

b)双幅公路标准横断面图

图4-29 路基标准横断面图(尺寸单位:cm)

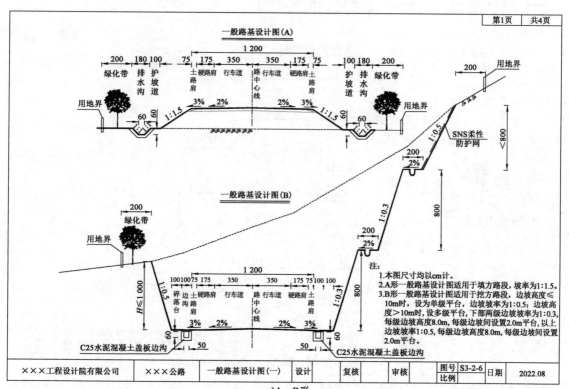

a)A、B形

图 4-30

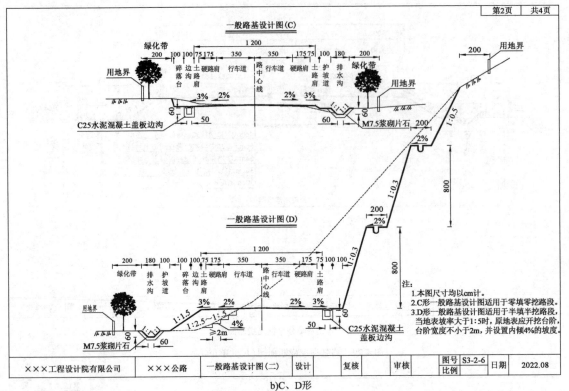

b) C、D形

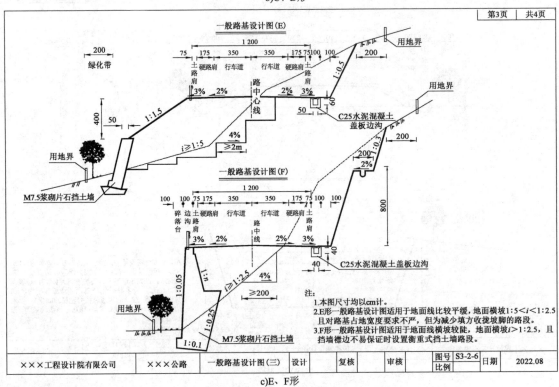

c) E、F形

图 4-30

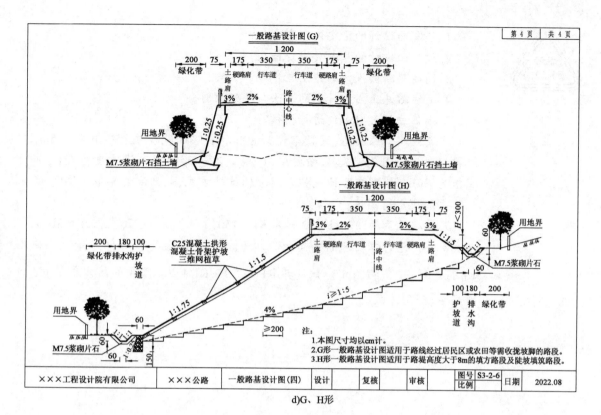

图 4-30　一般路基设计图

3. 路基横断面设计图

路基横断面设计图即逐桩横断面设计图,是路基每一个中桩的法向剖面图,如图 4-28 所示,反映每个桩位处横断面的尺寸及结构,是路基施工及横断面面积计算的依据。图中应给出地面线与设计线,并标注桩号、施工高度与断面面积。相同的边坡坡度可只在一个断面上标注,挡土墙等圬工构造物可只绘出形状,不标注尺寸,边沟也只需绘出形状。横断面设计图应按从下到上、从左到右的方式进行布置,一般采用 1∶200 的比例。

4. 路基设计表

严格地说,路基设计表不能只作为横断面设计的成果,它是路线设计成果的一个汇总,其前半部分是平面与纵断面设计的成果。路基设计表中填列所有整桩、加桩及填挖高度、路基宽度(包括加宽)、超高值等有关资料,为路基横断面设计的基本数据,也是施工的依据之一。

一般公路路基设计表见第三章表 3-9,高速公路路基设计表见第三章表 3-10。

5. 路基土石方数量表

路基土石方是公路工程的一项主要工程量,所以在公路设计和路线方案比较中,路基土石方数量的多少是评价公路测设质量的主要技术经济指标之一,也是编制公路施工组织计划和工程概预算的主要依据。其表格形式包括路基土石方数量计算及调配表(表 4-19)和路基每公里土石方数量表(表 4-20)。

1. 横断面设计的主要内容有哪些?
2. 横断面设计的基本要求是什么?
3. 简述横断面设计的方法与步骤。
4. 简述路基土石方计算的方法与调配原则。
5. 土石方调配时如何进行校核?
6. 某改建二级公路,设计车速为 80km/h,路面宽度 9m,路肩宽 1.5m,路拱横坡度采用 2%,路肩横坡度为 3%。有一弯道超高横坡度为 6%,加宽值为 1.0m,根据实际情况拟采用中轴旋转方式,超高渐变率取 1/200,试计算平曲线全超高值。
7. 某路段两两相邻桩号分别为 K1+250(1 点)、K1+276(2 点)和 K1+300(3 点),已计算出横断面面积分别为:$A_{T_1}=38.2m^2$、$A_{T_2}=15.2m^2$、$A_{W_2}=16.1m^2$ 和 $A_{W_3}=47.5m^2$。试计算 K1+250~K1+300 路段的填方数量、挖方数量、利用方数量。

第五章 选线
CHAPTER FIVE

学习目标

通过本章学习,应了解公路选线的原则和要求;熟悉公路在不同地形下的选线方法;能根据不同的地形、线形技术指标合理选择路线走向;增强环保意识,高度重视生态文明建设,坚持人与自然的和谐共生。

第一节 概述

公路选线是根据路线的基本走向和技术标准的要求,结合当地的地形、地质、地物及其他沿线条件和施工条件等,选定一条技术上可行、经济上合理,又能符合使用要求的公路中心线的工作。选线的目的是根据国家建设发展的需要,结合自然条件,选定合理的路线,使筑路费用与使用质量达到统一,且使行车迅速安全、经济舒适、构造物稳定耐久及易于养护。

公路选线是整个公路勘测设计的关键,是公路线形设计的重要环节,对公路的使用质量和工程造价都有很大的影响。选线人员必须认真贯彻国家规定的方针政策,坚持群众路线,深入实际,调查研究,反复比较,正确解决技术指标与在自然条件下实地布线之间的矛盾,综合考虑路线、路基、路面、桥涵、隧道、交叉等,最后才能选定出合理的路线。

选线需要考虑自然环境和社会经济条件,以及线形技术指标等各方面的因素。因此,选线是一项涉及面广、影响因素多、政策性和技术性都很强的工作。

一、选线原则

公路选线应遵循下列原则:

(1)确定路线走廊带应考虑走廊带内各种运输体系及不同层次路网间的分工与配合,按照其功能统筹规划,近远期结合,合理布局。

(2)必须由面到带、由带到线,在对地形地貌、地质水文、气候气象、环境敏感区等调查与勘察的基础上论证、确定路线方案。同一起、终点的路段内有多个可行路线方案时,应对各设计方案进行综合比选。

(3) 应考虑同矿产资源开发、农田与水利建设、城市发展等规划的配合。

(4) 应充分利用建设用地,严格保护农用耕地;应保护生态环境,并同当地景观相协调。

(5) 应尽可能避让不可移动文物、水源地和自然保护区。

(6) 应保持与易燃、易爆等危险源及污染源间的安全距离。

(7) 公路改扩建工程应注重节约资源,坚持利用与改扩建相结合的原则,合理、充分利用原有工程。

二、选线要求

公路选线应符合下列要求:

(1) 对路线所经区域、走廊带及其沿线的工程地质和水文地质应进行深入调查、勘察,查清其对公路工程的影响程度。遇有不良工程地质的地段应视其对路线的影响程度,分别对绕、避、穿等方案进行比选论证。

(2) 调查沿线各类敏感点及矿产资源,并研究其对路线方案的影响,合理选择线位。

(3) 高速公路和一级公路与沿线主要交通源衔接,应利用区域路网或新建连接道路。

(4) 二级公路、三级公路在遵循项目总体功能和走向的基础上,应尽量避免穿越城镇。

(5) 应协调桥梁、隧道、互通式立体交叉、服务区等构造物的位置和高程等关系。

(6) 应综合考虑与相关公路、铁路、输电线路、油气管道等的平行或交叉关系,合理利用走廊带资源,节约占地。

(7) 平原区选线宜采用较高的技术指标,尽量避免采用长直线或小偏角平曲线。

(8) 山岭区选线应充分利用地形条件,合理确定垭口位置,应尽量避免高填深挖等现象。

(9) 沿河(溪)线选线时,应根据设计洪水位,结合地形、地质合理确定线位高程,必要时应对桥梁与路基方案进行比选论证。

(10) 选线时应重视环境保护,注意由于公路修筑及汽车运行所产生的影响与污染等问题,具体应注意以下几个方面:

① 路线对自然环境与资源可能产生的影响。
② 占地、拆迁房屋所带来的影响。
③ 路线对城镇布局、行政区划、农耕区、水利排灌体系等现有设施造成分割而产生的影响。
④ 噪声对居民生活的影响。
⑤ 汽车尾气对大气、水源、农田所造成的污染及影响。
⑥ 对自然环境、资源的影响和污染的防治措施及其对策实施的可能性。

三、选线步骤

一条路线的选定是一项由大到小、由粗到细、由轮廓到具体,逐步深入的工作。不同的设计阶段,选线工作内容各有侧重,随着不同阶段的继续和选线工作的深入,选线将是不断筛选、重复优化的过程。选线应包括确定路线基本走向、路线方案、路线走廊带、选定线位的全过程。

在确定路线基本走向后,选线一般要经过以下三个步骤。

1. 确定路线方案

路线方案解决路线基本走向。这是在路线总方向(起、讫点和中间必须经过的城镇或地点)确定后,从大面积着手由面到带进行总体布置的过程,此项工作最好先在1∶10 000～1∶50 000地形图上进行路线布局,选定可能的路线方案,然后进行踏勘与资料收集,根据需要与可能,结合具体条件,通过比选落实必须通过的主要控制点,放弃那些避让的控制点,逐步缩小路线活动范围,进而定出大体的路线布局。例如,在公路的起、终点及必须通过的控制点间可能沿某条河、越某座岭,也可能沿几条河、越几座岭,为下一步定线工作奠定基础。

如何确定路线方案是关系到公路质量的根本性问题。如果总体方案不当,即使局部路线选得再好、技术指标确定得再恰当,仍然是一条质量很差的路线。因此,在选线中首先应着眼于做好路线方案工作,选定好主要控制点。路线方案是通过路线视察,经过方案比较来完成的。路线方案选择应注意运用遥感、航测、卫星定位、数字技术等新技术,以确保勘察的广度、深度和质量,避免遗漏有价值的路线方案。

2. 确定路线走廊带

在总体路线方案既定的基础上,以相邻主要控制点划分段落,根据公路标准,结合其间具体地形,通过试坡展线方法逐段加密细部控制点,进一步明确路线走法,即在大控制点间,结合地形、地质、水文、气候等条件,逐段定出小控制点,这样就构成了路线的雏形。这一步工作的关键在于探索与落实路线方案,为实现具体定线提供可能的途径。如果这一步工作做得仔细,研究得周到,就可以减少以后不必要的改线与返工。逐段安排路线是通过踏勘测量或详细测量前的路线察看来解决的。路线走廊带一般应在1∶2 000～1∶5 000比例尺的地形图上进行。

3. 具体定线

有了上述路线走廊带即可进行具体定线,根据地形起伏与复杂程度不同,可分为现场直接插点定线或放坡定点,插出一系列的控制点,然后从这些点位中穿出通过多数点(特别是那些控制较严的点位)的直线段,延伸相邻直线得到的交点即为路线的转角点。随后拟定出曲线半径,至此定线工作基本完成。做好上述工作的关键在于摸清地形情况,全面考虑前后线形衔接与平、纵、横协调关系,恰当地选用合适的技术指标,以期使整个线形得以连贯协调。这是一步更深入、更细致、更具体的工作。具体定线在详细测量时完成。

第二节　路线方案比较

方案比较是选线中确定路线总体布局的有效方法,在可能布局的多种方案中,通过方案比较和取舍,选择技术合理、费用经济、切实可行的最优方案。路线方案的取舍是路线设计中的重要问题,方案是否合理不仅关系到公路本身的工程投资和运输效率,更重要的是影响到路线在公路网中的作用,直接关系到是否满足国家政治、经济及国防的要求和长远利益。

方案比较根据深度不同可分为原则性方案比较和详细的方案比较两种。

一、原则性方案比较

从形式上看,方案比较可分为质的比较和量的比较。对于原则性的方案比较,主要是质的比较,多采用综合评价的方法。这种方法不是通过详细计算经济和技术指标进行比较,而是综合各方面因素进行评比。主要综合的因素有:

(1)路线在政治、经济、国防上的意义,国家或地方建设对路线使用任务、性质的要求,以及战备、支援农村、综合利用等重要方针的贯彻和体现程度。

(2)路线在铁路、公路、航道等网系中的作用,与沿线工矿、城镇等规划的关系以及与沿线农田水利建设的配合及用地情况。

(3)沿线地形、地质、水文、气象、地震等自然条件对公路的影响,要求的路线等级与实际可能达到的技术标准及其对路线的使用任务、性质的影响;路线的长度、筑路材料的来源、施工条件以及工程量、三材(钢材、木材、水泥)用量、造价、工期、劳动力等情况,运营、施工、养护的影响,施工期限长短等。

(4)路线与沿线历史文物、革命史迹、旅游风景区等的联系。

影响路线方案选择的因素是多方面的,而各种因素又多是互相联系、互相影响的。在满足路线使用任务和性质要求的前提下,应综合考虑自然条件、技术标准和技术指标、工程投资、施工期限和施工设备等因素,精心选择、反复比较,才能提出合理的推荐方案。

二、详细的方案比较

详细的方案比较是在原则性方案比较之后进行的量的比较,它包括技术和经济指标的详细计算,一般用于作局部方案的分析比较。

1.技术指标的比选

(1)路线长度及其延长系数。

①路线总延长系数 λ_0:

$$\lambda_0 = \frac{L}{L_0}$$

式中:L——路线方案的实际长度,m;

　　L_0——路线起、终点间的直线距离,m。

②路线技术延长系数 λ_1:

$$\lambda_1 = \frac{L}{L_1}$$

式中:L_1——路线方案中各大控制点间的直线距离,m。

(2)转角数。包括全线的总转角数(个)和每公里的转角数(个/km)。

(3)转角平均度数。转角是体现路线顺直的一种技术指标,转角平均度数按下式计算:

$$\alpha = \frac{\sum_{i=1}^{n} \alpha_i}{n}$$

式中：α——转角平均度数，(°)；
　　　α_i——任一转角 i 的度数，(°)；
　　　n——全线的总转角数。

(4) 最大与最小平曲线半径(m)。
(5) 回头曲线的数目(个)。
(6) 最大与最小纵坡(%)。
(7) 最大与最小竖曲线半径(m)。
(8) 与既有公路及铁路的交叉数目(包括平面交叉和立体交叉)。
(9) 限制车速的路段长度(指居住区、小半径转弯处、交叉点、陡坡路段等)(m)。

2. 经济指标的比选

(1) 路基土石方工程数量；
(2) 桥涵工程数量(大桥、中桥、小桥涵的座数、类型及其长度)；
(3) 隧道工程数量；
(4) 挡土墙工程数量；
(5) 征占土地数量及费用；
(6) 拆迁建筑物及管线设施的数量；
(7) 主要材料数量；
(8) 主要机械、劳动力数量；
(9) 工程总造价；
(10) 投资成本-效益比；
(11) 投资内利润率；
(12) 投资回收期。

三、方案比较的步骤和实例

1. 方案比较步骤

对于一条较长的路线，可行的方案有很多，很难对每一种方案都进行实地视察和比选。但可以事先尽可能收集已有资料，在室内进行筛选，然后对较好的且优劣难以辨别的有限个方案进行实地视察和比选。其步骤一般为：

(1) 收集资料；
(2) 在小比例地形图上布局路线，初拟方案；
(3) 室内初步比选，确定可比方案；
(4) 实地视察、踏勘测量；
(5) 进一步比选，确定推荐方案。

2. 方案比较实例

如图5-1所示,庙山岭地势陡峻、高差大,根据两省接线协议,路线采用隧道越岭(越界)接线。路线穿越庙山岭后,路线沿山间沟谷布设,但白羊铺、招柏区域内重峦叠嶂,沟壑纵横,地形起伏剧烈,可供布设路线的走廊带狭窄,路线此段受地形限制,不得不采用大量的桥隧工程翻山越岭。此外,属于国家西气东输重点工程的陕京天然气管道在穿越此段时已占据了最有利地形,对本项目的路线布设也带来了较大的难度,因此布线过程中特别注意了采用非隧道或地下通道的桥涵等可靠方式通过,并对管线做混凝土防护。

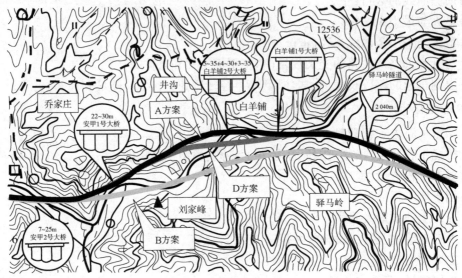

图5-1 路线比选实例

路线从庙山岭隧道出来后,工程项目可行性方案将线位摆在白羊铺村南面的半山坡上(B线),该方案虽然避免了与陕京天然气管道的交叉,减少了拆迁,但线位所经之处高填深挖,对环境破坏严重,且路线从白羊铺村上方通过,对村民的生产和生活留下了安全隐患,不符合典型示范工程设计新理念,故对初步设计阶段进行反复优化后提出了A、D方案。

A方案由庙山岭隧道穿出后,大部分路段以桥梁方式布设于干峪沟内,路线与陕京天然气管道以小偏角相交4次,通过与陕京天然气管理部门联系沟通,要求桥梁跨越天然气管线处桩基与其最小净距不小于5m,且天然气管线不能改移,桥梁跨越布设困难,故提出D方案。D方案与A方案布设于同一侧,经白羊铺村,拆迁18户,后以桥梁形式穿越干峪沟,沿干峪沟北半山坡向西,在招柏村前接A线。通过与白羊铺村委联系,该村位于山区,人均耕地少,交通不便利,同意高速公路占用,拆迁其村。D线与天然气管线交叉两次,桥跨位置较理想。

(1)建设条件对路线方案布置和设计的影响:A、B方案主要工程的比较是庙山岭隧道比较,B方案隧道围岩级别中Ⅲ级围岩比例较高,但B方案左右线隧道间地质条件较复杂,断层较发育,对隧道围岩构成威胁,给施工和运营都带来较大隐患;A方案与D方案的工程比较主要是白羊铺隧道和阴崖山隧道工程地质条件的比较,A、D方案隧道比较段基岩出露较多,地质条件较简单,条件相似。

(2)各方案的选择和布置情况:A、D方案的控制点为庙山岭、白羊铺、阴崖山;B方案的控制点为庙山岭、阴崖山。其中庙山岭距白羊铺约1.8km,白羊铺距阴崖山0.7km,由于此路段位于构造剥蚀中低山区,地面海拔高程由1583m降至1008m,地形起伏大,A、D方案设有庙山岭隧道、白羊铺1号大桥、白羊铺2号大桥、白羊铺隧道、安甲1号大桥、阴崖山隧道、安甲2号大桥。B方案庙山岭隧道长3320m,较A、D线长约1.3km,从庙山岭隧道穿出后设置安甲1号、2号大桥进入阴崖山隧道,再由安甲3号大桥接回A线。综合比较,B方案设有1座特长隧道,A、D方案没有,且B方案隧道最长。D方案比A方案多一处隧道(白羊铺1号215m)。A方案隧道总里程最短。

(3)各方案平、纵指标及连续、均衡情况:A方案平面曲线最小半径为950m,纵断面最大纵坡为-3.938%;B方案平面曲线最小半径为1000m,纵断面最大纵坡为-2.987%;D方案平面曲线最小半径为1026.9m,纵断面最大纵坡为-3.95%。比较来说,B方案线形指标高于A、D方案。

(4)行车安全、通行能力、服务水平的分析比较:A、B、D方案在行车安全、通行能力、服务水平方面相当,通行能力均能达到二级水平。

(5)公路用地、征用基本农田及拆迁情况:B方案占用土地最少,D方案较A方案多约61亩(约40663m²),B方案没有拆迁,D方案拆迁房屋数介于B、A方案间,A方案拆迁较多。

(6)与铁路、原有公路、农田水利、电信、通信、重要管道(线)等干扰情况:本路段对方案影响较大的因素是陕京天然气管线。要求桥梁跨越天然气管线处桩基与其最小净距不小于5m,且天然气管线不能改移,桥梁跨越布设困难。A方案与天然气管线相交4次,其中小角度交叉3次,施工难度较大,B、D方案与天然气管线相交2次,施工难度相对较小。

(7)各方案路线对沿线环境影响评价:B方案对环境影响较小,A、D方案相当。

(8)工程数量:详见路线方案比较表(表5-1)和图5-1。

路线方案比较表　　　　　　　　　　表5-1

项目	单位	A方案	B方案	D方案
路线里程	km	5.200	5.069	5.171
土方	m³	221 625	164 370	239 150
石方	m³	25 980	40 096	64 840
沥青路面	m²	23 640	16 740	33 160
防护工程	m³	9 700	5 690	23 464
路基排水及防护	m³	3 745	8 280	6 120
大桥	m/座	1 746/4	807/3	1 125/3
中桥	m/座	66/1	—	66/1
涵洞	道	3	2	6
特长隧道	m/座	—	3 283/1	—
长隧道	m/座	2 030/1	—	2 038/1
短隧道	m/座	458/2	255/1	655/3
征用土地	亩	195.37	131.85	253.05
拆迁房屋	m²	2 062		1 255
电力、电信电杆	根	108	14	40
造价	万元	57 046	62 307	53 640
是否推荐		—	—	推荐

(9)社会效益和经济效益:B方案路线稍短,社会经济效益略好,但有一处特长隧道,运营期养护费用高;A方案比B、D方案运营里程稍长,但隧道较之B、D方案短,运营期养护费用低;D方案综合平均了A、B方案的优缺点,里程和隧道长度以及社会效益和养护费用均介于A、B方案之间,但桥梁长度短于A方案。综合来看,D方案要优于A、B方案。

(10)其他:A、B、D三个方案走廊内无文物,无压覆矿产资源,对路线布设没有影响。

D线优点:桥梁长度短,与天然气管线交叉位置较理想,交叉次数2次,施工难度小,造价低。

A线优点:隧道短,造价较低。

B线优点:平面线形指标较高,路线里程短,拆迁少,占地少,与天然气管线交叉位置较理想,交叉次数2次。

D线缺点:拆迁多(18户),路线里程长。

A线缺点:线形指标较低,路线里程长,拆迁较多(16户),占地少,与天然气管线交叉4次(其中小角度交叉3次)。

B线缺点:隧道增长1.194km,土石工程量大,施工难度大,地质条件差,运营期养护费用高,工程造价高。

本段A线在干峪沟内跨越陕京天然气管线4次,其中小角度交叉3次,桥梁跨越布设困难,施工难度较大,陕京天然气管线主管部门不赞同该方案,故没有在造价上进行同等深度比较。

综合比较A、B、D方案:D线比A线减少了与陕京天然气管线交叉的次数,与天然气管线交叉位置较理想,施工难度小,较好地保护了环境。D线比B线隧道短,工程造价低,比BK3+000~BK5+530段隧道内纵坡小,有利于行车安全。故本段D线优于A、B线。

第三节 平原地区选线

6. 平原区选线

一、自然特征

平原区主要是指一般平原、山间盆地、高原等地形平坦地区。其地形特征是:地面起伏不大,一般自然坡度都在3°以下;耕地较多,在农耕区农田水系沟渠纵横交错;居民点多,建筑设施多,交通网系较密;在天然河网、湖区,还有湖泊、水塘和河汊等密布。

从地质和水文条件来看,平原区一般不良地质现象较少,但有时会遇到软土和沼泽地段。另外:平原区地面平坦,排水困难,地面易积水,地下水位较高;平原区河流较宽阔,河道平缓,泥沙淤积,河床低浅,洪水泛滥时河面较宽。

二、路线特征

平原地区地形对路线的约束限制不大,路线平、纵、横三方面的线形易于达到较高的技术指标。路线布设时,主要考虑如何绕避地物障碍等。其路线特征是:平面线形舒顺,弯道转角不大,平曲线半径较大;在纵断面上,坡度平缓。

三、布设要点

选线时:首先在路线的起、终点间,把经过的城镇、厂矿、农场及风景文物点作为大的控制点(如图5-2中的普安村桥位与和丰桥位);在控制点间,通过实地视察,根据地形条件和水文条件进一步选择中间控制点,一般较大的建筑群、水电设施、跨河桥位、洪水泛滥线以外及其必须绕越的障碍物均可作为中间控制点(如图5-2中的蟹湖、蟹镇、学校、石灰厂、钟湾、塞湖等);在中间控制点之间,如果没有充分的理由,一般不再设置转角点。

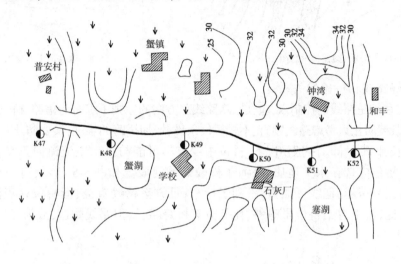

图5-2 平原区路线布设示意图

在选择平面线形时,既要使路线短捷顺直,又要注意避免过长的直线,在可能的条件下,争取采用转角适当、半径较大的长缓的平曲线线形。

综合平原区自然和路线特征,布线时应着重考虑以下几点:

(1)正确处理好路线与农业的关系。

修建公路时占地是难以避免的,如何处理好路线与农田规划、农业灌溉水利设施的关系,是平原区选线的关键问题。布设路线时,要注意既不片面要求路线顺直而占用大面积的良田,也不片面要求少占耕地而降低线形标准,甚至恶化行车条件。再者,应处理好路线与农田水利设施的关系,使路线的布置尽可能地与农业灌溉系统相配合,少占良田,不占高产田。除较高等级的公路外,一般不要破坏灌溉系统,布线要注意尽量与干渠相平行,减少路线与渠道的相交次数,最好把路线布置在渠道的上方非灌溉区一侧或者是渠道的尾部。图5-3中,虚线方案穿经稻田区,路线短、线形好,但占耕地多、建筑路堤取土距离较远;实线方案的长度略有增加,但避开了大片稻田区,沿山坡布线,路基稳定,又可以节约土方数量。当路线标准不是太高时,应采用实线方案。

注意筑路与造田、护田相结合。在可能的条件下,布线要有利于造田、护田,以支援农业。路线通过河曲地带,当水文条件许可时,可考虑路线直穿,裁弯取直,改移河道,缩短路线,改善线形,如图5-4所示。

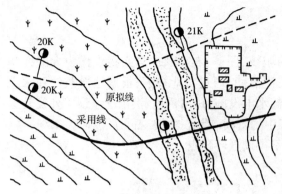

图 5-3 路线方案比较示意图　　　　图 5-4 改移河道示意图

(2)处理好路线和桥位的关系。

大、中桥位往往是路线的控制点,应在服从路线总方向的原则下综合考虑路、桥,选择有利的桥位布设路线。既要防止只考虑路线顺直、不顾桥位条件,增加桥跨的难度;又要防止片面强调桥位,使路线绕线过长,标准过低。一般情况下,桥位中线应尽可能与洪水主流流向正交,桥梁和引道都在直线上。桥位应选在水文地质、跨河条件较好的河段。如图 5-5 所示,有三个跨河方案,Ⅱ方案与河沟正交跨越,但线形曲折,不利于行车;Ⅲ方案路线直捷,但桥位处于河曲段,不利于跨河。综合比较,Ⅰ方案桥位虽略斜,比Ⅱ方案桥跨略长,但路线顺适,故为可取方案。

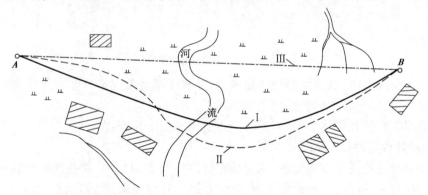

图 5-5 桥位方案比较示意图

小桥涵位置原则上应服从路线走向,但遇到斜交过大(夹角小于 45°时)或河沟过于弯曲的情况时,可考虑采取改沟或改移路线的办法,调整交角,在布线时经比较确定。

(3)处理好路线与城镇居民点的关系。

平原区有较多的城镇、村庄、工业设施等,进行路线布设时应正确处理好路线与它们的关系。

①对国防公路与高等级的干道,应采取绕避的方式远离城镇,必要时还应考虑采用支线联系。

②较高等级的公路应尽量避免直穿城镇、工矿区和居民密集区,以减少相互干扰。但考虑到公路对这些地区的服务功能,路线又不宜与其相离太远,以从城镇的边缘经过为宜。做到近村而不进村,利民而不扰民,既方便运输,又保证交通安全。这种路线布线时,要注意与城镇的规划相结合。

③公路等级较低时,应考虑县、区、村的沟通,经地方同意可穿越城镇,但要注意有足够的视距和必要的公路宽度以及必要的交通设施,以保证行人和行车的安全。

(4)注意土壤、水文条件。

平原区的水位条件较差,取土较为困难。为了保证路基的稳定性和节约用土:在低洼地区,应尽可能沿接近分水岭的地势较高处布线,以使路基具有较好的水文条件;在排水不良的地带布线时,要注意保证路基最小填土高度;路线要尽量避开较大的湖塘、水库、泥沼等,不得已时应选择最窄、最浅和基底坡面较平缓的地方通过,并采取措施保证路基稳定。

(5)注意利用老路,并与铁路、航道及已有公路运输相配合。在平原区布设路线时,若有老路与新布路线相距较近而且走向一致的情况,在条件许可时,应尽量将其改造后加以利用,以减少耕地的占用和提高路基的稳定性。

(6)注意就地取材和利用工业废料。修建公路需要消耗大量的筑路材料,为节省工程造价,应充分利用当地的材料,特别是当地的工业废料。

第四节 山岭区选线

一般按照公路行经山岭地区的地貌和地形特征,山岭区选线可分为沿河(溪)线、山腰线、越岭线和山脊线四种。

在山岭区一条公路的总长度中,应根据地形地貌分段选用不同的路线形式,互相连接沟通。所以,山岭区公路常常由沿河线转到山腰线再转到山脊线或越岭线。

一、自然特征

山岭区地形包括山岭、突起的山脊、凹陷的山谷、陡峻的山坡、悬崖、峭壁等,地形复杂多变,一般地面自然坡度在20°以上。其主要特征如下:

1. 地形条件

山岭区山高谷深,地形复杂。由于山岭区高差大,加之陡峻的山坡和曲折幽深的河谷形成了错综复杂的地形,这就使得公路路线的线形差,工程难度大。

2. 地质条件

山岭区岩石多、土层薄、地质复杂。由于山岭区的地质层理和地壳性质在短距离内变化很大,岩层的产状和地质构造复杂,不良地质现象(如岩堆、滑坡、崩塌、碎落、泥石流等)较多。这些均直接影响着路线的位置和路基的稳定。选线时应处理好路线与地质的关系,并在选线设计中采取必要的防护措施,确保路线的质量和路基的稳定性。

3. 水文条件

山岭区河流曲折迂回,河岸陡峻、河底比降大;雨季暴雨集中、流速快、流量大,冲刷强、破坏力很大。针对这样复杂的水文条件,要求在选线中正确处理好路线与河流的关系。

4. 气候条件

山岭区气候多变,气温一般较低,冬季多冰雪(海拔较高的山岭区),一年四季昼夜温差很大,山高雾大,空气较稀薄,气压较低。这些气象特征对于汽车行驶的安全性有很大影响。

综上分析,由于山岭区自然条件极其复杂,给山岭区选线带来了很大的难度。但山岭区山脉水系分明,这也给公路走向提供了依据,为选定路线的基本走向、确定大的控制点指明了方向。路线的走向只有两种:顺山沿水方向和横越山岭方向。顺山沿水的路线按线位的高低,从低到高又可分为沿溪(河)线、山腰线和山脊线。一条较长的山岭区公路往往是由走向不同和线位高低不同的几种路段交互组合而成的。而且在路线布设时,一般多以纵断面线形为主安排路线,其次才是横断面和平面。

二、沿溪(河)线

1. 路线特点

沿溪(河)线是指公路沿河谷方向布设的路线,如图5-6所示。

图5-6 沿溪(河)线

沿溪(河)线的有利条件是:路线走向明确,河床纵坡较小,平面受纵断面线形的约束较小,容易争取较好的线形;沿溪(河)线傍山邻水,砂、石材料丰富,用水便利,为施工和养护提供了有利条件;山岭区的水岸两侧多是居民密集的地方,沿溪(河)线能更好地为沿线居民点服务,充分发挥公路的作用。

沿溪(河)线的不利条件是:路线邻水较近,受洪水威胁较大;峡谷河段,路线线位摆动的余地很小,难以避让不良地质地段;在路线通过陡崖溪(河)段时,工程艰巨、工程量集中、工作面狭窄,给公路测设和施工带来很大困难;沿溪(河)线线位低,往往要跨过较多的支沟,桥涵及防护工程较多;溪(河)谷两岸台地往往是较好的耕作地,筑路占地与农田及其水利设施的矛盾较为突出;溪(河)谷工程地质情况复杂,溪(河)谷的两岸通常处于路基病害(如滑坡、岩堆、坍塌、泥石流)的下部,路线通过时,容易破坏山体平衡,给公路的设计、施工、养护、运营带来困难。

2. 布线要点

路线布设的首要任务就是充分利用有利条件、避让不利条件。沿溪(河)线布设时,需要解决的主要问题有:①路线走溪(河)流的哪一岸?②路线设于什么高度?③路线在何处跨溪(河)换岸?这三个问题是相互联系又相互影响的,路线布设中应抓住主要矛盾,根据公路的性质和技术等级,因地制宜地解决问题。

1) 溪(河)岸的选择

沿溪(河)线两岸情况不尽相同,往往优、缺点并存,选择时应深入调查、全面权衡,综合比较确定。主要应考虑以下几方面因素:

(1) 地形、地质、水文条件。路线应优先选择台地较宽、支沟较少、地质水文条件较好的一岸。

(2) 气候条件。主要是在积雪冰冻地区,阳坡和阴坡、迎风面和背风面的气候条件差异很大,在不影响路线总体布局的前提下,一般走阳坡面和迎风面比较有利,可以减少积雪和流冰对公路行车的影响。

(3) 城镇、工矿和居民点的分布。除高等级公路和国防公路以外,一般路线应选在工矿企业较集中、村镇较多、人口较为密集的一岸,以促进山岭区的经济发展和方便居民出行。

(4) 其他因素,例如为革命史迹、历史文物、风景区等的联系创造便利条件。

具备上述有利条件的一岸即为选线时应走的溪(河)岸,但这些有利条件可能不在一岸,而是交替出现在两岸,此时就需要深入调查,进行技术论证和经济比较,最终确定一个合理的方案。如图5-7所示,某一沿河线开始走条件较好的左岸,但前方遇到两处陡崖。甲方案是对山崖地段进行处理,集中开挖一段石方后,仍坚持走左岸;乙方案是为了避让两处陡崖,而选择了跨河走右岸,但是右岸前方不远处,出现更长、更陡的山崖,还需要重新再换回到左岸,在约3km的路段内,为了跨河,需要修建两座中桥。对上述两方案进行比较,甲方案技术上可行,经济费用较低,作为终选方案。

2) 线位的高度

线位高度涉及路线纵断面线形布局的问题。路线沿岸布设高度,首先须考虑洪水的威胁。不管是高线位还是低线位,均应在设计洪水位以上的一定安全高度。因此,在选线中应认真做好洪水位调查工作,以确保路线必需的最低线位高度。

(1) 低线位:是指高出设计洪水位不多、路基一侧邻水很近的布线方案。

低线位的主要优点是:一般情况有较宽的台地可以利用;地形较好,平面线形较顺适,纵断面不需要较大的填挖,容易达到较高的指标;路线低,填方边坡低,边坡较稳定,路线活动的余地较大,跨溪(河)时利用有利条件和避让不利条件较容易;养护和施工用水、材料运输均较方便。

低线位的主要缺点是:线位低,受洪水威胁大,防护工程较多;低线位多在沟口附近跨越支沟,桥涵较多;路线与农田矛盾较大,处理废方较为困难。

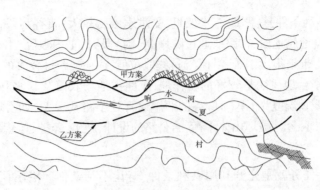

图 5-7 跨河换岸比较线

(2)高线位:是指路线高出洪水位较多,完全不受洪水威胁的布线方案。

高线位的主要优点是:不受洪水影响;废方易于处理;当采用台口路基时,路基比较稳定。

高线位的主要缺点是:路基挖方往往较大、废方多;由于线位高,路线势必随着山形走势绕行,平面线形指标低;跨河时线位高,构造物长、大,工程费用高;支挡、加固工程较多;施工、养护用料和取水较困难。

综上比较,高线位弊多而利少,在洪水位允许、无特殊困难时,一般以低线位为主;当有大段的较高阶地可供利用时,也可结合路线的具体条件,局部路段采用高线位。沿溪(河)线布设时,很难在全线保持一种线位,为了利用有利地形、避让不利地形和地质条件,可能需要交替使用低线位与高线位,此时只要有适宜的升、降坡展线的地段即可。

3) 桥位的选择

沿河线跨越河流分为跨主河与跨支流两种情况。跨支流时的桥位选择一般属于局部方案问题,而跨越主河道时的桥位选择多属于路线布局问题。

跨越主河的桥位往往是确定路线走向的控制点,它与河岸的选择是相互依存的,除需要充分考虑河床的稳定、河面的宽窄及水文地质条件外,还应注意桥位与路线配合,使河的两岸有良好的布线条件。

(1)利用河曲地段跨河。如图 5-8 所示,此时应注意防止河曲地段水流对桥台的冲刷,采取必要的防护措施。

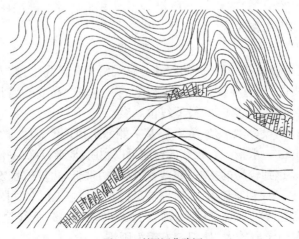

图 5-8 利用河曲跨河

（2）利用 S 形河段跨河,如图 5-9 所示,将跨河位置选在 S 形河段的腰部,使桥头线形得以显著改善。

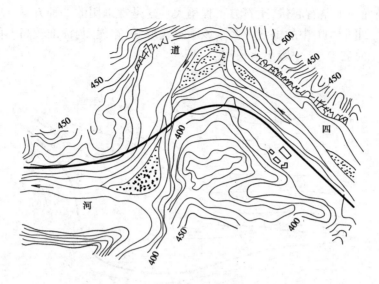

图 5-9　利用 S 形河段跨河(高程单位：m)

（3）改善桥头线形。路线跨越河流,若没有河曲或 S 形河段可利用时,由于沿河线与河谷走向平行,在跨主河时往往形成"之"字形路线,桥头平曲线半径较小,线形差。对于中、小桥,可用适当斜交的方法改善桥头线形,如图 5-10a)所示。

对于大桥,不宜斜交时,可对桥头路线适当处理,形成勺形桥头线,如图 5-10b)所示,可改善桥头线形,争取较大半径。

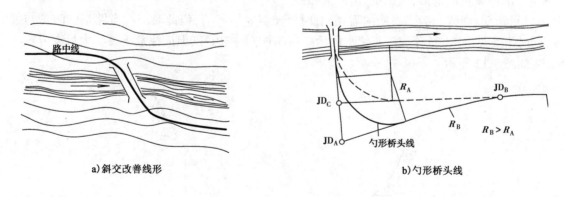

a)斜交改善线形　　　　　　　　　　b)勺形桥头线

图 5-10　桥头线形改善

3. 河谷断面路线的布设

1) 开阔河谷

开阔河谷岸坡平缓,一般在坡、岸之间有较宽的台地,且布有农田。路线可有三种走法：

（1）沿河线,如图 5-11 中的实线方案。路线坡度均匀平缓,并对保村护田有利。但一般路线较长,路基受洪水威胁较大,防护工程大。

(2)傍山线,如图5-11中的点画线方案。该示意占田少,路基远离河岸,故较稳定且无防护工程。但纵断面线形略有起伏,土石方工程稍大。这是常采用的一种方案。

(3)中穿线,如图5-11中的虚线方案。该示意线形好,路线短,标准较高。但占田较多,路基稳定性差,施工时需换土,一般不宜采用。

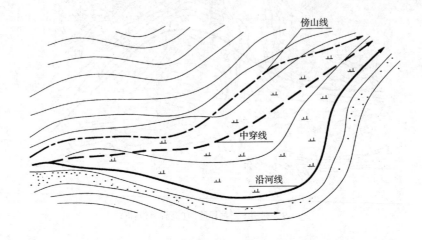

图5-11 开阔河谷路线布设

2)狭窄河谷

这种河谷断面常称为U形河谷,河的两岸多不对称,凸岸陡,而凹岸相对较缓,时而有突出的山嘴,间或出现迂回的深切河曲。其布线方式主要有:

(1)沿河岸自然地形,绕山嘴、沿河湾布线。

(2)按直线布线。为了布线的需要:有时可能需要填河湾,但此时应注意路基的防护与加固,同时不要过多地堵塞河道,而使水位抬高;有时需要挖山嘴,但应注意不要将大量废方置于河中,如图5-12所示。

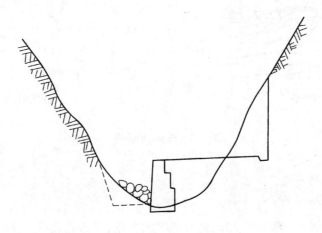

图5-12 狭窄河谷布线方案

3) 陡崖峭壁河谷

(1) 绕避：当岩壁陡峻又很长、路线无法直穿时，只能采取绕避的方式。绕避方案有绕走对岸、绕走岩顶和另找越岭垭口三种方案，如图 5-13 所示。方案Ⅱ需要有适当的展线地形，方案Ⅲ需要附近有适当的越岭垭口。这两种方案的特点是：展线使路线增长，土石方工程也较大。方案Ⅰ避免了上述缺点，但增加了两座桥。

(2) 直穿陡崖峭壁：路线的平面、纵断面均受到岸边山崖的形状和洪水水位的限制，活动余地不是很大，低线位布线时较多采用。根据河床宽窄、水文条件、岩壁陡缓情况，可采用如下方式穿过：

① 与水争路、侵河筑堤。当河床较窄、水流不深（一般岩前水深不超过 2m）且不急，洪、枯水位变化幅度不大，河床主流方向偏向对岸时，可考虑压低路线，侵河筑堤。当河床较窄不宜压缩时，路基填石防护所占用的泄水面积应从对岸河槽开挖中补偿。

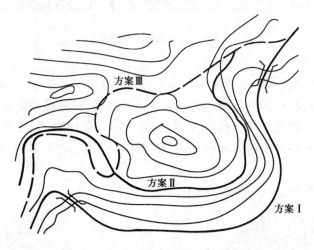

图 5-13 绕避陡崖峭壁的方案

② 采用硬开石壁等特殊措施通过。当岩陡壁高、河床较窄时，可根据地质条件、施工技术力量，通过技术经济比较考虑在石壁上开挖出路基从而形成半山洞，或采用隧道、半山桥及悬出路台等措施通过，如图 5-14 所示。图 5-15 为某公路半山洞示意图。

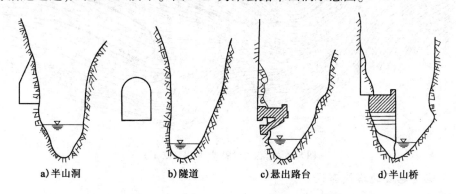

a) 半山洞　　b) 隧道　　c) 悬出路台　　d) 半山桥

图 5-14 采用特殊措施通过陡崖地段布线图

图 5-15　半山洞路线实例

4. 急流及跌水河段

河床纵坡陡峻时,河床纵断面在短距离内突然下落几米至几十米,形成急流、跌水,这时的河床纵坡远远陡于路线纵坡的允许值。为了尽快降低线位,避开陡峻的山腰线,布线时应利用平缓的山坡地形和支谷展线来降低线位,如图 5-16 所示。选线时,要注意放线,以纵坡为主安排路线。这类河段多出现在山区河流的上游,是沿溪(河)线与越岭线的过渡段。

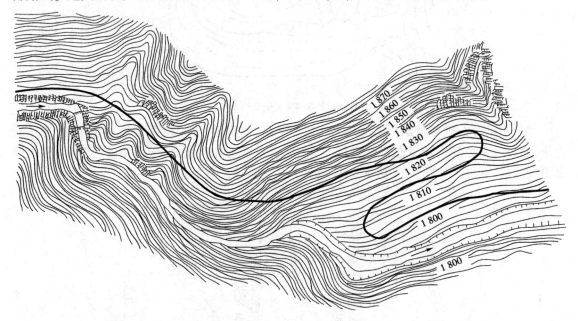

图 5-16　急流河段展线(高程单位:m)

5. 不良地质地段的路线布设

沿河两岸的滑坡、崩塌、岩堆、泥石流等是较为常见的地质病害。路线通过这些地带时,应遵循"避强制弱、加强调查、综合防治"的原则。

三、越岭线

越岭线是指公路走向与河谷及分水岭方向横交时所布设的路线。两个控制点位于山岭的两侧,路线需要由一侧山麓升坡至山脊,在适当的地点穿过垭口,然后从山脊的另一侧降坡而下的路线。

8.越岭线

1.路线特点

路线需要克服很大的高差,路线的长度和平面位置主要取决于路线的安排。因此,在越岭线选线时,是以路线纵断面为主导的。

越岭线的有利条件是布线不受河谷限制,布线较为灵活;越岭线不受洪水威胁和影响,路基稳定,沿线的桥涵及防护工程较少。

越岭线的不利条件是里程较长、线形差、指标低;越岭线的线位高,远离河谷,施工和运营条件较差。

2.布设要点

越岭线布设应解决的主要问题是垭口的选择、过岭高程的确定和垭口两侧路线展线方案的拟订。这三者是相互联系、相互影响的,布设时应综合考虑。

1)垭口的选择

垭口是分水岭山脊上的凹形地带(又称作鞍部),由于其高程低,常常是越岭线的重要控制点。

垭口的选择应在符合路线总方向的前提下,综合各方面因素,根据垭口的位置、高程以及垭口两侧地形、地质等条件反复比较确定。

(1)垭口的位置。垭口位置的选择应在符合路线基本走向的前提下,与两侧路线展线方案一起考虑。首先选择高程较低,而且展线后能很快与山下控制点直接相连的垭口;其次再考虑稍微偏离路线方向,但是接线较顺、增加路线里程不多的垭口。

如图5-17所示,A、B控制点间有C、D两个垭口,从平面位置看,C垭口在AB直线上,D垭口稍微偏离AB直线,但从符合路线的基本走向来看,穿D垭口比穿C垭口反而展线短些,而且平面线形较好。因此,D垭口比C垭口更有优势。

(2)垭口的高度。垭口与其山下控制点的高差,直接影响路线展线长度、工程数量大小及运营条件。在展线条件相同时,垭口降低的高度Δh和缩短的里程Δl有如下关系:

$$\Delta l = 2\Delta h \frac{1}{i_{均}}$$

式中：$i_{均}$——展线的平均坡度。

由上式可知，垭口越低，里程越短。在地形困难的山区，能减少路线长度而节省工程造价和运营费是很难得的。

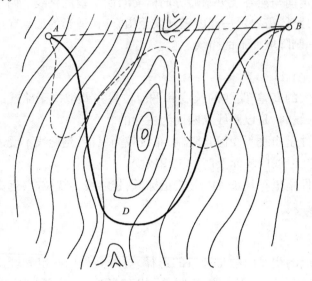

图 5-17　垭口位置的选择

（3）垭口的展线条件。山坡线是越岭线的重要组成部分。而山坡坡面的曲折与陡缓、地质的好坏等情况直接关系到路线的标准和工程量的大小。因此，垭口选择要与侧坡展线条件结合考虑。选择时，如有地质稳定、地形平缓、有利于展线的侧坡，即使垭口位置略偏或垭口较高，也应比较，不要轻易放弃。

2）过岭高程

过岭高程是越岭线布局的重要控制因素。不同的控制高程，不仅影响工程量大小、路线长短、线形标准，而且直接关系到垭口两端的展线布局。如图 5-18 所示，由于选用了不同的挖深，出现了三个展线方案：甲方案浅挖 9m，需设两个回头弯道；乙方案挖深 13m，只需设一个回头弯道；丙方案挖深 20m，不需要设回头弯道，顺山势展线即可。丙方案线形好，路线最短，有利于行车。

（1）决定过岭高程的因素如下：

①垭口及两侧的地形。当过岭地段山坡平缓，垭口又宽厚时，一般宜采用展线的方式翻越山岭。

②垭口的地质条件。垭口通常是地质构造薄弱、常有不良地质现象的山脊凹陷地带。地质条件较差的垭口有以下类型：

a. 松软土侵蚀型垭口：如图 5-19 所示，这是由坡积或沉积形成的土层，经长期侵蚀而形成的山脊低凹地。当土质松软、地下水较严重时，不宜深挖，并在可能条件下尽量绕避。

b. 软弱岩层垭口：如图 5-20 所示，在单斜硬软岩交互层的地带，软岩层经雨水和风化作用长期侵蚀形成的垭口。从外形看，垭口一般不对称。一般岩层外倾侧的边坡渗水性强、稳定性差，常引起顺层滑坡，不宜深挖。

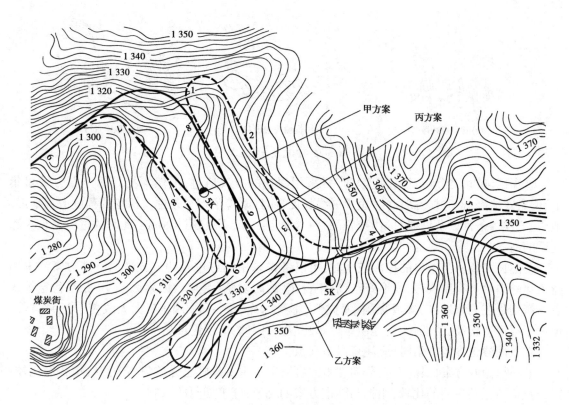

图 5-18　垭口不同挖深时的路线方案(高程单位:m)

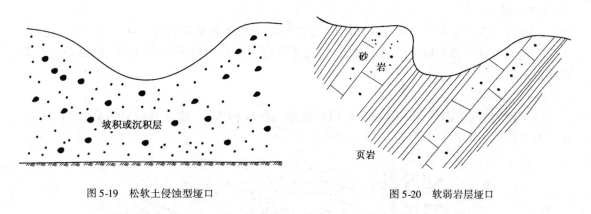

图 5-19　松软土侵蚀型垭口　　　　　　图 5-20　软弱岩层垭口

c. 构造破碎带垭口：由地层褶曲部或断层带经侵蚀风化所形成的垭口，如图 5-21 所示。这类垭口岩层破碎、地表水容易下渗，路基及边坡稳定性差，是地质条件最差的地带。特别是图 5-21b)、c)这两种垭口最为不利。对这类垭口一般应绕避，必须通过时，不能深挖，并结合岩层破碎程度、风化情况、断层及地下水状况慎重决定开挖深度，同时，要采取加固及排水措施。

(2)三种过岭方式如下：

①浅挖低填垭口。当越岭地段的山坡平缓、容易展线、垭口地带的地形宽而且厚时，宜采用浅挖或低填的形式通过，此时过岭高程与垭口高程基本一致。

 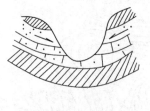 

a) 背斜侵蚀垭口　　　　b) 向斜侵蚀垭口　　　　c) 断层破碎带垭口

图 5-21　构造破碎带垭口

②深挖垭口。当垭口比较瘦削时，常采用深挖的方式通过，虽然深挖处的土石方数量集中，但有效地降低了过岭高程，缩短了展线长度，而且改善了行车条件。深挖的程度应视地形、地质、气候等条件以及展线对过岭高程的要求而定，一般不要超过 20m。此时的过岭高程为深挖后的高程。

③隧道穿越。当垭口的挖深较大时，可以考虑采用隧道过岭的方式作为终选方案。采用隧道穿越山岭具有路线短、线形好、有利于行车、战时隐蔽、受自然因素影响小、路基稳定等优点。特别是在高寒地区，隧道穿山，海拔低，不受冰冻、积雪等的影响，大大改善了运营条件。但由于隧道造价高，工期长，受地质条件影响较大，因此，应经论证后采用。

在采用隧道穿越方案时，应注意以下几点：

a. 必须做好方案比较，有充分的理由方可采用。主要是修建隧道与缩短路线里程的比较；隧道投资与运营费用的比较；明挖与隧道方案的比较；施工期限的限制。

b. 注意地质问题。隧道是在岩土内的地下建筑物，周围岩体的稳定性直接影响隧道的设计、施工和使用。

c. 隧道定位宜选在山脊薄、山坡陡、垭口窄的部位，以缩短隧道长度。

d. 在不过分增加工程造价的情况下，尽可能将隧道高程定得低一些，以改善路线条件，发挥隧道优势。

3）展线布局

(1) 越岭展线的形式。展线就是采用延展路线长度的方法，逐渐升坡克服高差的布线方式。展线的基本形式有三种，如图 5-22 所示。

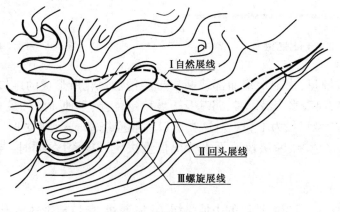

图 5-22　越岭线展线形式

①自然展线:图 5-22 中 I 方案,当山坡平缓、地质稳定时,以适当的纵坡,绕山嘴、沿侧沟来延展路线、克服高差。这种方式的优点是符合路线的基本走向、纵坡均匀、路线短、线形好、技术指标较高。其缺点是路线避让艰巨工程和不良地质的自由度不大。

②回头展线:图 5-22 中 II 方案,利用回头曲线延展路线克服高差。其优点是能在短距离内克服较大的高差,并且用回头曲线布线灵活,利用有利地形避让艰巨工程和地质不良地段的自由度较大。其缺点是平曲线半径小,同一坡面上下线重叠,对施工、行车和养护都不利。图 5-23 所示为利用有利地形布局回头展线的实例。

图 5-23　回头展线实例

回头位置对于回头曲线的线形和工程量大小以及展线布局有很大关系,选择时应多调查、多比较。回头地点在满足展线布局的前提下,宜选在地面横坡平缓、地形开阔、方便上下线路布置的地点;相邻回头曲线间距应尽量拉长,以减少回头的次数,利用时要与纵坡设计相结合,既不因回头位置过高而利用不上,也不要使其位置过低,使纵坡损失过大而增长路线。

一般较肥厚的山包、山脊平台、平缓的山坡、山沟、山坳及岔谷间的缓坡台地是回头的有利地形。如图 5-24 所示的地形均适合布置回头曲线。

③螺旋展线。当路线受到地形、地质限制,需要在某一处集中提高或降低一定高度才能充分利用前后的有利地形时,可以采用螺旋展线的方式。这种展线的路线转角大于 360°。其优点是路线利用有利的山包或瓶颈形山谷,在很短的平面距离内就能克服较大的高差,比回头曲线有更好的线形,避免了路线的重叠。其缺点是需建桥或隧道,工程造价高。

螺旋展线有上线桥跨(图 5-25)和下线隧道(图 5-26)两种方式。

以上三种展线形式中,一般应首先考虑采用自然展线,不得已时采用回头展线,当地形十分困难、又有适宜的山谷或山包等条件时,为在短距离内克服较大的高差,可以考虑使用螺旋展线,但需要进行方案比选。

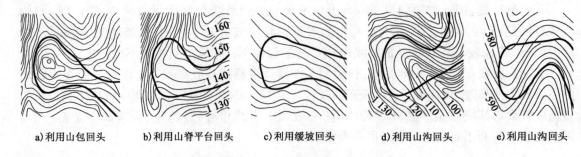

a) 利用山包回头　　b) 利用山脊平台回头　　c) 利用缓坡回头　　d) 利用山沟回头　　e) 利用山沟回头

图 5-24　适合布置回头曲线的地形（高程单位：m）

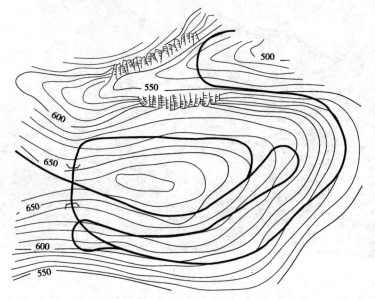

图 5-25　利用山包上线桥跨（高程单位：m）

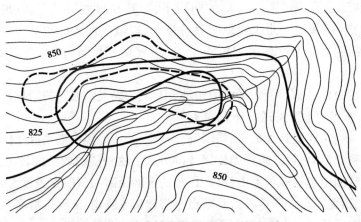

图 5-26　利用瓶颈形山谷下线隧道（高程单位：m）

(2) 展线布局的步骤如下：

①拟订路线的大致走向。在视察或踏勘阶段确定的控制点间，根据地形和地质情况，以坡度为主导，拟订出路线可能的展线方案和大致走法。

②试坡布线。进一步落实初拟方案的可行性和加密控制点,拟订路线的局部方案。试坡通常利用手持水准仪自垭口开始,由上而下,按照符合《标准》要求的某一设计坡度进行放坡。试坡布线中,在必须避让的地物处、不良地质地段、拟设回头曲线处,选择合适的点位。若该点与前后控制点连线构成的纵坡度与设计纵坡基本一致或略小,则选择的点位可以作为中间控制点;若该点与前后控制点连线构成的纵坡度大于设计纵坡,则应调整点位,重新布线。

③分析、落实控制点,决定路线布局。经试坡确定的控制点有固定和活动之分:一种是位置和高程都不能改变的(如工程特别艰巨的地点、某些受限制很严的回头地点、必须利用的桥梁、必须通过的街道等);另一种是位置固定、高程可以活动的(如垭口、重要桥位等);第三种是位置和高程都有活动余地的(如侧沟跨越地点、宽阔平缓山坡的回头地点等)。

3.展线示例

(1)利用山谷展线,如图5-27所示。

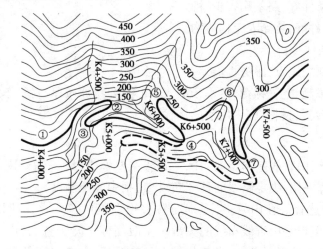

图5-27 利用山谷展线(高程单位:m)

(2)利用山脊展线,如图5-28所示。

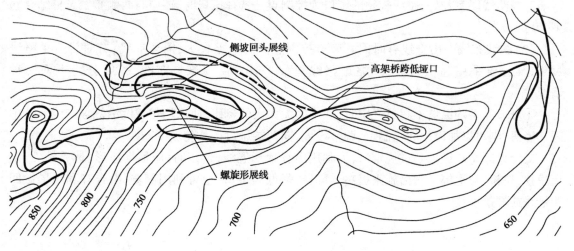

图5-28 利用山脊展线(高程单位:m)

四、山脊线

1. 路线特点

山脊线是指大致沿分水岭方向所布设的路线。山脊线的平面线形随分水岭的曲折而弯曲,纵断面线形随控制垭口间的高差变化而起伏。山脊线一般不单独使用,多与山坡线相结合,作为越岭线垭口两侧路线的过渡段。若采用部分山脊线,必须有适宜的山脊。一般服从路线走向,分水线平顺直缓,起伏不大,岭脊肥厚,垭口间山坡的地形、地质情况较好的山脊是较好的布线条件。

山脊线的有利条件是:

(1)当山脊条件好时,山脊线一般里程短,土石方工程量小;

(2)水文、地质条件好,路基病害少、稳定;

(3)地面排水条件好,桥涵人工构造物少。

山脊线的不利条件是:

(1)线位高,远离居民点,服务性能差;

(2)山势高、海拔高、空气稀薄,冬季云雾大、积雪多、结冰较厚,对行车和养护都不利;

(3)远离河谷,砂石材料及施工用水的运输不便。

2. 布设要点

由分水线作引导,山脊线基本走向明确。布线主要解决以下三个问题:选择控制垭口,决定路线走分水岭的哪一侧,决定路线的具体布设(包括中间控制点)。

(1)控制垭口的选择。在山脊上,连绵布置着很多垭口,每一组控制垭口代表着一个方案。因此,选择控制垭口是山脊线布线的关键。一般当分水岭顺直、起伏不大时,几乎每个垭口均可暂作控制点。如地形复杂,山脊起伏较大且较频繁,各垭口高低悬殊时,则低垭口即为路线控制点,而突出的高垭口可以舍去。在有支脉的情况下,对于相距不远的并排垭口,则选择前后与路线联系较好、路线较短的垭口为控制点。选择垭口时,还应与两侧布线条件结合起来考虑。

(2)试坡布线。山脊线有时因两垭口控制点间的高差较大,需要展线;有时为避免路线过于迂回,要采用起伏纵坡,以缩短路线里程。通常需要试坡布线,一般分为下面两种情况:

①垭口间平均纵坡不超过规定时,如中间无太大的障碍,应以均匀坡度沿侧坡布线。若中间遇障碍,则可以加设中间控制点,调整坡度,向两端垭口按均匀坡度布线。

②垭口间平均纵坡超过规定时,为利用山脊地形展线,选线时:应根据地形、地质条件,采用填挖、旱桥、隧道等工程措施来提高低垭口,降低高垭口;也可利用侧坡、山脊有利地形做回头展线或螺旋展线。

第五节　丘陵区选线

一、丘陵区的自然特征

丘陵区是介于平原区和山岭区之间的地形,其地形特征是山丘连绵、岗坳交错、此起彼伏,山丘曲折迂回,岭低脊宽,山坡较缓,相对高差不大。丘陵区包括微丘和重丘两类地形。

微丘区起伏较小,地面自然坡度在20°以下,山丘、沟谷分布稀疏,坡形缓和,相对高差在100m以内,而且有较宽的平地可以利用。

重丘区起伏频繁,相对高差较大,地面自然坡度在20°以上,山丘、沟谷分布较密,而且具有较深的沟谷和较高的分水岭,路线平面、纵断面部分受地形的限制。

随着丘陵区地形的起伏,地物的变化也较大。一般丘陵区农业都比较发达,土地种植面积广,种类繁多,低地为稻田,坡地多为旱地或经济林,小型水利设施也较多。居民点、建筑群、风景、文物点及其他设施在平坦地区时有出现。这些地点都是布线时应考虑的控制点。

二、路线特征

1. 丘陵区选线的特点

(1) 局部方案多。由于丘陵区的山冈、谷地较多,路线走向的灵活性大,可行的布线方案一般比较多,一条路线的最终确定往往需要经过多方案的比较。

(2) 需要路线平、纵、横三方面相互协调、密切配合。由于丘陵区地形的迂回曲折和频繁起伏,平、纵、横三方面相互之间的约束和影响较大,若三者组合合理,可以提高线形技术标准。

(3) 路基形式以填挖结合为主。由于丘陵区的地形特点决定了路线所经地面常有一定的横坡,但是其横坡一般并不太陡,路线与农林用地和水利设施的矛盾较大。

丘陵区选线应结合地形,合理选用技术指标,使平面适当曲折,纵断面略有起伏,横断面稳定经济。线形指标的变化幅度较大,既不像平原区一般多用高限指标,也不像山岭区多用接近低限指标。

2. 丘陵区路线布设的方式

根据地形情况的不同,一般按三类地带分段布线,其要点是:

(1) 平坦地带——走直线。若两控制点之间的地势平坦,一般按平原区以方向为主导的方式布线。如果没有地物、地质或风景、文物等障碍物,一般应按直线布线。如有障碍等,则应加设中间控制点,以设置转折小、半径较大的长缓曲线为主。

(2) 斜坡地带——走匀坡线。"匀坡线"是指在两点之间,沿自然地形以均匀坡度确定出地面点的连线,如图5-29所示。匀坡线是通过多次试坡后才得到的。当两控制点之间无障碍等因素影响时,可直接按匀坡线布设。若有障碍等,则应在障碍处加设中间控制点,分段按匀坡线控制。

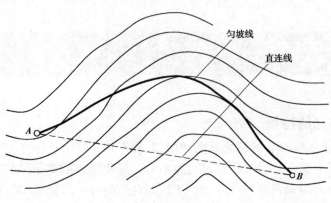

图 5-29 匀坡线

(3)起伏地带——走中间。若起伏地带地面横坡较缓,所谓"走中间"就是路线在匀坡线和直线之间选择平面顺适、纵断面均衡的合理路线。路线两控制点间要通过起伏地带,意味着路线要穿过交替的丘梁坳谷。其中间可能有一组或多组起伏地带。对于多组起伏,只需在中间梁顶(或谷底)加设中间控制点即可。因此,下面着重研究两已知控制点间包括一组起伏地带的情况。如图 5-30 所示,A、B 为两相邻梁顶,中间为一坳谷,构成一组起伏地带。如果路线由 A 至 B 硬拉直线,路线虽然短,但纵坡起伏大,线形差,势必出现高填深挖,增大工程量;如果沿匀坡线走,则纵坡度平缓、均匀,但路线会增长很多,平面线形又差,也不够理想。

如果路线布设于匀坡与直线之间,如图 5-30 中的方案Ⅰ或方案Ⅱ,比直线的起伏小,比匀坡线的距离短,而使用质量有所提高,工程造价有所降低,是较合理的布线方案。至于路线在直线及匀坡线之间的具体位置,要根据公路等级,结合地形作具体分析,从平、纵、横协调的角度来确定。

在起伏较小地带,要在坡度和缓的前提下,再考虑平面和横断面的关系。对于一般低等级公路,为减少工程造价,平面上可迂回一些,即离直线稍远一些;对于较高等级公路,则宁可增加些工程量,尽可能缩短距离,路线位置可离直线近一些。

在较大的起伏地带,高差大的一侧的坡度常常是布线的决定因素。一般以高差大的一侧为主,结合梁顶的挖深或谷底的填高来确定路线的平面位置。

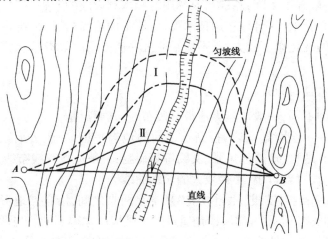

图 5-30 起伏地带路线方案

总之，在丘陵地区选线时，可行方案较多，地面因素也较复杂，方案之间的差异有时不太明显，这就要求选线人员要加强踏勘调查，用分段布线、逐步渐近的方法，详细分析比较，最后选定一条合理的路线。图 5-31 为某一丘陵区路段的方案比较实例。

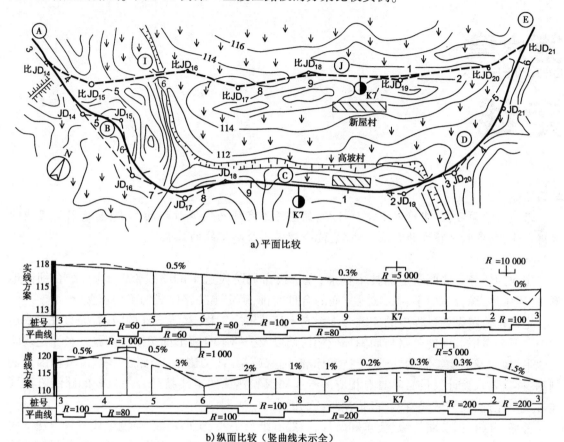

图 5-31　丘陵区路线方案比较图（尺寸单位：m，高程单位：m）

1. 什么是公路选线？
2. 选线的原则和步骤有哪些？
3. 路线方案技术指标比选内容有哪些？
4. 平原区路线布设时，应注意哪些影响因素？
5. 沿溪线应解决的主要问题有哪些？
6. 越岭线应解决的主要问题有哪些？
7. 越岭展线的方法有哪些？什么是自然展线？什么是回头展线？各有何优缺点？
8. 高线和低线各有何特点？
9. 丘陵区选线的特点有哪些？

第六章 定线

学习目标

通过本章学习,应实现以下学习目标:熟悉纸上定线与实地放线的方法;掌握实地定线的常用方法;熟悉纸上移线的方法和步骤;能合理定出公路中线的位置。

定线的任务是按照既定的技术标准,在选线布局阶段选定的路线带范围内,结合细部地形、地质条件,综合考虑平、纵、横三方面的合理安排,确定出公路中线的确切位置。

定线是公路设计过程中的关键一步。它不仅要解决工程、经济方面的问题,而且在定线过程中要充分考虑如何使公路与周围环境相协调以及公路本身线形的美观等问题。公路定线除受地形、地质及地物等制约外,还受技术标准、国家政策、社会影响、公路美学以及其他因素的制约,这就要求设计人员必须具有相应的专业知识和熟练的定线技巧。一个好的路线方案要经过反复比选、反复试线,在众多相互制约的因素中定出来。

公路定线根据公路等级、要求和条件,一般有纸上定线、实地定线、航测定线三种方法。对技术等级高,地形、地质、地物等条件复杂的路线,必须先进行纸上定线,然后把纸上所定的路线敷设到实地上;实地定线就是省了纸上定线这一步,直接在现场实地定线,一般用于公路等级较低和地形条件简单的路线;航测定线是利用航摄相片、影像地图等资料,借助航测仪器建立与实地非常相吻合的光学模型,在模型上直接定线。本章重点介绍纸上定线和实地定线。

第一节 纸上定线和实地放线

一、纸上定线

纸上定线是指在大比例尺(一般1:1000和1:2000)地形图上确定公路中线位置的定线方法。

公路定线按不同的地形条件,所要解决的重点不同。如平原微丘区的地形比较平缓,路线的纵坡一般不受高程限制,定线的重点是如何正确地绕越平面上的障碍,使控制点间的路线顺直短捷;山岭重丘地形复杂,高差大,横坡陡,定线的重点是如何利用有利地形,安排好纵坡,避免工程艰巨和不良地质地段。现以路线平、纵、横面受限制较严的越岭线为例,对纸上定线的方法与步骤阐述如下:

(一)定导向线

纸上定线法的关键在于定导向线。在导向线的确定中,首先需要在地形图纸上,基于路线布局的研究,以及阶段性的重要控制点的地形特点和地质状况,来科学合理地选择诸如山坡或侧沟等的有利地形,这样便于路线方案的拟定,以优化公路定线的有效性。

(1)分析地形,拟定线路走向。在大比例尺地形图上,根据路线的起、终点和中间控制点,仔细分析控制点间的地形、地质及地物情况,选择地势平缓、山坡顺直、河谷开阔及有利于回头展线的地点等,拟定路线各种可能的走向,并进行比较,完成路线的总体布局。

(2)求平距 a,放坡试线。按照要求的设计纵坡(或平均坡度)在实地或地形图上找出地面坡度线的工作叫放坡。根据等高线间距 h 及平均纵坡 $i_{均}$,计算相邻等高线平距:$a = h/i_{均}$,将卡规开度放到 a,进行纸上放坡,如图6-1所示。

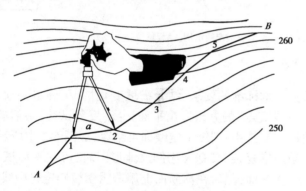

9.选线步骤

图6-1 纸上放坡示意图(高程单位:m)

图6-2为某回头曲线纸上定线实例,A、B、C 为控制点,按上述方法放出坡度线 A、a、b、c、d、$\cdots$、D。若放坡自 A 点开始,不能到达控制点 B 附近时,说明路线方案不能成立,应修改方案,改动控制点,重新放坡,至放坡后能到达 D 点附近为止。

(3)确定中间控制点,分段调整纵坡,定导向线。分析研究坡度线 A、a、b、c、d、$\cdots$、D,检查其利用地形和避让障碍的情况,进一步移动线位,确定中间的控制点。如图6-2所示,C 处从陡崖中间穿过,B 处有利的回头地点也没有利用上(偏低),如将这两处位置向上方移动,定 B、C 为中间控制点,即可分为 AB、BC、CD 三段,分别调整坡度重新放坡,得出 A、a'、b'、c'、d'、$\cdots$、D,该折线称"导向线"。

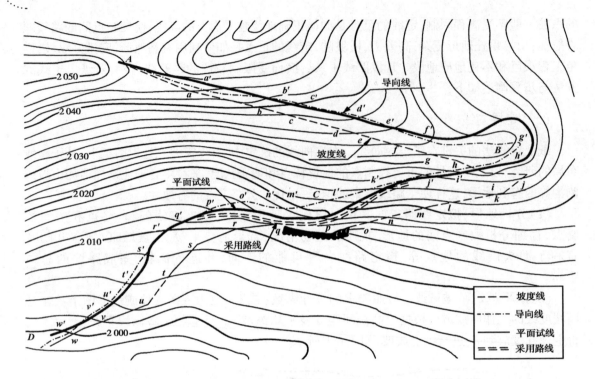

图 6-2 纸上放坡定线示例(高程单位:m)

(二)修正导向线,定平面试线

导向线仍是条折线,还应根据技术标准的要求,结合横坡变化情况,确定必须通过的点作修正导向线,然后用"以点连线,以线交点"的办法定出平面试线,反复试线,最后确定出交点。如地形变化不大,采用的地形图比例又较小,则纸上定线即可结束,如图 6-2 中所示的粗实线。

为了使路线更为经济合理,当地形复杂、又有大比例尺地形图时,可在平面试线的基础上敷设曲线,确定中桩,作出纵断面、横断面,然后在横断面上用透明模板确定路中线的最佳位置(经济点位置或控制点位置),分别按不同性质用不同符号绘于平面图上,这些点的连线则是一条具有理想纵坡、横断面位置最佳的平面折线,称为二次导向线。再进一步根据第二次导向线对路线线位局部进行修改,最后定出线位,如图 6-2 中的"采用路线"。

纸上定线的过程是一个反复试线、比较,逐步趋于完善的过程。定线时要在满足标准的前提下结合自然条件,综合考虑平、纵、横,反复进行调整,直到满足要求为止。

二、实地放线

根据纸上确定的路中线与导线(或地物特征点)关系,即可将路线位置钉设到实地。

实地放线方法很多,常用的有穿线交点法、拨角法、直接定交点法和坐标法。

(一)穿线交点法

穿线交点法是根据平面图上路线与导线的关系,将纸上路线的各条边独立地放到实地,延长直线即可在实地放出交点,具体做法有以下两种。

1. 支距法

如图 6-3 所示,欲放出 JD,可按以下步骤进行:

(1)在图上量取支距,如图中导1—A、导2—B、导3—D 等,量取时每条边至少应取 3 点,以便核对,并且尽可能使这些点在实地能相互通视。

(2)在实地放支距。用皮尺和方向架(或全站仪)即可按所量支距定出路线上各点,如图中 A、B、D…各点,插上花杆。

(3)穿线交点。一般用花杆穿线的方法延长各直线即可交出点 JD,路线直线很长时,可用全站仪延长交会。最后现场检查线位是否合适,再适当修改,确定路线位置。

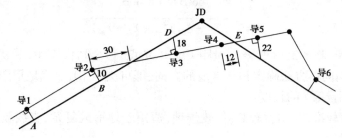

图 6-3 支距法放线(尺寸单位:m)

支距法简便易行,较常用,多适用于地形不太复杂,地物障碍少,不需要用坐标控制,路线与导线相距不远的情况。

2. 解析法

解析法是用经纬距计算图上路线与导线关系,再按极坐标原理在实地放出各路线点的方法。其步骤如下:

(1)计算路线与导线的夹角。如图 6-4 所示,欲确定 JD_A—JD_B 的方向,必须计算其夹角 γ 和距离 l。从平面图上可量出交点 JD_A、JD_B 的经纬距 (Y_A, X_A)、(Y_B, X_B),则 JD_A—JD_B 的象限角可按下式计算:

$$\tan\alpha = \frac{Y_B - Y_A}{X_B - X_A} = \frac{\Delta Y}{\Delta X}$$

导1—导2 的象限角 β 已知,则 JD_A—JD_B 与导1—导2 的夹角:

$$\gamma = \alpha - \beta$$

计算时要注意经纬距的正负号,即经距东正西负,纬距北正南负。

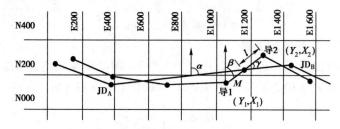

图 6-4 解析法放线示意图(单位:m)

(2)计算距离 l。导线与路线交点 M 的位置可由 l 来确定,先计算 M 点的经纬距 (X_M, Y_M),解以下联立方程即可:

$$\frac{Y_B - Y_M}{X_B - X_M} = \frac{Y_M - Y_A}{X_M - X_A}$$

$$\frac{Y_2 - Y_M}{X_2 - X_M} = \frac{Y_M - Y_1}{X_M - X_1}$$

式中:(Y_1, X_1)、(Y_2, X_2)——导1、导2的经纬距;

(Y_A, X_A)、(Y_B, X_B)——JD_A、JD_B的经纬距(可由平面图上量得)。

由此,即可计算导2至M点的距离:

$$l = \frac{X_2 - X_M}{\cos\beta} = \frac{Y_2 - Y_M}{\sin\beta}$$

$$l = \sqrt{(X_2 - X_M)^2 + (Y_2 - Y_M)^2}$$

(3)放线。置镜于导2,后视导1,量距l定出M点,移全站仪于M,后视导2,拨角γ定出JD_A、JD_B的方向,用同样方法确定相邻直线的方向,即可交出JD_A。当地形图比例较大时,亦可从图上直接按比例量取l的长度。

用解析法计算较准确,精度较高,但较烦琐,适用于地形较复杂、直线较长、线位控制要求较高的情况。

(二)拨角法

拨角法是根据图上求得的经纬距计算每条线的距离、方向、转角和各控制桩的里程,按此资料直接拨角量距定出交点,不必再穿线定点。现举例说明步骤如下。

(1)内业计算。路线各直线的长度、象限角的计算与解析法相同(图6-5)。

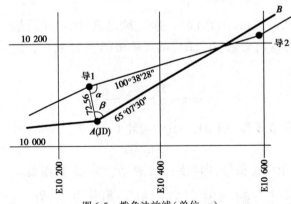

图6-5 拨角法放线(单位:m)

计算路线起点A与导线的关系。

已知导1的经纬距为$Y_1 = 10\ 259$,$X_1 = 10\ 117$,导1—导2的象限角为N72°14′07″;从平面图上量得A、B的经纬距为$Y_A = 10\ 268$,$X_A = 10\ 045$,$Y_B = 12\ 094$,$X_B = 11\ 186$。导1—A的象限角为:

$$\tan\alpha_A = \frac{Y_A - Y_1}{X_A - X_1}$$

$$\alpha_A = \arctan\frac{10\ 268 - 10\ 259}{10\ 045 - 10\ 117} = S7°07′30″E$$

A—B的象限角为:

$$\alpha_B = \arctan \frac{12\ 094 - 10\ 268}{11\ 186 - 10\ 045} = N58°00'00''E$$

$$\alpha = 180° - (7°07'30'' + 72°14'07'') = 100°38'23''$$

$$\beta = 58°00'00'' + 7°07'30'' = 65°0'730''$$

按上述方法依次计算各边的象限角、转向角、距离，列表以供放线之用。

$$导1—A 的距离 = \frac{X_A - X_1}{\cos\alpha_A} = \frac{10\ 045 - 1\ 017}{\cos 7°07'30''} = 72.56(\text{m})$$

(2) 外业放线。先由导1，按夹角 α 和距离 l 定出路线起点 A，在 A 点置镜拨角即可定出 AB 方向，以后直接定出各交点 B、C 点。

拨角法计算较烦琐，但外业工作无须穿线，速度较快。其放线精度受原始资料的可靠程度和放线累计误差影响大。为了减小累计误差，可与穿线点法配合使用。

(三) 直接定交点法

在地形平坦、视线开阔、路线受限不严重时，路线位置可直接根据明显目标地物确定，如图 6-6 中交点 JD，即可由桥头和房角的相对距离 (50m 和 35m) 量距交会确定。

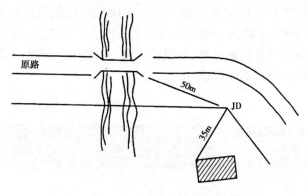

图 6-6　直接定交点法放线

(四) 坐标法

通过坐标计算，可编制成逐桩坐标表，根据实地控制导线就可以将路线敷设在地面上。按各级公路对放线精度的要求和测设仪具条件可选用不同的放线方法。一般来讲，坐标放线法使用常规测设仪具 (指普通经纬仪、钢卷尺等) 十分困难，且效率低、质量差，难以达到精度要求。这里只介绍以全站仪为测设手段的两种方法。

1. 极坐标放线法

极坐标放线的基本原理是以控制导线为依据，以角度和距离定点。如图 6-7 所示，在控制导线点 T_i 置仪，后视 T_{i-1} (或 T_{i+1})，待放点为 P。图 6-7a) 为采用夹角 J 的放点，图 6-7b) 为采用方位角 A 的放点。只要算出 J 或 A 和置仪点 T_i 到待放点 P 的距离 D，就可在实地放出 P 点。

设置仪点的坐标为 $T_i(X_0, Y_0)$，后视点的坐标为 $T_{i-1}(X_h, Y_h)$，待放点的坐标为 $P(X, Y)$。放线数据 D、A、J 可按直线形定线法计算，据此拨角测距即可放出待定点 P。

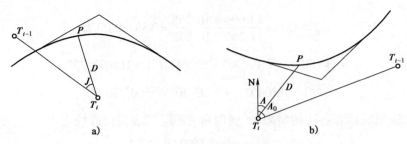

图 6-7 极坐标放线示意图

2. 坐标放线

此法的基本原理与极坐标法相同,它利用现代自动测量仪的坐标计算功能,只需输入有关点的坐标值即可,现场无须进行任何手工计算,而是由仪器内电脑自动完成有关数据计算。放线的具体操作步骤如下:

(1) 在置仪点 T_i 安置仪器,后视 T_{i-1} 点;

(2) 键入置仪点和后视点坐标 $T_i(X_0, Y_0)$、$T_{i-1}(X_h, Y_h)$,完成定向工作;

(3) 键入待放点坐标 $P(X, Y)$;

(4) 转动照准头使水平角为 $0°00'00''$,完成待放点 P 定向;

(5) 置反射镜于 P 点方向上,并使面板上显示 0.000m 时,此点即为 P 点的精确点位。

重复(3)~(5)步,可放出其他中桩位。当改变置仪点的位置后,要重复(1)~(5)步。坐标法放线数据全部来自精确计算,放线精度高,可用于直线或曲线的标定。因此,坐标法适用于直线形定线法和曲线形定线法。

第二节　实地定线

实地定线又称直接定线或现场定线。根据实地控制定线主导因素的不同,可采用以点定线和放坡定线两种方法。

一、以点定线

当路线不受纵坡限制时,定线以平面和横断面为主要考虑因素。其要点是:以点定线,以线交点。以点定线,就是在全面布局和逐段安排确定的控制点间,结合各方面因素进一步确定影响公路中线位置的小控制点,然后按照这些小控制点,大致穿出公路中线的方法。以线交点,就是在已定小控制点的基础上结合路线标准和前后路线条件,穿出直线,并延长交出交点。

1. 控制点的加密

在两控制点之间,一般不可能作直线(特别是地形困难、等级较低的公路),常常需要设置交点,使路线转弯,从而避开障碍物,利用有利地形,以达到经济合理的目的。加密控制点,就是在实地寻找控制和影响公路中线位置的具体点位。一般小控制点有经济性和控制性两种控制点。

（1）经济性控制点。这类控制点主要是在路线穿过斜坡地带,考虑横向填挖平衡或横向施工经济(有挡土墙及其他加固边坡时)因素而确定的小控制点。如图6-8中Ⅱ—Ⅱ中线位置,使挖方面积和填方面积大致相等,这时的线位即为经济控制点。由于这类点仅从横向施工经济出发控制线位,它只能作为穿线定点的参考位置。

（2）控制性的点。这类控制点是受艰巨工程、不良地质、地物障碍、路基边坡稳定等因素限制所确定的公路中线位置。如图6-9是几个主要因素对线位影响的示意。从图中可看出,控制点的位置还与路基的形状尺寸、加固方式、通过不良地质地段的工程控制、地表形状、路基设计高程等因素有关。定线时,应综合考虑这些因素,合理确定小控制点的位置。

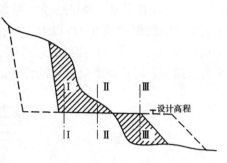

图6-8 横断面经济位置

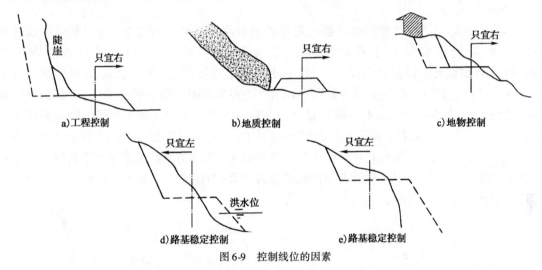

图6-9 控制线位的因素

2. 穿线定点

一方面,受各种因素限制的平面位置控制点比较多,而且这些点在平面上的分布又没有一定的规律;另一方面,路线受技术标准和平面线形组合的限制,不可能照顾到每一个控制点。因此,穿线定点就是根据技术标准和线形组合的要求,满足控制点和照顾多数经济点,前后考虑,用穿线的办法延长直线,交出转角点。

二、放坡定线

当两控制点间高差较大,路线受纵坡限制时,定线应以纵坡为主导,采用放坡定线。

1. 放坡

按照要求的设计纵坡(或平均坡度)在实地找出地面坡度线的工作叫放坡。

在山岭重丘区路段,天然地面坡度角均在20°以上,而设计纵坡(或平均纵坡)有一定要求,如图6-10所示,路线由 A 点到 B 点,如果沿最大地面自然坡度方向 AB 前进,将使路线上不去,显然不可能实施。如果路线沿等高线走(AC 方向),虽然纵坡平缓,但方向偏离,达不到上山目的,因此,就需要在 AB 和 AC 方向间找到 AD 方向线,使其地面坡度正好等于设计坡度(或平均坡度)$i_{均}$,这样既使路线纵坡平缓,又使填挖数量最小,寻求地面坡度等于设计坡度线(或平均坡度)$i_{均}$ 的工作就是放坡的任务。

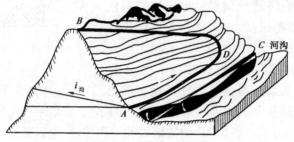

图 6-10 放坡原理示意图

2. 放坡定线

(1)作修正导向线。放坡后的坡度点就是概略的路基设计高程位置,而实地路中线的位置对于路基的稳定和填挖工程量影响很大,如图 6-11 所示,如果中线在坡度点下方[图 6-11a)],则横断面以路堤形式为主,若中线正好通过坡度点[图 6-11b)],则横断面以半填半挖形式为宜,若中线在坡度点上方[图 6-11c)],则横断面以路堑形式为主。因此,根据坡度线(如图 6-12 中所示的 $A_0A_1A_2\cdots$ 线),结合地面横坡考虑路基稳定和工程经济即可确定出合适的中线位置,并插上花杆(或标志),如图 6-12 中的 $B_0B_1B_2\cdots$ 连线,叫修正的导向线。根据经验,一般情况下:当地面横坡在1∶5以下时,中线在坡度点上下方对路基稳定和工程经济影响不大;当地面横坡为 1∶5~1∶2时,中线与坡度点以重合为宜;当横坡大于 1∶2时,中线宜在坡度点上方,以形成全挖的台口式断面为好。

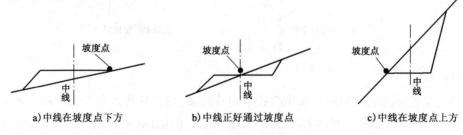

a)中线在坡度点下方　　b)中线正好通过坡度点　　c)中线在坡度点上方

图 6-11 中线与坡度点在横断面上的位置

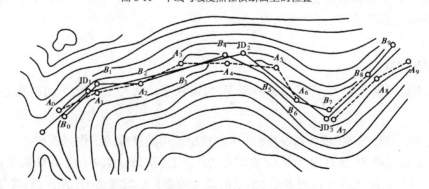

图 6-12 放坡定线示意图

(2)穿线交点。修正导向线 $B_0B_1B_2\cdots$ 是具有合理纵坡、在横断面上位置最佳的一条折线,但它不能满足平面线形标准的要求,这就要根据标准要求,尽可能靠近或穿过导向线上的点,裁弯取直,使平、纵、横三方面恰当结合,穿出与地形相适应并符合标准的若干直线,各相邻直线相交即可确定交点 JD_1、JD_2、JD_3 等。选线时要反复插试,逐步修改,才可能定出合理的线位。

三、定平曲线

经过穿线交点确定了路线的交点位置,在交点处还需要根据标准结合地形、地物及其他因素选择适宜的平曲线半径,控制曲线线位。

1. 单交点法

单交点法是实地定线最常用的方法之一。它是用一个交点来确定一段平曲线的插设曲线方法。适用于一般转角不大,实地能直接钉设交点的情况。

半径 R 的大小直接影响曲线线位,如图 6-13 所示,当转角较大,不同半径可能使曲线线位相差几米甚至几十米。线位的移动将直接影响线形、工程数量及路基稳定。确定半径时,一般结合地形和其他因素按以下控制条件来选择。

(1)外距控制(曲线中点控制)。如图 6-14 所示,根据弯道内侧的固定建筑物,确定曲线 A 点是不与其发生干扰的控制点,然后用皮尺量出控制的外距值 E,并测出转角 θ,即可反复确定半径。

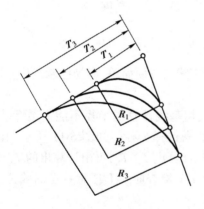
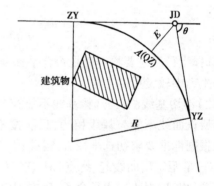

图 6-13　半径对线位的影响　　　　图 6-14　外距控制曲线半径

(2)切线控制(曲线起、终点控制)。有时为了控制曲线起、终点位置,要求曲线的切线长为一定值,比如相邻的反向曲线间要求有一定长度的直线,或者要求桥头或隧道洞口在直线上等,这时曲线半径就由控制的切线长来选定。

(3)曲线长控制。当路线转角较小时,为使曲线长度满足最短曲线长度 L_{min},则曲线半径最小值可反复确定。

(4)曲线上任意点控制。如图 6-15 所示,有时路线由于桥涵人工构造物位置或原路改建的要求,控制曲线必须从任意点 A 通过时,可用试算法选择半径。其方法是:实地量出JD至 B 点的距离和要求的支距(BA),初选半径 R,用试算法确定。

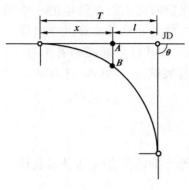

图 6-15　曲线上任意点控制

(5) 按纵坡控制。当路线纵坡紧迫时,为使弯道上合成纵坡不因曲线半径太小而超过规定值,这时,应根据已定的纵坡和合成纵坡标准值来反算出超高横坡,再按控制的超高横坡求得最小控制半径。

2. 双交点法(虚交点法)

当路线偏角很大及交点受地形或地物障碍限制,无法钉设交点时(图 6-16),可在前后直线上选两个辅助交点 JD_A、JD_B 来代替交点 JD,敷设曲线,选择半径。JD_A 与 JD_B 的连线叫基线。具体做法可有两种:

(1) 切基线法:当选择基线可以控制曲线位置,能使所定曲线与基线相切时,叫切基线法。如图 6-16 所示,GQ 为公切点,量出转角 θ_A、θ_B 和基线长度 AB 后可反算半径。

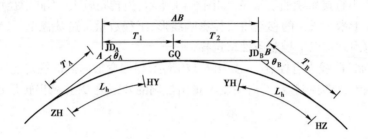

图 6-16　切基线的双交点法

选择半径后还要检查其是否合乎标准的要求。切基线法方便简单,容易控制线位,计算容易,是生产中较常用的方法。

(2) 不切基线法:当选择基线不能控制曲线线位或切基线计算的半径不能满足标准要求时,则所设曲线不能与基线相切,只能按不切基线办法来选择半径。如图 6-17 所示,其方法是:先根据标准要求初选半径 R,测量 θ_A、θ_B 和基线 AB,计算出 T_A、T_B,再由计算出的 T_A、T_B 和 JD_A、JD_B 量距定出曲线起、终点 ZH、HZ,并用切线支距 x、y 检查曲线上任意一点的线位,如与实际情况相符,则所选半径合适,反之则应再调整、计算。

3. 回头曲线定线法

一般来讲,有回头曲线的地方,路线受地形约束较大,主曲线和辅助曲线的平面、纵断面控制较严,定线时稍有不慎会对线形和工程数量影响很大,插线时必须反复试线,才能得到满意的结果。回头曲线定线的方法很多,通常采用切基线的双交点定线。

按照放坡的导向线,先确定辅助曲线交点 JD_1、JD_2 和上下线位置,如图 6-18 所示,然后反复移动基线 JD_A—JD_B 控制确定主曲线,直到满意为止。其具体方法同切基线的双交点法。

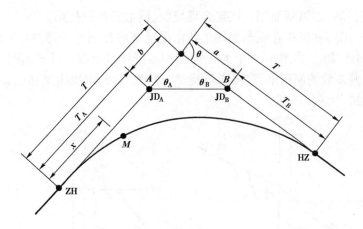

图 6-17　不切基线的双交点法

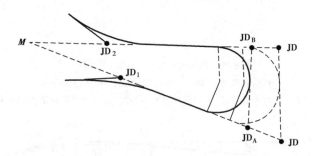

图 6-18　回头曲线定线(双交点法)

第三节　纸上移线

现场实地定线时,往往由于地形复杂,定线人员因视野受到限制或产生错觉,难免发生个别路段线位定得不当的情况。纸上移线是修改局部路线的有效方法。

一、纸上移线的条件

(1)路线平面标准前后不协调,需要调整转角点位置、改变半径,或室内定坡后发现局部地段工程量过大时。

(2)路线位置过于靠山,挖方边坡太高,对稳定不利;或过于靠外,挡土墙较高,砌石工程太大,移改线位后能节省较大的工程量时。

(3)增加工程量不大,但能显著提高平、纵线形标准时。

二、纸上移线的方法与步骤

(1)绘制移线地段的大比例尺(一般用1∶200~1∶500)路线图,注出各桩位置。

(2)依据移线目的,在纵断面图上试定合理坡度,读取各桩填挖值。

(3)根据填挖,用路基模板在横断面图上找出最经济或控制性的路基中心线位置,量取偏离原中心线的距离即移距,如图6-19中的a,分别用不同符号点在路线平面图上。参照这些符号,在保证重点照顾多数的原则下,经多次反复试定修改,直到定出满足移线要求、线形合理的移改导线,如图6-20中虚线所示。

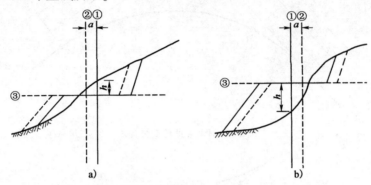

图6-19 用不同符号、点在路线平面图上
h-填挖高度;a-最佳中心位置偏离原中心线的距离
注:①表示未移动前路基中心线;②表示最佳路基中心线;③表示对原桩填挖值的水平线。

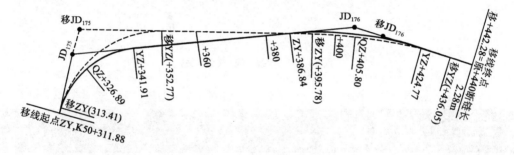

图6-20 纸上移线平面图(单位:m)

(4)用正切法量算各交点转角。移线与原线的角度要闭合,否则需进行调整,首先调整短边和角值小的转角。拟定半径、计算曲线要素并给出平曲线。量原线各相邻桩横断方向线切割移线的实际长度(这些长度之和在曲线段内应等于曲线的计算长度,在直线段应等于曲线间的直线长),据此推算移线上的新桩号,量原线各桩移距,连同新老桩号一并记入移距表中。算出断链长度,注于接线桩处。

(5)按移距在横断面图上给出移线中心线位置,注上新桩号,读取新老桩比高。

(6)根据比高,用虚线在原纵断面图上点出移线的地面线和平曲线,重新设计纵坡和竖曲线。

(7)按移线的桩号、平曲线、坡度、竖曲线等资料编制"路基设计表",表中地面高程仍为原桩高程,将移线的平曲线起、终点桩号填在"备注"栏里。

(8)设计路基,计算土石方数量。

纸上移线示例如图6-20~图6-22和表6-1~表6-3所示。

纸上移线的资料主要从原线的横断面上取得,由于一般横断面施测范围有限,且离中线越远误差越大,移距不能太大,一般以小于5m为宜。移距很大时,应在定出移改导线后,实地放线重测。

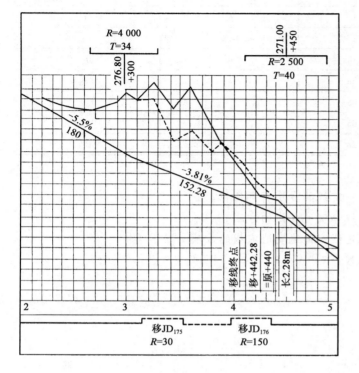

图 6-21 纵断面图(单位:m)

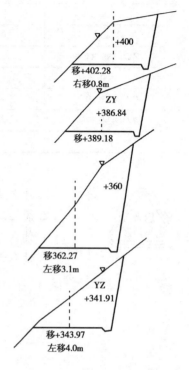

图 6-22 横断面图(单位:m)

原曲线表

表 6-1

JD	αz	αy	R	T	L	E
175		68°49′	25	17.12	30.03	5.30
176		21°44′	100	19.20	37.93	1.83

移线曲线表

表 6-2

JD	αz	αy	R	T	L	E
175		75°10′	30	23.09	39.36	7.86
176		15°23′	150	20.26	40.27	1.36

移距表

表 6-3

原桩号	移线桩号	左	右
ZYK50+311.88	K50+311.88	0	0
QZ+326.89	+328.19	1.3	
YZ+341.91	+343.97	4.0	
+360	+362.27	3.1	

续上表

原桩号	移线桩号	左	右
+380	+382.27	0.8	
ZY+386.84	+389.18	0	0
+400	+402.28		0.8
QZ+405.80	+408.08		0.9
YZ+424.77	+427.05		0.2
+440	+442.28	0	0

1. 什么是定线？定线的方法有哪几种？
2. 简述纸上定线和实地放线的方法。
3. 什么是实地定线？简述实地定线的方法。
4. 什么是纸上移线？

第七章 公路外业勘测

学习目标

通过本章学习,应了解公路初测(初步测量)、定测(定线测量)的目的和任务;熟悉公路初测、定测各作业组的工作内容;能进行公路初测、定测阶段外业测量及外业资料整理;培养团队协作和爱岗敬业精神。

公路勘测工作是公路工程设计的基础,而公路工程设计又是施工的依据和基础,公路勘测质量的好坏对整个公路建设质量的好坏起着决定性的作用。因此,在公路勘测中,必须深入全面地进行调查研究,实事求是,精心勘测,注重技术经济效益,同时考虑对环境和社会的影响,为设计提供准确、完整的数据和资料,以保证设计文件的高质量,为施工奠定坚实的基础。

为确保公路工程勘测设计的质量,交通运输部于2015年颁布了《公路工程建设项目招标投标管理办法》该办法规范了公路工程建设项目招标投标活动。

第一节 公路初测

一、公路初测的目的、任务及准备工作

(一) 目的和任务

初测是两阶段设计和三阶段设计中第一阶段(初步设计阶段)的外业勘测工作。

初测的目的是根据批复的《工程项目可行性研究报告》所拟订的修建原则和路线基本走向方案,通过现场对各比选方案的勘测,从中确定采用方案,并搜集编制初步设计文件所需的勘测资料。

初测的任务则是要对路线方案作进一步的核查落实,并进行导线、高程、地形、桥涵、隧道、

路线交叉和其他资料的测量、调查工作,进行纸上定线和有关的内业工作。

(二)准备工作

1. 搜集资料

为满足初测乃至初步设计的需要,初测前应搜集和掌握以下基本资料:

(1)可供利用的各种比例地形图、航测图,国家及有关部门设置的三角点、导线点、水准点资料。

(2)沿线自然地理概况、工程地质、水文、气象、地震基本烈度等资料。

(3)沿线农林、水利、铁路、公路、航运、城建、电力、通信、文物、环保等有关部门与本路有关系的规划、设计、规定及科研成果等资料。

(4)对于改建公路还应收集原路的测设、施工、养护及路况等档案资料。

2. 室内研究路线方案

根据工程可行性研究报告拟订的路线基本走向方案,在地形图上研究各可行方案,经过初步比选路线方案,拟订出需要勘测的方案(包括比较线)及现场需要重点调查和落实的问题。

3. 现场踏勘

初测前,应组织路线、地质、桥隧等主要专业人员,必要时,邀请当地政府和有关部门派员参加现场路线方案的核查工作。核查的主要内容和要求如下:

(1)核查所搜集的地形图与沿线地形、地物有无变化,对拟订的路线方案有无干扰,并研究相应的路线调整方案。

(2)核查沿线居民的分布、农田水利设施、主要建筑设施,并研究相应的路线调整方案。

(3)核查各种地上和地下管线、重要历史文物、名胜古迹、旅游风景区、自然保护区等,应注意路线布设后,对环境和景观的影响。

(4)对沿线重点工程和复杂的大、中桥、隧道、互通式立体交叉等,应逐一核查落实其位置与设置条件。

(5)了解沿线主要建筑材料的产地、质量、储量和采运条件,对缺乏的筑路材料应提供解决的途径。

(6)核查工作应与当地政府或主管部门取得联系,对重要的路线方案、对地方规划或设施有干扰的方案,应征求相关部门的意见。

4. 其他资料调查

(1)了解沿线地形情况,拟订路线方案的地形分界位置。

(2)了解沿线涉及测量现场的地形、地貌、地物、通视、通行等情况;拟订勘测工作的困难类别。

(3)调查沿线生活供应、交通条件等情况。

5. 资料整理

通过收集资料和现场的核实调查,应提供如下资料:

(1)根据已掌握的资料,概略说明沿线的地形、河流、工程地质、水文地质、气象等情况,指出采用路线方案的理由,提供沿线主要工程和主要建筑材料情况,提出勘测中应注意的事项,以及需要进一步解决的问题等。

(2)估计野外工作的困难程度和工作量,确定初测队伍的组织及必需的仪具和其他装备,并编制野外工作计划和日程安排。

(3)提出主要工程(如桥涵、隧道、立交等)的工程地质勘察工作量和要求。

二、初测的内容与步骤

初测由外业测量队分组进行,主要内容、步骤及要求如下。

1. 平面控制测量

(1)公路平面控制测量,包括路线、桥梁、隧道及其他大型建筑物的平面控制测量。平面控制网的布设应符合因地制宜、技术先进、经济合理、确保质量的原则。

(2)路线平面控制网是公路平面控制测量的主控制网,沿线各种工点平面控制网应联系于主控制网上,主控制网宜全线贯通,统一平差。

(3)可采用全球导航卫星系统(GNSS)测量、三角测量、三边测量和导线测量等方法建立平面控制网。

(4)各级公路、桥梁、隧道及其他建筑物的平面控制测量等级的确定,应符合表7-1的规定。

平面控制等级 表7-1

高架桥、路线控制测量	多跨桥梁总长L(m)	单跨桥梁L_K(m)	隧道贯通长度L_G(m)	测量等级
—	$L \geq 3\,000$	$L_K \geq 500$	$L_G \geq 6\,000$	二等
—	$2\,000 \leq L < 3\,000$	$300 \leq L_K < 500$	$3\,000 \leq L_G < 6\,000$	三等
高架桥	$1\,000 \leq L < 2\,000$	$150 \leq L_K < 300$	$1\,000 \leq L_G < 3\,000$	四等
高速、一级公路	$L < 1\,000$	$L_K < 150$	$L_G < 1\,000$	一级
二、三、四级公路	—	—	—	二级

(5)采用"现场定线法"进行初测的导线或中线,应根据地形变化钉设加桩,以供测绘地图使用。

(6)应利用路线经过地区已有国家或其他有关部门的平面控制资料,但应做好以下工作:

①对原有控制点进行检测;

②控制测量的坐标系统与本路的坐标系统不一致时,应进行换算;

③原有平面控制点不能满足公路放线要求时,应按规定予以加密。

2. 高程测量

(1)公路高程系统宜采用国家统一的高程基准。同一条公路应采用同一个高程系统,不能采用同一系统时,应给定高程系统的转换关系。独立工程或三级以下公路联测有困难时,可采用假定高程。

(2)公路高程测量采用水准测量。在进行水准测量确有困难的山岭地带和沼泽、水网地区以及四、五等水准测量可用光电测距三角高程测量。

(3)各级公路及构造物的水准测量等级应按表7-2选定。

公路及构造物的水准测量等级　　　　　　　　表 7-2

高架桥、路线控制测量	多跨桥梁总长 $L(m)$	单跨桥梁 $L_K(m)$	隧道贯通长度 $L_G(m)$	测量等级
—	$L \geq 3\,000$	$L_K \geq 500$	$L_G \geq 6\,000$	二等
—	$1\,000 \leq L < 3\,000$	$150 \leq L_K < 500$	$3\,000 \leq L_G < 6\,000$	三等
高架桥、高速、一级公路	$L < 1\,000$	$L_K < 150$	$L_G < 3\,000$	四等
二、三、四级公路	—	—	—	五等

(4)水准测量的精度应符合表 7-3 的规定。

水准测量的精度　　　　　　　　表 7-3

等级	每公里高差中数误差(mm)		往返较差、附合或环线闭合差(mm)		检查已测测段高差之差 (mm)
	偶然中误差	全中误差 M_W	平原、微丘	重丘、山岭	
二等	±1	±2	$\leq 4\sqrt{L}$	$\leq 4\sqrt{L}$	$\leq 6\sqrt{L_i}$
三等	±3	±6	$\leq 12\sqrt{L}$	$\leq 3.5\sqrt{n}$ 或 $\leq 15\sqrt{L}$	$\leq 20\sqrt{L_i}$
四等	±5	±10	$\leq 20\sqrt{L}$	$\leq 6.0\sqrt{n}$ 或 $\leq 25\sqrt{L}$	$\leq 30\sqrt{L_i}$
五等	±8	±16	$\leq 30\sqrt{L}$	$\leq 45\sqrt{L}$	$\leq 40\sqrt{L_i}$

注:计算往返较差时,L 为标准点间的路线长度(km);计算附合或环线闭合差时,L 为附合或环线的路线长度(km);n 为测站数;L_i 为检测段长度(km),小于 1km 时按 1km 计算。

(5)水准点的布设。水准点应沿公路布设,水准点宜设于公路中心线两侧 50~300m 范围。水准点间距宜为 1~1.5km;在山岭重丘区,可根据需要适当加密;在大桥、隧道口及其他大型构造物两端,应增设水准点。

(6)应利用路线经过地区已有国家或其他部门设置水准点,但应进行下列工作:

①对原水准点应进行逐一检测;

②原高程系统与本路使用的高程系统不一致时,应进行换算。

(7)路线上设置的平面控制桩、中线桩和设计需要高程控制的点,如干渠、水坝、河堤、管线、铁路等都应测量其高程。

3. 地形测量

(1)确定路线地形图的测绘宽度。当采用"纸上定线法"初测时,路线中线两侧各测绘 200~400m;采用"现场定线法"初测时,路线中线两侧测绘宽度可减窄为 150~250m。

(2)确定路线地形测绘的图根点,应利用已有的平面控制点或中线控制桩作测站;当不能满足要求时,应按规定进行图根控制测量。地形测绘的技术要求,应符合国家相关测绘规范和《公路勘测规范》(JTG C10—2007)的有关规定。

(3)应利用国家或其他有关部门测绘的地形图,但使用时应进行现场核查,对有变化的地形地物进行补测。

(4)高速公路和一级公路采用分离式路基时,地形图测绘宽度应覆盖两条分离路线及中间带的全部地形;当两条路线相距很远或中间带为大河与高山时,中间地带的地形可不测。

4. 路线测量

（1）各级公路应在地形测量之后进行纸上定线；受条件限制或地形、方案较简单时，也可以采用现场定线。

（2）路线定线应符合《公路工程技术标准》(JTG B01—2014)、《公路勘测规范》(JTG C10—2007)的规定，正确掌握和运用技术标准。定线工作应做好总体布局，根据各类地形特点，结合人工构造物的布设，进行路线平、纵、横的协调布置，定出合理的线位。对地形、地质、水文条件复杂或工程艰巨的路段，应拟订可能的比较方案，进行反复推敲、比较，确定采用方案。

（3）纸上定线的步骤如下：

①应将有特殊要求或控制的地点，必须避绕的建筑物或地质不良的地带，地下建筑或管线等标注于地形图上。

②对于山岭地区的越岭路线上需要控制纵坡的地段，应在地形图上进行放坡，将放坡点标示于图上。

③在地形图上选定路线曲线与直线位置，定出交点，计算坐标和转角，计算平曲线要素，计算路线连续里程。

④沿路线中线按一定桩距从图上判读其高程，点绘纵断面图。对河堤、铁路、立体交叉等需要重点控制的地段或地点，应实测高程，点绘纵断面图，并据此进行纵坡设计。

⑤应根据路线中线线位，在地形图上测绘控制性横断面，并按纵坡设计的填挖高度进行横断面设计，作为中线横向检验和计算路基土石方数量的依据。

⑥依据纸上定线的线位及实地调查资料，初步确定人工构造物的位置、交角、类型与尺寸。

⑦综合检查路线线形设计及有关构造物的配合情况与合理性。线形设计可采用透视图法检验平、纵、横的组合情况。

⑧纸上定线后，对高填深挖地段、大型桥梁、隧道、立体交叉以及需要特殊控制的地段，应进行实地放线、核对，并作为各专业工程勘测调查的依据。

⑨所确定的线位应总体配合恰当、工程经济合理、线形连续顺适。对需进行比较的方案，应按上述步骤方法定出线位，计算工程量，并进行技术经济比较。

（4）现场定线的步骤如下：

①现场踏勘前应在 1/50 000 地形图上对路线进行总体布局，拟订主要技术措施，确定控制点、绕避点，选择适合路线通过的最佳位置。

②对于越岭路线或受纵坡控制的路段，应选择好坡面与展线方式，进行放坡试线，作出分段安排。

③根据《公路勘测规范》(JTG C10—2007)中各种地形的定线要点和放坡点进行布线，穿线定点，钉设交点和转点。

④测定交角，进行中桩、水准、横断面和地形线等测量。

⑤通过内业工作，对路线进行平、纵、横综合检查，确定线位。

5. 其他勘测与调查

初测除上述四项测量内容外，还应包括以下勘测与调查的内容：

(1) 路基、路面及排水勘测与调查；
(2) 小桥涵勘测与调查；
(3) 大、中桥勘测与调查；
(4) 隧道勘测与调查；
(5) 路线交叉勘测与调查；
(6) 沿线设施勘测与调查；
(7) 环境保护调查；
(8) 临时工程勘测与调查；
(9) 工程经济调查。
上述勘测与调查不属本课程内容，将在相关的课程中讲述。

6. 初测的内业工作

1) 初测内业工作主要内容
(1) 复核、检查、整理外业资料；
(2) 进行纸上定线或移线及局部方案比选；
(3) 初步拟订各种构造物设计方案，并综合检查定线成果；
(4) 编制勘测报告及有关图表制作与汇总；
(5) 应逐日复核、检查外业中原始记录资料，如有差错、遗漏，必须及时纠正或弥补；对于从其他部门搜集的资料，应根据测设需要，检查、分析其是否齐全、可靠和适用，做到正确取用；
(6) 综合检查、协调路线设计与有关专业及结构物布设的合理性，并进行现场核对。

2) 初测应提交的成果
(1) 各种调查、勘测原始记录及检验资料；
(2) 纸上定线或移线成果及方案比较资料；
(3) 各种主要构造物设计方案及计算资料；
(4) 路基、路面、桥梁、交叉、隧道等工程设计方案图及比较方案图；
(5) 沿线设施、环境保护、筑路材料等设计方案；
(6) 平面、纵断面缩图，主要技术指标表，勘测报告及有关协议、纪要文件。

第二节 公路定测

一、公路定测的任务、内容及分工

1. 任务

公路定测即定线测量，是指施工图设计阶段的外业勘测和调查工作。其具体任务是：根据批准的初步设计，具体核实路线方案，现场确定路线或放线，并进行详细测量和调查工作。其目的是为施工图设计和编制工程预算提供资料。

2. 内容

(1) 对初步设计方案进行补充勘察,如有方案变化应及时与有关主管部门联系,并报上级批准。

(2) 实地选定路线或实地放线(纸上定线时),进行测角、量距、中线测设、桩志固定等工作。

(3) 引设水准点,并进行路线水准测量。

(4) 路线横断面测量。

(5) 测绘或勾绘路线沿线的带状地形图;对有大型构造物地段,如大中桥桥位、隧道、大型防护工程、交叉口等工程,应测绘局部大比例地形图。

(6) 桥、涵、隧道的勘测与水文资料调查。

(7) 路基路面调查。

(8) 占地、拆迁及预算资料调查。

(9) 沿线土壤地质调查及筑路材料调查。

(10) 征询有关部门对路线方案及征地拆迁等方面的意见,并签订必要的协议。

(11) 检查及整理外业资料,并完成外业期间所规定的内业设计工作。

3. 定测队的组织

定测分为选线组、导线测角组、中桩组、水平组、横断面组、地形组、调查组、桥涵组、内业组共九个作业组进行。如果定线采用纸上定线方法进行,则此时可将选线组和导线测角组合并为一个放线组。

二、定测时各组的任务及工作内容

(一) 选线组

1. 任务

选线组亦称大旗组,它是整个外业勘测的核心,其他作业组都是根据它所插定的路线位置开展测量工作的,所以选线在整个公路勘测设计中起着主导作用,是最关键的一环。

选线是公路定线的第一步,主要任务是实地确定中线位置。其主要工作是:进行路线勘察,并进一步确定路线布局方案;清除中线附近的测设障碍物;确定路线交点及转角并钉桩,初拟曲线半径,会同桥涵组确定大、中桥位,会同内业组进行纵坡设计等工作。在越岭线地带,还需进行放坡定线工作。

2. 分工及工作内容

(1) 前点放坡插点。前点一般设 1~2 人(需要放坡时为 2 人)。其主要工作是:在全面勘察的基础上,结合当地自然条件,研究路线布局,合理地运用技术标准,通过实测,选定路线方案,进一步加密小控制点,插上标旗(一般可用红白纸旗),供后面定线参考。

(2)中点穿线定点。中点一般设2人。其主要工作是:根据技术标准,结合地形及其他条件,修正路线方案,用花杆穿直线的办法,反复插试,穿线定交点,并在长直线或在相邻两互不通视的交点间增设转点,最后初拟曲线半径及其有关元素。

(3)后点钉柱。后点设1人。其主要工作是:钉桩插标旗,并给后面的作业组留下初拟半径及其他有关控制条件的纸条。

(二)导线测角组

1.任务

导线测角组紧跟选线组工作。其主要任务是:标定直线与修正点位、测角及转角计算;测量交点间距;计算平曲线要素;观测及复核导线磁方位角;固定交点及转点桩;作分角桩;协助中桩组敷设难度大的曲线等工作。

为确保测设质量和进度,定线与导线测角应紧密配合,互相协作。作为后继作业的导线测角组,要注意领会选线意图,发现问题及时予以建议并修正补充,使之完善。

2.分工及工作内容

导线测角组一般由4人组成,其中司仪1人,记录计算1人,插杆跑点1人,固桩1人。其主要工作内容如下:

(1)标定直线及修正点位。对于相互通视的交点,如果定线无误,就不存在点位修正问题,可以直接引用;当交点相距太远,或地形起伏较大,为了便于中桩组穿杆定向,测角组应用测量仪器在其间插设若干个导向桩,供中桩组穿线使用。

(2)测角计算。测角计算包括测右角和计算转角。

①测右角。路线测角一般规定为测右角(即前进方向右侧路线的夹角)。
右角按下式计算:

$$右角 = 后视读数 - 前视读数$$

当后视读数小于前视读数时,应将后视读数加上360°,然后再减去前视读数。

②计算转角。转角系指后视导线的延长线与前视导线的水平夹角,根据右角计算,如图7-1所示。

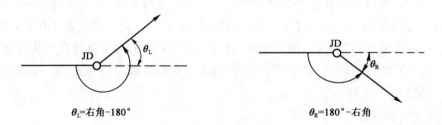

图7-1 路线转角的计算

(3)距离测量。距离测量通常多用红外测距仪或全站仪测定两相邻交点间的平距。当交点较远时,可利用其间转点分段测距的方法。如公路等级较低且无全站仪或红外测距仪时,可利用经纬仪进行视距测量,视距测量的方法和步骤详见《工程测量》相关教材。

(4)作分角桩。为便于中桩组敷设平曲线中点桩(QZ),在测角的同时需作转角的分角线方向桩。分角桩方向的水平度盘读数按下式计算:

$$分角读数 = \frac{前视读数 + 后视读数}{2} \quad (右转角)$$

$$分角读数 = \frac{前视读数 + 后视读数}{2} + 180° \quad (左转角)$$

(5)方位角观测与校核。观测磁方位角的目的是校核导线测角组测角的精度和展绘平面路线图时检查展线的精度。定测计算所得的磁方位角与观测磁方位角的校差不超过2°。

磁方位角每天至少应该观测一次(一般在出工时或收工时进行观测)。

假定路线起始边的磁方位角为 θ_0,则任意导线边的磁方位角为:

$$\theta_n = \theta_0 + \sum \Delta_R - \sum \Delta_L$$

即任意导线边的磁方位角等于起始边磁方位角加上从起始边到计算边的路线的所有右转转角再减去所有的左转转角。

(6)交点桩、转点桩的保护和固定。在测设过程中,为避免交点桩、转点桩的丢失及方便以后施工时寻找,在进行交点桩及转点桩的定测时必须对其加以固定和保护。

交点桩的保护,一般采用灌注水泥混凝土的办法进行。水泥混凝土的尺寸一般为深 30~40cm,直径 15~20cm 或 10~20cm。

固桩则是将交点桩与周围固定物(如房角、电杆、基岩、孤石等)上某一个不易破坏(损坏)的点联系起来,通过测定该点与交点桩的直线距离,将桩的位置确定下来,以便桩丢失时及时恢复该桩。

用作交点、转点桩固定的地物点应稳定可靠,各地物点与保护桩连接之间的夹角一般不宜小于90°,固定点个数一般应在2个以上,如图7-2所示。

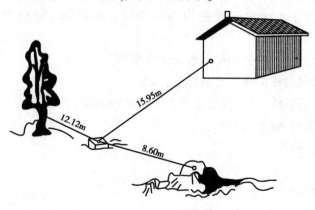

图 7-2 固桩示意图

固桩完毕后,应及时画出固桩草图,草图上应绘出路线前进方向、地物名称、距离等,以备将来编制路线固定表之用。

(三) 中桩组

1. 任务

中桩组的主要任务是:根据选线组选定的交点位置、曲线半径、缓和曲线参数(或缓和曲线长度)及导线测角组所测得的路线转角,进行量距、钉桩、敷设曲线及桩号计算,并负责编制"直线、曲线及转角一览表"。

2. 分工及工作内容

1) 分工

中桩组作业内容较多,一般由7人组成,其中:

前点:1人,负责寻找前方交点,并插前点花杆。

拉链:2人,分别为前链手和后链手,其中后链手还负责指挥前链手进行穿线工作。

卡链:1人,负责卡定路线中桩的具体位置。

记录及计算:1人,负责进行桩号及敷设数据计算,并记录中桩编号,累计链距等工作。

写桩:1人,负责中桩的具体书写工作。

背桩及打桩:1人。

2) 工作内容

(1) 中线丈量。中线丈量是指丈量路线的里程,通常情况下把路线的起点作为零点,以后逐链累加计算。

量距应采用水平距离,量距时一般采用钢卷尺进行。公路等级较高时,最好采用光电测距仪和钢卷尺进行。

(2) 中桩钉设。中桩钉设与中线丈量是同时进行的。

需要钉设的中桩包括:路线的起终点桩、公里桩、百米桩、平曲线控制桩(主点桩)、桥梁或隧道中轴线控制桩以及按桩距要求根据地形、地物、地质需要设置的加桩等。

直线路线上中桩的桩距一般为 20m,在平坦地段桩距一般为 50m。位于半径为 R 的曲线上的中桩间距一般为:$R > 50m$,桩距为 20m;$20m < R < 50m$,桩距为 10m;$R < 20m$,桩距为 5m。

此外,在下列地点应设加桩,加桩一般应设在整米上。

① 路线范围内纵向与横向地形有显著变化处;

② 与水渠、管道、电信线、电力线等交叉或干扰地段的起、终点;

③ 与既有公路、铁路、便道交叉处;

④ 病害地段的起、终点;

⑤ 拆迁建筑物处;

⑥ 占用耕地及经济林的起、终点;

⑦ 小桥涵中心及大、中桥和隧道的两端。

(3)写桩与钉桩。所有中桩应写明桩号,转点及曲线主点桩还应写桩名,桩志的尺寸如图7-3所示。为了便于找桩和避免漏桩,所有中桩应按0~9的循环序号在背面编号。中桩的书写常用红油漆或油笔。

(4)断链及处理。在丈量过程中,出现桩号与实际里程不符的现象叫断链。断链的原因较多,但主要指两种:一种是计算和丈量发生错误;另一种则是局部改线、分段测量等客观原因。

断链有"长链"和"短链"之分,当路线桩号长于地面实际里程时叫短链,反之则叫长链。其桩号写法举例如下:

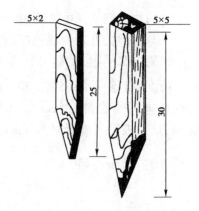

图7-3 桩志(尺寸单位:cm)

长链　K3 + 110 = K3 + 105.21　　长链 4.79m
短链　K3 + 157 = K3 + 207　　短链 50m

所有断链桩号应填在"总里程及断链桩号表"上,考虑断链桩号的影响,路线的总里程应为:

路线总里程 = 终点桩里程 - 起点桩里程 + ∑长链 - ∑短链

(四)水平组

1.任务

水平组的任务是对线路中线各中桩高程进行测量,并沿线设置水准点,为路线纵断面和横断面设计以及施工提供高程资料。

2.分工及工作内容

水平组通常由6人组成,分基平和中平两个组。基平测量主要是设置临时水准点并进行水准点高程的测量,中平测量主要对各中桩进行水准测量。

(1)水准点的设置。水准点的高程应引用国家水准点,并争取沿线联测,形成闭合线路。采用假定高程时,假定高程应尽量与实际接近,可借助1:10 000或1:50 000地图进行假定。

水准点沿线布设且应有足够的数量,平原微丘区间距为1~2km,山岭重丘区间距为0.5~1.0km。在大桥、隧道、垭口及其大型构造物所在处应增设水准点。水准点应设在测设方便、牢固可靠的地点。设置的水准点应在记录本上绘出草图,并记录位置及所对应的路线的桩号,以便编制"水准点表"。

(2)基平测量。基平测量一般采用一组仪器,在两水准点间往返各观测一次,也可用两组仪器各作一次单程观测进行附合。水准点距定测中线应为50~200m,过小或过大应迁移设置。其测量精度为:①高等级公路容许闭合差,平原区为 $\pm 20\sqrt{L}$ mm(L 的单位为km),山岭区为 $\pm 6\sqrt{n}$(n 为测站数);②低等级公路容许闭合差,平原区为 $\pm 30\sqrt{L}$ mm(L 的单位为km),山岭区为 $\pm 9\sqrt{n}$(n 为测站数)。其中 L 为单程水准路线长度。如实测高程在容许的闭合差范围内,则取其平均值为两水准基点的高差,否则应重测,直到闭合为止。基平测量读数应精确到毫米(mm)。

(3)中平测量。中平测量一般采用单程法,用水准仪以相邻两水准基点为一测段,从前一水准点引测,并对测段范围所有路线中桩逐一测量其地面高程,然后附合到下一水准基点,如果与基平附合,即可计算测段内全部中桩地面高程,否则应重测。中平要求附合基平,精度:高速、一级公路 $\pm 30\sqrt{L}$ mm,二级及二级以下公路 $\pm 50\sqrt{L}$ mm。中桩高程的检测限差为:高速、一级公路 ± 5 cm,二级及二级以下公路 ± 10 cm。中平读数精度转点尺读至毫米(mm),中桩尺则读至厘米(cm)。

(五)横断面组

1. 任务

横断面组作业的主要任务是:在实地测量每个中桩在路线横向(法线方向)的地面起伏变化情况,并画出横断面的地面线。

路线横断面测量主要是为路基横断面设计、计算土石方数量及今后的施工放样提供资料。

2. 工作内容

1)横断面方向的确定

要进行横断面测量,必须首先确定横断面的方向。在直线路段,横断面的方向与路线垂直;而在曲线段,横断面的方向与该点处切线相垂直,即法线方向。

直线上的横断面方向,用方向架或经纬仪或全站仪作垂线确定。曲线上的横断面方向,要根据计算的弦偏角,用弯道求心方向架或经纬仪或全站仪来确定。具体方法详见《工程测量》相关教材。

2)测量方法

横断面测量以中线地面点(即中桩位置)为直角坐标原点,分别沿断面方向向两侧施测地面各地形变化特征点间的相对平距和高差,由此点绘出横断面的地面线。

(1)常用施测方法如下:

①图7-4利用花杆直接测得平距和高差,称为抬杆法。

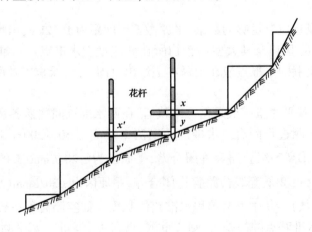

图7-4 抬杆法

此法简便、易行,所以被经常采用。它适用于横向地面变化较多较大的地段,但由于测站较多,测量和积累误差较大。

②手水准法与抬杆法相同,仅在测高差时用水平花杆测量,量距仍用皮尺,如图7-5所示。与抬杆法相比,此法精度较高,但不如抬杆法简便,一般多适用于横坡较缓的地段。

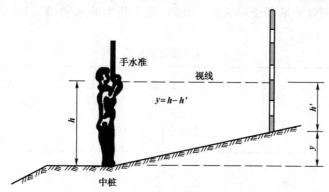

图7-5 手水准法

(2)特殊断面的施测方法如下:

在不良地质地段需作大断面图时,可用经纬仪或全站仪作视距测量和三角高程测量施测断面。对于一些陡崖地段,如图7-6所示,可用交会法,已定A、B点,用经纬仪或全站仪或带角手持水准仪测出α_A、α_B并丈量L,图解交会出C点,交会时交角不宜太小,距离L应有足够的长度。

对于深沟路段可用钓鱼法施测,如图7-7所示。

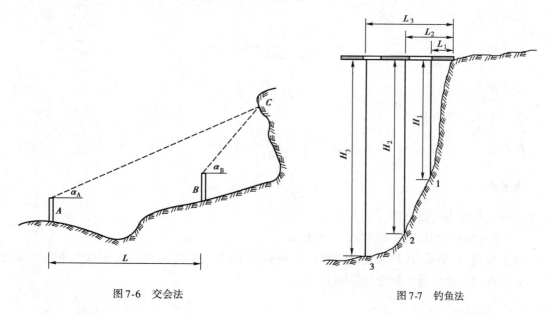

图7-6 交会法　　　　　　　　图7-7 钓鱼法

对于高等级公路,应采用经纬仪皮尺法、经纬仪视距法或全站仪等方法施测。

(3)横断面图的点绘。一般采用现场一边记录一边点绘的方法。其优点是:点绘出的断面图能及时核对,消除差错。点绘的方法是:以中桩点为中心,分左右两侧,按测得的各侧相邻地形特征点之间的平距与高差或倾角与斜距等逐一将各特征点点绘在横断面图上，各点连线即构成横断面地面线。

当现场无绘图条件时，也可采用现场记录、室内整理绘图的方法，其记录的方式见表7-4。点绘断面是按由下方到上方，再从左侧到右侧的原则安排断面位置。绘图的比例一般为1:200，对有特殊情况需要的断面可采用1:100，每个断面的地物情况应用文字在适当位置进行简要说明，如图7-8所示。

横断面记录格式 表7-4

左侧	桩号	右侧
... $\frac{+0.2}{1.6}$ $\frac{+0.4}{2.2}$ $\frac{0}{1.7}$ $\frac{-0.7}{2.0}$ ...	K1+240 K1+260	$\frac{+1.0}{1.5}$ $\frac{+0.3}{2.0}$ $\frac{+1.3}{1.8}$ $\frac{+1.6}{2.0}$ ...

图 7-8 横断面图

(4)测量精度及测图范围。横断面的检测应用高精度方法进行，其限差规定如下：

① 对于高速公路、一级公路：

高程： $\pm \left(\dfrac{h}{100} + \dfrac{l}{200} + 0.1 \right) \text{m}$

水平距离： $\pm \left(\dfrac{l}{100} + 0.1 \right) \text{m}$

② 对于二～四级公路：

高程： $\pm \left(\dfrac{h}{50} + \dfrac{l}{100} + 0.1 \right) \text{m}$

水平距离： $\pm \left(\dfrac{l}{50} + 0.1 \right) \text{m}$

式中：h——检测点与路线中桩的高差，m；

l——检测点到路线中桩的水平距离，m。

应根据地形、地质、地物及设计需要确定横断面的测量范围，一般要求中线左右宽度不小于20m。在回头曲线有干扰处，应连通施测。

(六) 地形组

平面地形图是设计文件中主要的图纸之一，地形测量的方法详见《工程测量》相关教材，本节着重介绍公路测量地形测量的任务与要求。

1. 任务

地形组的任务就是根据设计的需要,按一定比例测绘出沿线一定宽度范围内的带状地形图(或局部范围的专用地形图),供设计和施工使用。

地形图分为路线地形图和工点地形图两种。路线地形图是以导线(或路线)为依据的带状地形图,主要供纸上定线或路线设计之用。工点地形图是利用导线(或路线)或与其取得联系的支导线,为特殊工程(如大、中桥、隧道及复杂排水、防护、改河、交叉口等工程)进行测量的专用地形图。

2. 测设要求

(1)比例及范围要求。路线地形图常采用比例尺为1:2 000,测绘宽度两侧各为100~200m;对于地物、地貌简单、地势平坦的地区,比例尺可采用1:5 000,测绘宽度每侧不应小于250m。

(2)等高距要求。比例1:500,等高距0.5m,1.0m;比例1:1 000,等高距1.0m;比例1:2 000,等高距1.0m,2.0m;比例1:5 000,等高距2.0m,5.0m。

(七)调查组

1. 任务

调查组的工作主要是根据测设任务的要求,通过对公路所经地区的自然条件和技术经济条件进行调查,为公路选线和内业设计收集原始资料。

2. 分工及调查内容

调查的主要内容有:工程地质情况、筑路材料料场情况、桥涵情况、预算资料及杂项情况等。对于旧路改建,还应对原路路况进行调查。调查组可由2~3人组成,综合调查组也可分小组同时调查。

1)工程地质调查

工程地质资料是公路设计的重要资料,通过调查、观测和必要的勘探、试验,进一步掌握与评价路线通过地带的工程地质和水文地质情况,为正确选定路线位置,合理进行纵坡、路基、路面、小桥涵及其他构造物的设计提供充分的工程地质依据。

工程地质调查的主要内容有:

(1)路线方面。

①在工程地质复杂和工程艰巨地段,会同选线人员研究路线布设及所采取的工程措施;

②调查沿线范围的地貌单元和地貌特征、地质构造、岩石、水文地质、植被、土壤种类、地面径流及不良地质现象情况,并分段进行工程地质评价;

③分段测绘代表性工程地质横断面,标明土、石分类界限,并划分土、石等级;

④调查气象、地震及施工、养护经验等资料;

⑤编写道路地质说明书。

(2)路基方面。

①调查分析自然山坡或路基边坡的稳定状况,根据地质构造、岩石岩性及风化破碎程度以及其他影响边坡稳定的因素,提出路堑边坡防护加固措施;

②对于沿溪(河)线,应查明溪(河)流的形态、水文条件、水岸的地貌和地质特征、水岸稳定情况、受冲刷程度等,进而提出防护类型、长度及基础埋置深度等意见;

③进行路基坡面及支挡构造物调查,提出路基土壤分类和水文地带类型。

(3)路面方面。

①收集有关气象资料,研究地貌条件,划分路段的道路气候分区,并提出土基回弹模量建议值,供路面设计时采用;

②调查当地常用路面结构类型和经验厚度。

(4)在特殊不良地质地区,对如黄土、盐渍土、沙漠、沼泽以及滑坡、崩塌、岩溶、泥石流等进行综合性地质调查与观测,为制订防治措施提供资料。

2)筑路材料料场调查

筑路材料质量、数量及运距,直接影响工程的质量和造价。进行筑路材料调查的任务就是根据适用、经济和就地取材的原则,对沿线料场的分布情况进行广泛调查,以探明数量、质量及开采条件,为施工提供符合要求的料场。主要调查以下三方面内容:

(1)料场使用条件调查:主要对自采加工材料(如块石、片石、料石、砾石、砂、黏土料源)的质量和数量进行勘探,以必要的取样试验决定料场的开采价值。

(2)料场开采条件调查:主要对矿层的产状条件、水文地质条件、开采季节、工作面大小、废土堆置场地等方面进行调查。

(3)运输条件调查。

3)预算资料调查

施工预算是公路设计文件的重要组成部分,进行预算资料调查的目的就是要为编制施工预算提供资料。调查应按《公路工程建设项目概算预算编制办法》(JTG 3830—2018)的有关规定进行。调查的主要内容有:

(1)施工组织形式调查:主要调查施工单位的组织形式、机械化程度和生产能力以及施工企业的等级等。当施工单位不明确时,应由建设单位提供上述可能的情况及编制原则。

(2)工资标准:包括工人基本工资标准和工资性津贴(附加工资、粮价补贴、副食补贴)、其他地区性津贴及工人工资计算办法等的调查。

(3)调拨或外购材料及交通运输调查:包括材料的出厂价格、可能发生的包装费和手续费、可能供应数量、运输方式、运距、中转情况、运输能力、运杂费(包括运费、装卸费,以及囤存、过渡、过磅等费用),以及水、电价格等内容。

(4)征用土地和拆迁补偿费:按国务院公布的《中华人民共和国土地管理法》和当地政府有关补偿费用标准和办法执行。

(5)施工机构迁移和主、副食运费补贴调查。

(6)气温、雨量、施工季节调查。

(7)其他可能费用资料调查。

4)杂项调查

杂项调查主要是指占地、拆迁及有关项目的情况和数量调查,为编制设计文件的杂项表格提供资料。主要内容有:

(1)占用土地的测绘和调查。

(2)拆迁建筑物、构造物(包括水井、坟墓等)调查。

(3)拆迁管线、电力、电信设施调查。

(4)排水、防护、改河以及临时工程(便道、便桥等)的调查。

(八)桥涵组

1. 任务

小桥涵调查的主要任务是:调查与搜集沿线小桥涵水文、地质、地形资料,配合路线总体布设,进行实地勘测,提供小桥涵及其他排水构造物的技术要求,研究决定小桥涵的位置、结构形式、孔径大小以及上下游的防护处理等。

2. 工作内容

(1)桥涵水文资料调查。水文资料调查的目的在于提供为确定设计流量和孔径所必需的资料。调查内容应采用水文计算的方法确定。其方法有形态调查法、径流形成法、直接类比法。当跨径在1.5m以下时,可不进行孔径计算,通过实地勘测,用目估法确定孔径。

(2)小桥涵位置的选定及测量。小桥涵的位置,原则上应服从路线走向,通常情况下是由选线组根据最佳路线位置确定的。但是,桥涵如何布置则由测量人员根据实地地形、地质、水文条件综合考虑,然后进行桥址或涵址测量。

(3)桥涵结构类型的确定。对于小桥涵类型的选择,应结合路线的等级和性质,根据适用、经济和就地取材的原则,结合其他情况综合考虑。使所选定的形式应具有施工快、造价低、便于行车和利于养护的优点。

(4)小桥涵地质调查。小桥涵地质调查的目的在于明确桥涵基底工程地质及水文地质情况,为正确选定桥涵及附属构造物的基础埋深及有关尺寸、类型等提供资料。调查的内容包括:基底土壤地质类型及特征、有无地质不良情况、土壤结冰深度及水文地质对基础和施工的影响等。

(九)内业组

定测内业工作的复核、检查、整理外业资料和图表制作、汇总等要求,与初测内业工作要求相同。

定测内业工作应及时进行路线设计和局部方案的取舍工作,外业期间宜作出全部路基横断面设计,并结合沿线构造物的布设,逐段综合检查所定公路线位的技术经济合理性,同时应进行必要的现场核对。

1. 什么是公路初测？初测的外业工作的主要任务是什么？
2. 初测工作结束后应提交哪些成果？
3. 什么是公路定测？定测的外业工作的主要任务是什么？
4. 水准点的设置有何要求？
5. 什么叫断链？产生断链的原因是什么？

第八章 公路交叉设计

学习目标

通过本章学习,应了解公路交叉的各种形式;能够进行公路平面交叉的交通分析,掌握公路平面交叉设计的技术要求;熟悉公路与铁路、乡村道路和管线交叉的设计要求;理解公路立体交叉的特点及主要设计指标;能识别不同类型的公路立体交叉。

在公路网中,公路与公路、管线纵横交错,形成交叉。相交公路在同一平面上的交叉称为平面交叉,交叉的地方称为交叉口;相交的公路分别在不同平面上的交叉称为立体交叉。

第一节 公路交叉口分析

在平面交叉口上,由于不同方向的车流和行人互相影响干扰,不但会降低车速、阻滞交通、降低通行能力,而且容易发生交通事故。平面交叉口是公路的重要组成部分,是公路交通的咽喉部位,它直接影响公路的使用质量,所以必须予以足够的重视。公路的交叉规划和设计,必须符合安全、经济、合理、舒适和美观的要求。

一、平面交叉口的交通分析

各车流驶入交叉口后,以直行、右转弯或左转弯的方式,汇入欲行驶方向的车流后再驶离交叉口。由于行驶方向的不同,车辆间的交错就有所不同。当行车方向互相交叉时(此时一般行车路线的交角大于45°),两车可能发生碰撞,这些地点称为冲突点;当来向不同而汇驶同一方向时(此时一般行车路线的交角小于45°),两车可能发生挤撞,这些地点称为合流点。显然,交叉口的冲突点和合流点是危及行车安全和发生交通事故的地点,统称危险点。其中,冲突点的影响和危害程度比合流点大得多。因此,设计交叉口时,应尽量消除、减少冲突点,或采用渠化交通等方法,把冲突点限制在较小的范围内。公路与公路平面交叉的冲突点和合流点的分布如图8-1所示。

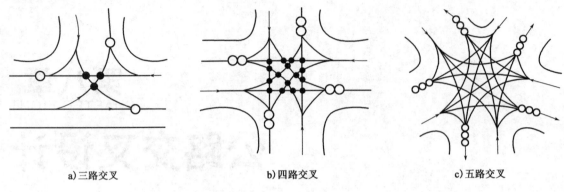

a)三路交叉　　　　　　　b)四路交叉　　　　　　　c)五路交叉

图8-1　平面交叉口的危险点

注:1."●"为冲突点,"○"为合流点。
　　2.图 c)中的"冲突点"较多,图中未一一用"●"示出。

分析图8-1后可知:

(1)交叉口危险点的多少,视交叉口相交路线的数量和形式而异,且随相交路线数量的增加而显著增加。如图8-1 中:a)为三路相交的交叉口,有 3 个冲突点、3 个合流点;b)为四路十字形交叉口,有 16 个冲突点、8 个合流点;c)为五路交叉口,有 50 个冲突点、15 个合流点。因此,在规划设计交叉口时,除特殊情况外,交会的岔路不得多于 4 条,并采用合理的交叉口布置形式,以简化交通,减少危险点。

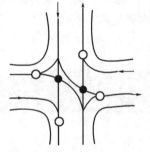

图8-2　交通管制后的危险点

(2)产生冲突点最多的是左转弯车辆。如图 8-1b)中,如果没有左转车辆,则冲突点就由 16 个减少为 4 个;又如图 8-2 所示,同样是四路十字形交叉口,如果采用信号灯或交通警察指挥等交通管制后,冲突点即减少为 2 个、合流点减少为 4 个。因此,在交叉设计中,如何处理和组织左转弯车辆,采取必要的交通管制措施,是保证交叉口交通安全和畅通的关键之一。

二、减少或消灭冲突点的措施

减少或消灭冲突点的措施有如下几种:

(1)建立交通管制。如装设交通信号灯或由交通警察指挥交通,使直行车和左转弯车的通行时间错开。

(2)采用渠化交通。如适当布置交通岛限制行车路线,使车流按一定组织方式通过交叉口,可把冲突点限制在一定范围内;又如采用环形交叉(俗称转盘),使进入交叉口后的车辆按逆时针方向环绕中心岛作单向行驶,至所要去的路口驶出,均以同一方向循序前进,从而消灭了交叉口的冲突点。

(3)创建立体交叉。将相互冲突的车流分别设在不同高程的车道上行驶,使其互不干扰,这是彻底解决交叉口交通问题的办法。但立体交叉造价高,有的立体交叉仍有平面交叉问题,所以不能随意采用立体交叉。

为了交通安全,应在交叉口前设置交叉的标志牌,使驾驶员有心理准备;同时,交叉口处应具有足够视距,使驾驶员能看到各方向来车情况,以便及时采取措施。

为确保交叉口过往行人的安全和减少行人对交通的影响和干扰,除加强交通法规的宣传教育外,必要时应在交叉口设置人行横道和其他交通安全设施。

第二节 公路平面交叉

一、交叉口设计的基本要求和任务

1. 基本要求

(1)在确保安全的前提下,使车辆和行人在交叉口能以最短的时间顺利通过。

(2)正确设计交叉口立面,保证交叉口范围内的地面水被迅速排除。

2. 设计任务

(1)正确选择交叉口形式,合理确定各组成部分的尺寸。

(2)确定必须保证的行车视距,从而确定交叉口的视距范围。

(3)立面布置需符合行车和排水的要求。

(4)处理好主要公路与次要公路的关系。主要公路与次要公路交叉时,平、纵线形要全盘考虑、相互配合,使各自能符合有关技术标准的要求,但一般应首先保证主要公路线形的舒顺、平缓。

(5)正确合理地进行交通组织和交通管制,设置必要的相关设施,将几何设计与标志、标线和信号设施等一并考虑,统筹布设。

(6)根据交叉口处行人流量、公路等级和交通管理方式,合理布设人行横道、人行天桥、人行通道等。

综上所述,对于平面交叉的规划与设计,应根据交通量、设计速度、交通组成、车流分布和行人通行情况,并结合该地区的公路网现状、规划、地形地质条件、经济环境等因素,综合考虑进行设计。对于改建公路,还应调查交通延误、交通事故等情况,有针对性地进行改建设计。

二、平面交叉的技术要求

(1)各级公路之间相互交叉时,平面交叉的设置应符合表 8-1 的规定。

平面交叉的设置要求　　　　表 8-1

被交叉公路	公路主线				
	一级公路(干线)	一级公路(集散)	二级公路(干线)	二级公路(集散)	三、四级公路
一级公路(干线)	严格限制	—	—	—	—
一级公路(集散)	严格限制	限制	—	—	—
二级公路(干线)	严格限制	限制	限制	—	—
二级公路(集散)	严格限制	限制	限制	允许	—
三、四级公路	严格限制	限制	限制	允许	允许

(2)平面交叉范围内两相交公路应正交或接近正交,平面线形宜为直线或大半径曲线,不宜采用需设超高的圆曲线。若路线交叉为斜交时,则其锐角应不小于70°,受地形条件或特殊情况限制时,应大于45°。同一位置平面交叉岔数不宜多于4条。

(3)平面交叉范围内,两相交公路的纵断面宜平缓,纵断面线形应满足停车视距的要求。

(4)二级及二级以上公路的平面交叉必须进行渠化设计;三级公路的平面交叉应进行渠化设计;四级公路的平面交叉宜进行渠化设计。渠化设计应根据交叉形式、交通管理方式以及转向交通量、设计速度等因素,采用加辅转角、加宽路口、设置转弯车道和交通岛等方式。

(5)平面交叉的形式应根据相交公路的功能、技术等级、交通量、交通管理方式,并结合用地条件和工程造价等因素来选定。

(6)平面交叉的间距应根据公路功能、技术等级及其对行车安全、通行能力和交通延误的影响确定。一、二级公路的平面交叉最小间距应符合表8-2的规定。

平面交叉最小间距　　　　　　　　　表8-2

公路技术等级	一级公路			二级公路	
	干线公路		集散公路	干线公路	集散公路
	一般值	最小值			
间距(m)	2 000	1 000	500	500	300

(7)平面交叉的设计应以预测的交通量为基本依据。设计所采用的交通量应为设计小时交通量。

(8)远期拟建成立体交叉的平面交叉口,近期设计应将平面交叉与立体交叉进行总体设计,以便将来改建。

(9)平面交叉的交通管制分为主路优先交叉、无优先交叉和信号交叉三种方式。当两条相交公路功能、等级、交通量有明显差别时,应采用主路优先交叉。当相交的两条公路或多条交叉岔路的等级均低且交通量较小时,应采用无优先交叉交通管理方式。当出现以下情况时可采用信号交叉:两条交通量均大,且功能、等级相同的公路相交;主、次公路相交但交通量均较大;主要公路交通量相当大;有相当数量的行人和非机动车穿越交叉;环形交叉的入口因交通量大而出现过多的交通延误时;位于城镇路段的平面交叉。

(10)平面交叉范围内主要公路的设计速度宜与路段设计速度相同。当相交公路等级相同或交通量相近时,在平面交叉范围内,直行车道的设计速度可适当降低,但不应低于路段的70%。平面交叉右转弯车道的设计速度不宜大于40km/h。

三、平面交叉的类型和适用范围

平面交叉口的形式设计得合理与否,直接影响到投资和使用价值的高低,所以应切合实际地考虑远期的可能和近期的需要两方面因素,选择合理的方案。平面交叉按构造组成分为渠化交叉和非渠化交叉;按几何形状分为T形、十字形和环形交叉。

1. 非渠化平面交叉

当四级公路的平面交叉交通量较小时,可采用非渠化交叉设计。

当转弯交通量较小时,可采用图 8-3a)所示的非加宽 T 形交叉。当转弯交通量较大且会导致直行车辆的过分减速时,应采用加宽式 T 形交叉。主要公路右转弯交通量较大者,可采用图 8-3b)的形式;左转弯交通量较大者,可采用图 8-3c)的形式。十字交叉可采用图 8-3d)或 e)的形式。

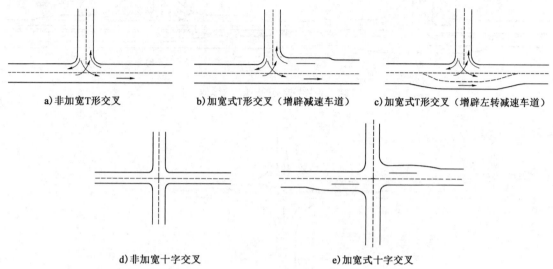

图 8-3　非渠化交叉

2. 渠化平面交叉

三级及三级以上公路的平面交叉应做渠化设计,以分隔岛、导流岛来指定各向车流行径。

(1)对于主要公路为二级公路的 T 形交叉,当直行交通量不大,而与次要公路间的转弯交通量占相当比例时,可采用图 8-4a)的形式,只在次要公路上设分隔岛的渠化 T 形交叉。当主要公路的直行交通量较大时,则采用图 8-4b)所示的在主要公路和次要公路上均设分隔岛的渠化 T 形交叉。

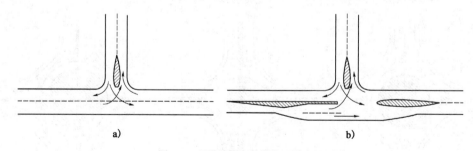

图 8-4　只设分隔岛的渠化 T 形交叉

(2)主要公路为四车道公路,或设计速度≥60km/h,且有相当比例转弯交通量的二级公路,或是与互通式立体交叉直接沟通的双车道公路的 T 形交叉,应采用图 8-5 所示的设置导流岛的渠化 T 形交叉。

(3)主要公路为四车道公路以及设计速度为 80km/h 的双车道公路,或虽然设计速度为 60km/h,但属区域干线的双车道公路,其上的十字交叉应采用图 8-6 所示的渠化十字交叉。

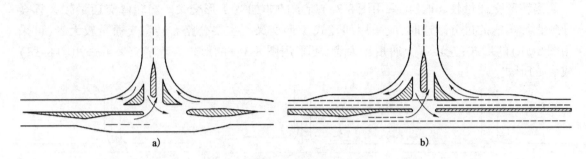

图 8-5 设置导流岛的渠化 T 形交叉

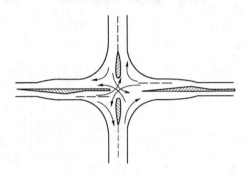

图 8-6 渠化十字交叉

3. 环形交叉

环形交叉适用于交通量适中,经过验算后出、入口间的距离能满足交织长度的要求,或按"入口让路"规则设计能满足交通量需要的 3~5 岔的交叉。

(1)环形交叉宜采用图 8-7 所示的适应"入口让路"行驶规则的形式,即将入口视为支路,到达入口的车辆发现左方环道上有车,并无插入间隙时,应在入口等候,伺机入环。当环行车流出现间隙时,为使等候车辆有效利用这一间隙,入口应为不同去向的车辆提供等候车道,左转弯车辆等候在左转的车道上,右转弯车辆等候在右转车道。

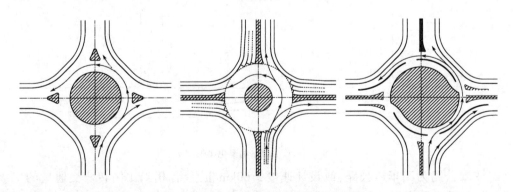

图 8-7 "入口让路"环形交叉

(2)"入口让路"环形交叉适用于一条四车道公路和一条双车道公路相交的交叉,以及两条高峰小时不明显的四车道公路相交的交叉。

四、平面交叉的勘测设计要点

1. 勘测要点

（1）搜集原有公路的等级、交通量、交通性质、交通组成、交通流向等资料和远景规划。

（2）根据地形和其他自然条件以及掌握的资料，按照有关规定，拟定交叉形式。

（3）选定交叉位置和确定交叉点，使各相交路线在平、纵、横方面都有较好的衔接。通常交叉点设在原有公路的中心线上或中心线的延长线上。

（4）测量交叉角、中线、纵断面和横断面。

（5）当地形和交叉口较复杂时，为更合理地选定交叉口的位置和形式，并便于排水，应详测地形图，以便做平面交叉竖向设计，其比例尺采用 $1:500 \sim 1:1\,000$。

2. 设计要点

（1）平面线形设计要点如下：

①平面交叉范围内两相交公路应正交或接近正交，且平面线形宜为直线或大半径曲线，尽量避免采用需设超高的曲线半径。

②新建公路与等级较低的既有公路斜交时，应对次要公路在交叉前后一定范围内作局部改线，使交叉的角度大于 $45°$。

（2）纵断面线形设计要点如下：

①平面交叉范围内，两相交公路的纵断面应尽量平缓。纵断面线形应大于最小停车视距要求。

②主要公路在交叉范围内的纵坡坡度应在 $0.15\% \sim 3.0\%$ 的范围；次要公路上紧接交叉的部分引道以 $0.5\% \sim 2.0\%$ 的上坡坡度通往交叉，而且此坡段至主要公路的路缘至少 25m，如图 8-8 所示。

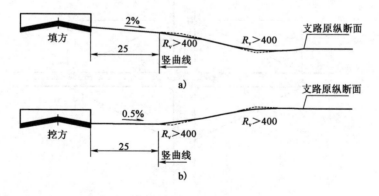

图 8-8　次要公路引道纵坡（尺寸单位：m）

③主要公路在交叉范围内是超高曲线的情况下，次要公路的纵坡应服从主要公路的横坡。

（3）视距设计重点如下：

①引道视距。在每条岔道和转弯车道上都应提供与行驶速度相适应的引道视距，如图 8-9 所示。引道视距在数值上等于停车视距，但量取标准为：眼高 1.2m，物高 0。各种设计速度所对应的引道视距及凸形竖曲线的最小半径规定见表 8-3。

引道视距及相应的凸形竖曲线最小半径 表8-3

设计速度(km/h)	100	80	60	40	30	20
引道视距(m)	160	110	75	40	30	20
凸形竖曲线最小半径(m)	10 700	5 100	2 400	700	400	200

②通视三角区。在两相交公路间,由各自停车视距所组成的三角区内不得存在任何有碍通视的物体,如图8-10所示。

若因条件受限制而不能保证通视三角区时,可降低要求保证主要公路的安全交叉停车视距(表8-4)和次要公路至主要公路边车道中心线5~7m所组成的通视三角区,如图8-11所示。

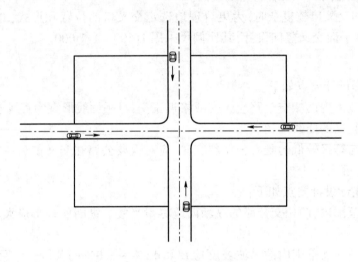

图8-9 引道视距

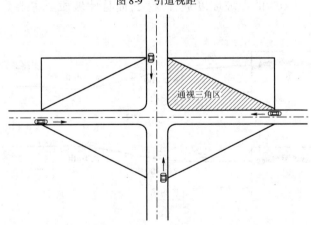

图8-10 通视三角区

安全交叉停车视距 表8-4

设计速度(km/h)	100	80	60	40	30	20
停车视距(m)	160	110	75	40	30	20
安全交叉停车视距(m)	250	175	115	70	55	35

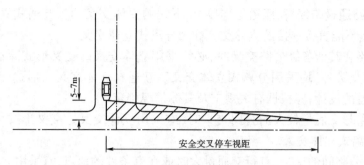

图 8-11 安全交叉停车视距通视三角区

(4)立面设计要点如下:

对于平面交叉处两相交公路共有部分的立面形式及其引道横坡,应根据两相交公路的相对功能地位、平、纵线形以及交通管理方式等因素而定。

①采用"主路优先"交通管理方式的交叉,应使主要公路的横断面贯穿交叉,而调整次要公路的纵断面以适应主要公路的横断面;当调整纵断面有困难时,应同时调整两公路的横断面。

②当主要公路设超高曲线时,应根据次要公路纵断面的不同情况处理立面。

③交叉范围内的路面排水设计应作为立面设计的主要考虑因素之一。

(5)平面交叉范围内设置的附加车道有加(减)速车道和转弯车道,其设计要点和有关规定详见《规范》。

(6)改建旧平面交叉时,可采用增设车道、完善渠化、增加行人和非机动车横穿设施、改为立体交叉等方法。

3. 平面交叉基本设计成果

(1)平面交叉口平面布置图:比例尺用 1:500~1:1 000;图中示出路中心线和路面边缘线,注明交叉点,各岔道起终点,加桩、控制断面的位置和桩号,并列出平曲线要素表;图中还应标出各控制断面的宽度、横坡度和两侧路面边缘设计高程,并注明交叉口处各坡段的纵坡等。

(2)纵、横断面图:除横断面图可用 1:100~1:200 比例尺外,其余要求与一般路线设计的相同。

(3)交叉口地形图和竖向设计图,以及交叉口的工程数量等资料。

第三节 公路立体交叉

一、主要设计内容与一般要求

高等级公路相交或交通量过大而平面交叉无法适应时,又或是行车速度高、地形条件适合做成立体交叉且从经济上考虑又合理时,均可以考虑用立体交叉。立体交叉分互通式和分离式两种。相交公路通过跨线桥、匝道等连接上、下线的立体交叉称为互通式立体交叉;相交公路通过跨线桥,但不能直接连接的立体交叉称为分离式立体交叉。

(1)高速公路和其他各级公路交叉时,必须采用立体交叉。交叉形式除在控制出入的地方设互通式立体交叉外,均采用分离式立体交叉。互通式立体交叉的形式、设置的间距及加(减)速车道、匝道的设计,应根据有关规定及具体情况确定。

(2)一级公路与交通量较大的公路交叉时,应采用立体交叉。交叉形式可根据具体情况采用互通式或分离式立体交叉。

(3)二、三级公路间的交叉,直行交通量大时或在有条件的地点,宜采用立体交叉。

1. 互通式立体交叉设计

确定互通式立体交叉位置时,应综合考虑公路网现状和规划情况,将其设在公路线形指标良好,地形、地质和环境条件有利的位置。高速公路上相邻互通式立体交叉的间距不宜大于30km,最小间距不宜小于4km。若因路网结构或其他特殊原因所限,则两互通式立体交叉之间应保持1 000m极限最小净间距。

(1)互通式立体交叉按其功能不同,可分为枢纽互通式立体交叉和一般互通式立体交叉。枢纽互通式立体交叉一般为高速公路间或高速公路与具干线功能的一级公路间的交叉,其匝道无收费站等设施,且应保证所有交通流无交叉冲突;一般互通式立体交叉为除枢纽互通式立体交叉之外的其他互通式立体交叉,一般用于高速公路或一级公路间及其与其他公路之间的交叉,允许在匝道上设置收费站和在出入口外采用平面交叉。

(2)互通式立体交叉按几何形状可分为 T 形、Y 形和十字形三种,如图 8-12 ~ 图 8-14 所示。

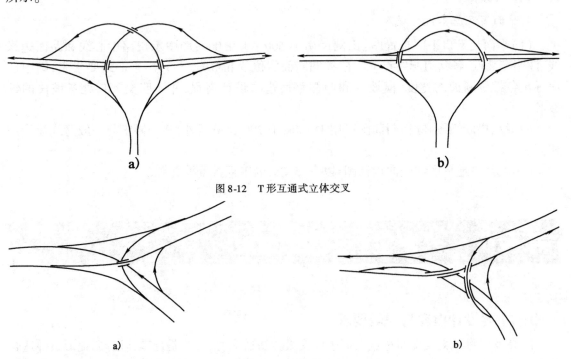

图 8-12 T形互通式立体交叉

图 8-13 Y形互通式立体交叉

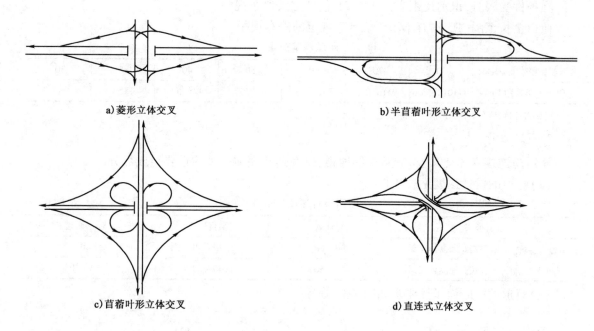

图 8-14 十字形互通式立体交叉

(3)互通式立体交叉范围内主线线形的主要技术指标见表 8-5。

互通式立体交叉范围内主线线形的主要技术指标　　　　表 8-5

设计速度(km/h)			120	100	80	60
最小平曲线半径(m)	一般值		2 000	1 500	1 100	500
	极限值		1 500	1 000	700	350
最小竖曲线半径(m)	凸形	一般值	45 000	25 000	12 000	6 000
		极限值	23 000	15 000	6 000	3 000
	凹形	一般值	16 000	12 000	8 000	4 000
		极限值	12 000	8 000	4 000	2 000
最大纵坡(%)	一般值		2	2	3	4.5(4)*
	极限值		2	3	4(3.5)*	5.5(4.5)*

注：* 当主要公路以较大的下坡进入互通式立体交叉，且所接的减速车道为下坡，同时，后随的匝道线形指标较低时，主要公路的纵坡不得大于括号内的值。

2. 视距

互通式立体交叉区域应具有良好的通视条件，在主线分流鼻之前应保证判断出口所需的识别视距，见表 8-6。

识别视距　　　　表 8-6

设计速度(km/h)	120	100	80	60
识别视距(m)	350~460	290~380	230~300	170~240

注：当驾驶员需接受的信息较多时，宜采用较大(接近高限)值。

在条件受限时,识别视距应大于1.25倍的主线停车视距。

匝道全长范围内应具有不小于表8-7规定的停车视距。

匝道停车视距　　　　　　　　　　　　　　　　　表8-7

设计速度(km/h)	80	70	60	50	40	35	30
匝道停车视距(m)	110(135)	95(120)	75(100)	65(70)	40(45)	35	30

注:积雪冰冻地区应不小于括号内的数值。

3. 匝道设计

匝道是连接立体交叉上、下路线的通道,是互通式立体交叉的重要组成部分。

(1)匝道的设计速度见表8-8。

匝道设计速度(km/h)　　　　　　　　　　　　　表8-8

匝道形式		直连式	半直连式	环形匝道
匝道设计速度(km/h)	枢纽式互通立体交叉	50~80	40~80	40
	一般式互通立体交叉	40~60	40~60	30~40

(2)匝道的横断面设计要求如图8-15所示。

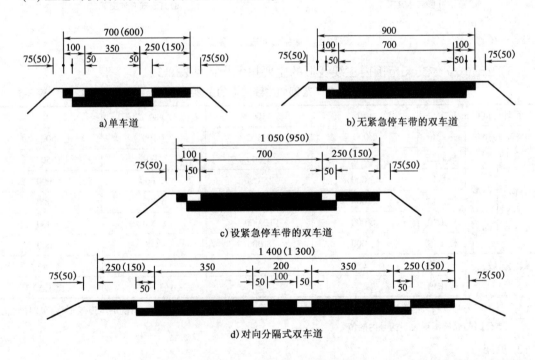

图8-15　匝道的横断面组成(尺寸单位:cm)

注:不包括曲线上的加宽值。

(3)匝道的平面线形设计。匝道的平面线形应根据匝道设计速度、交叉类型、交通量、地形、用地条件、造价等因素确定。

匝道圆曲线最小半径见表8-9。匝道及其端部设置回旋线时,其参数及长度宜不小于表8-10所列值。驶入匝道的分流点应具有较大的曲率半径,并使曲率变化适应行驶速度的变化,分流鼻处的曲率半径见表 8-11。

匝道圆曲线最小半径 表 8-9

匝道设计速度(km/h)		80	70	60	50	40	35	30
圆曲线最小半径(m)	一般值	280	210	150	100	60	40	30
	最小值	230	175	120	80	50	35	25
不设超高的圆曲线最小半径(m)	路拱≤2%	2 500	2 000	1 500	1 000	600	500	350

匝道回旋线参数及长度 表 8-10

匝道设计速度(km/h)	80	70	60	50	40	35	30
回旋线参数 A(m)	140	100	70	50	35	30	20
回旋线长度(m)	70	60	50	40	35	30	25

分流鼻处匝道平曲线的最小曲率半径 表 8-11

主线设计速度(km/h)		120	100	≤80
最小曲率半径(m)	一般值	350	300	250
	极限值	300	250	200

(4)匝道的纵断面线形设计。匝道最大纵坡应按表 8-12 确定,竖曲线最小半径及最小长度按表 8-13 确定。

匝道的最大纵坡 表 8-12

匝道设计速度(km/h)			80、70	60、50	40、35、30
最大纵坡(%)	出口匝道	上坡	3	4	5
		下坡	3	3	4
	入口匝道	上坡	3	3	4
		下坡	3	4	5

匝道竖曲线的最小半径及长度 表 8-13

匝道设计速度(km/h)			80	70	60	50	40	35	30
竖曲线最小半径(m)	凸形	一般值	4 500	3 500	2 000	1 600	900	700	500
		最小值	3 000	2 000	1 400	800	450	350	250
	凹形	一般值	3 000	2 000	1 500	1 300	900	700	400
		最小值	2 000	1 500	1 000	700	450	350	300
竖曲线最小长度(m)		一般值	100	90	70	60	40	35	30
		最小值	75	60	50	40	35	30	25

(5)匝道上的圆曲线超高设计与公路上圆曲线超高值计算方法相同,但应与匝道上变速过程中的行驶速度相适应。超高和加宽应设置过渡段,具体要求参见《规范》。

(6)匝道出入口端部设计要求如下:

①互通式立体交叉的出入口除调整公路匝道外,应设置在主线行车道的右侧。主线与匝

道分流处,行车道边缘应设置偏置加宽,具体要求参见《规范》。

②在匝道与主线连接的路段,应设置变速车道,以适应车辆变速行驶的需要。变速车道分为直接式和平行式两种,具体设计要求参见《规范》。

二、测设要点

(1)除应收集平面交叉所要求提供的资料外,还应征求当地政府及有关部门的意见。

(2)初步拟订交叉位置和方案比选范围,用相交公路的中线为基线布设控制网,以供测量地形之用。

(3)地形测量时,除分离式立体交叉外,均需测绘地形图。比例尺用1∶500～1∶2 000。测绘的范围视实际需要而定,一般应测至交叉范围外至少100m。测量要求与桥位地形测量相同。

(4)拟订方案时,在地形图上定出不同方案的交叉位置和形式(包括匝道),并到实地核对,然后根据纸上资料等进行初步设计,拟订推荐方案。为便于方案比选,必要时需做模型和绘出透视图。

(5)按推荐方案在实地上放样,并测得平、纵、横三方面资料。

(6)在跨线桥和其他构造物处,应进行地质钻探,其要求与桥梁相同。

三、公路与公路立体交叉设计成果

(1)布置图比例尺一般用1∶500～1∶2 000。内容包括地形、地物、路线(包括匝道)、跨线桥及其他构造物等。

(2)纵、横断面图比例尺和要求与平面交叉略同。

(3)跨线桥设计图,其要求与一般桥梁设计相同。

(4)如有挡土墙、窨井、排水管、排水泵站等其他构造物,均须附设计图。

(5)有比较方案时,应绘制布置图并提供有关资料。

(6)交叉口的工程数量等资料。

第四节 公路与其他路线交叉

一、公路与铁路交叉

公路与铁路交叉时,应根据公路的使用性质、交通情况、公路的规划断面和其他特殊要求,以及铁路的使用性质、运行情况、轨道数、有无调车作业(次数和断道时间)等情况,考虑并决定采用平面交叉、立体交叉或近期做平面交叉而远期改建为立体交叉的方案。

1.公路与铁路平面交叉

(1)公路与铁路平面交叉时,应设置道口,并尽量正交;当必须斜交时,交叉角应大于45°。

(2)根据交叉道口铁路等级,应保证汽车在公路上距交叉口相当于该公路停车视距并不小于50m范围内,汽车驾驶员能看到两侧各不小于表8-14所规定的距离以外的火车。

汽车瞭望视距   表8-14

路段旅客列车设计速度(km/h)	140	120	100	80
汽车瞭望视距(m)	470	400	340	270

(3)为了行车的安全和方便,公路在交叉道口两端钢轨的外侧,应有不小于16m的水平路段,该水平路段不包括竖曲线在内。紧接水平路段的纵坡,一般不大于3%,困难地段应不大于5%。

(4)交叉道口垂直于公路的宽度应不小于交叉公路的路基宽度。交叉路口的路面(铁路称道口铺面)应根据铁路纵坡度做成水平或单向横坡,铺砌易于翻修的路面,如钢筋混凝土预制块、整齐条石等,其铺砌长度应延至钢轨以外2m。路面高程一般应和轨顶相同。

(5)公路与铁路相接近时,两者的用地界之间宜保持一定的间隔,高速公路不应小于30m,一、二级公路不应小于15m,三、四级公路不应小于5m。必要时还应设置防眩设施。

(6)对于公路与铁路平面交叉道口,在任何情况下,都应设置标志。

2. 公路与铁路立体交叉

公路与铁路交叉时,新建项目应首选立体交叉。高速公路、一级公路与铁路交叉时,必须设置立体交叉。其他各级公路与铁路交叉时,符合下列情况之一者,应设置立体交叉:

(1)Ⅰ级铁路与公路交叉。
(2)铁路路段旅客列车设计行车速度大于或等于120km/h的地段与公路交叉。
(3)铁路与二级公路交叉。
(4)由于铁路调车作业对公路上行驶的车辆会造成较严重延误。
(5)受地形等条件限制,采用平面交叉会危及公路行车安全。
(6)结合地形或桥涵构造物情况,具备设置立体交叉条件。

测设时,应与铁路部门联系并取得具体的协议。对于一般铁路上跨公路的立体交叉,由铁路设计单位负责设计。

公路与铁路立体交叉时,以垂直交叉为宜,必须斜交时,其交叉的锐角应大于45°。

高速公路、一级公路与铁路交叉时,立交桥设置除考虑铁路对其要求外,还应符合该路段公路的平、纵线形设计,不得在此局部降低公路技术指标。

交叉范围内公路视距要求为:高速公路、一级公路应满足停车视距要求,二、三、四级公路应满足会车视距要求。

二、公路与乡村道路交叉

乡村道路泛指乡村、城镇之间,不属等级之列,用于机动车、非机动车及行人通行的道路。大车道、机耕道等均属乡村道路。对于乡村道路与公路交叉的数量,根据公路等级应有所控制。在乡村道路密集地区,当交叉点过密影响行车安全时,宜适当合并交叉点。

高速公路与乡村道路交叉时,必须设置通道或天桥。一级公路与乡村道路交叉时,宜设置通道或天桥。二、三级公路与乡村道路交叉时,一般采用平面交叉。四级公路与乡村道路交叉时,宜设置平面交叉,地形条件有利或公路交通量大时宜设置通道或天桥。

平面交叉宜垂直相交。当必须斜交时,其交叉的锐角应不小于70°,受地形条件或其他特殊情况限制时,应不小于60°。交叉处两侧的乡村道路直线长度应各不小于20m,两侧公路应分别设置不小于10m的水平段或缓坡段,缓坡段的纵坡应不大于2%,紧接水平段或缓坡段的纵坡不应大于3%,困难地段不应大于6%。

平面交叉应设在视距良好的地方,驾驶员在距交叉20m处能看到两侧二级、三级公路相应停车视距并不小于50m范围内的汽车,视线范围内不得有障碍物。

乡村道路从公路上面跨越时,跨线桥桥下净空应满足等级公路的规定要求。当乡村道路从公路下方穿过时,其净空可根据当地通行的车辆组成和交叉情况而定:一般人行道的净高不小于2.2m,畜力车及拖拉机通道的净高不小于2.7m,农用汽车通道的净高不小于3.2m;净宽不小于4.0m。

在下方穿越的公路或乡村道路,均应保证排水畅通,并在适当位置设置必要的标志。

三、公路与管线交叉

各种管线如电信线、电力线、电缆、管道、渠道等均不得侵入公路限界,也不得妨害公路交通安全,并不得损害公路的构造物和设施。

为保证公路的正常养护和交通安全、畅通与公路发展的需要,新建或改建公路通过已有管线区时,设计时应根据公路的使用要求,事先与有关部门协调,以便妥善处理因修建公路引起的干扰问题。当需要沿现有公路两侧铺设管线时,有关部门亦应根据上述原则,事先与交通部门协调。

1. 何为冲突点?如何减少或消除"冲突点"?
2. 平面交叉设计的主要内容有哪些?
3. 立体交叉的类型有哪些?
4. 匝道的作用是什么?其横断面布置有哪些形式?

第九章 公路现代测设技术

CHAPTER NINE

学习目标

通过本章学习,应了解公路计算机辅助设计(CAD)系统的组成;熟悉数字地面模型(DTM)的类型和"3S"技术在公路设计中的应用;掌握公路透视图设计流程。

在数字地面模型(DTM)支持下,借助数学方法,由计算机初定平面位置,利用计算机辅助设计(CAD)系统进行路线设计,在显示屏上通过人机对话修改设计方案。通过不断人机交互作用优化设计,根据计算机选择的最优方案和数字地面模型提供的地形资料完成整个路线平面、纵断面和横断面设计,以获得切合实际的最优方案。在设计完成时可以利用绘图机输出各设计阶段所需的相应的图纸。

第一节 公路路线 CAD 技术

一、CAD 技术简介

1. CAD 的概念

计算机辅助设计(Computer Aided Design,简称 CAD)是一种利用计算机进行设计活动的过程。

2. CAD 系统的组成

CAD 系统由软件系统和硬件系统组成。

(1) CAD 软件系统由数据库、图形系统、科学计算三部分组成。

①数据库是一个通用性的、综合性的以及减少数据重复存储的"数据集合"。它按照信息的自然联系来构成数据,即把数据本身和实体之间的描述都存入数据库,用各种方法来对数据进行各种组合,以满足各种需要,使设计所需数据便于提取、新的数据便于补充。它的内容包括设计原始资料、设计标准与规范数据、中间结果、最终结果等。

②图形系统包括几何构型、绘制工程设计图、绘制各种函数曲线、绘制各种数据表格、在图形显示装置上进行图形变换以及分析和模拟等。图形系统是 CAD 技术的基础。

③科学计算:包括通用的数学函数和计算程序以及在设计方面的常规设计和优化设计等,即 CAD 的应用软件包是实现工程设计、计算、分析、绘图等具体专用功能的程序,是 CAD 技术应用于工程实践的保证。

(2)CAD 硬件系统主要包括计算机主机、信息存储设备、输入设备、输出设备、网络设备和多媒体设备等。

计算机主机是 CAD 系统的核心,用于运行 CAD 软件和处理设计数据。根据性能和规模的不同,计算机主机可以分为大型机、小型机、工作站和个人计算机等。信息存储设备主要用于存储 CAD 系统的数据和文件,包括软盘、硬盘、U 盘等。输入设备主要用于将设计数据输入到 CAD 系统中,包括键盘、鼠标、数字化仪、图形扫描仪、数码相机、数据手套、光笔、触摸屏、声音交互输入设备、位置传感器等。输出设备主要用于将 CAD 系统的设计结果输出到外部设备上,包括显示器、打印机、绘图仪等。网络设备主要用于将 CAD 系统连接到网络上,实现数据共享和协同设计。常见的网络设备包括网卡、集线器、交换机、路由器等。多媒体设备主要用于增强 CAD 系统的功能和效果,包括音箱、耳机、摄像头等。

3. CAD 技术在工程上的应用

20 世纪 80 年代中期,国内高等院校和生产单位在计算机辅助公路路线设计方面开展了研究,开发和引进了一些辅助设计系统,该系统软件由数字地面模型子系统,路线平、纵优化子系统,路线设计子系统,立体交叉口设计子系统,公路中、小桥涵设计子系统,公路工程造价分析子系统六大专业设计子系统组成。该系统覆盖了地形数据采集,建立数据地面模型,人机交互地进行路线平、纵、横设计,线形优化设计和人工构造物的设计图、表屏幕编辑,并最终完成图纸的绘制以及工程造价分析等成套 CAD 技术。这些技术一经推出,得到了广泛好评,取得了显著的工程效益。

二、公路路线 CAD 功能和特点

公路路线 CAD 软件系统一般包含六个模块:
(1)野外线路平面测量和高程测量数据的录入、编辑和存储模块。
(2)平面设计、纵断面设计及横断面设计数据的录入、编辑和存储模块。
(3)根据路线平面设计,绘制路线平面图。
(4)根据路线纵断面设计,绘制路线纵断面图。
(5)根据路线横断面设计,绘制路线横断面图。
(6)路基构件的绘制。

三、公路路线 CAD 组成系统

1. 公路 CAD 系统总体结构

公路路线 CAD 模块化程序系统示意图如图 9-1 所示。

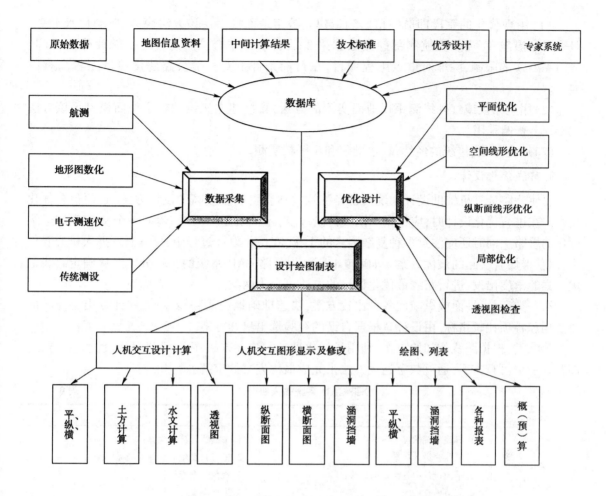

图 9-1　公路路线 CAD 模块化程序系统示意图

2. 数据采集

公路路线设计必须依靠大量的地面信息和地形数据。数据的采集可采用的方法如图 9-2 所示。

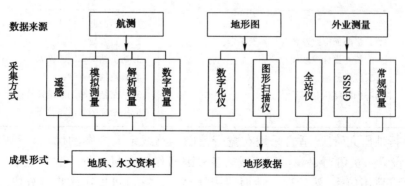

图 9-2　数据采集方法分类

(1)用现代化的手段即航空摄影测量建立数字地面模型。该方法快速、自动化水平高,但采用专摄航片,需委托航测部门按数据采集的要求订立合同。这种专摄航片受到时间、费用等因素的限制,除非对重点工程项目,在目前条件下对一般公路建设项目工程尚难以推广。

(2)用全站仪或红外线测距仪地面实测的方法,直接建立三维的数字地面模型。该方法在工程上普遍采用。

(3)用全站仪、传统的经纬仪、水准仪和小平板实测。

3. 路线优化设计

要使公路计算机辅助设计系统具备经济效益和获得质量较高的设计方案,必须包含优化技术。在进行优化设计时,应根据不同设计阶段,有不同的重点要求,建立一个从粗到细逐级优化的思路。同时还应注意多种复杂因素的干扰,在优化设计过程中,可不断发挥人机交互作用,以获得切合实际的最优方案。如表9-1所示为公路CAD系统的人机分工。从确定路线最优方案的角度出发,进行路线最优化设计的方法可分为两类。

第一类:对于平面或纵断面各种比较方案,快速准确地完成路线设计,并计算出各方案的总费用和各项比较指标,由设计者根据自己的经验选出最佳方案。

第二类:根据路线的初始方案,利用最优化理论的数字方法,由计算机寻找最优设计方案,即输入一个可行方案,通过数字迭代方法来完成最优方案的求解。

公路 CAD 系统的人机分工　　　　表9-1

子系统	人	机
平面	1. 导线位置的确定; 2. 平曲线设计参数; 3. 平面设计中各细部的修改; 4. 规范检查	1. 平曲线计算或验算; 2. 桩号自动生成及逐桩坐标计算; 3. 规范数据查询; 4. 平面图显示与绘图
纵断面	1. "拉坡"及竖曲线半径的确定; 2. 控制高程检查; 3. 修改纵断面图	1. 竖曲线要素计算及逐桩设计高程计算; 2. 工程量估算; 3. 控制高程验算; 4. 规范数据查询; 5. 纵断面图显示与绘图
横断面	1. 横断面形式及各部分参数确定; 2. 检查设计横断面; 3. 特殊断面设计; 4. 旧路结构利用设计	1. 横断面自动设计; 2. 土石方数量计算; 3. 防护结构标准图检索; 4. 规范数据查询; 5. 旧路结构利用数量计算; 6. 横断面图显示与绘图

(1)在可行性研究阶段,适宜采用在宽带范围内路线走向方案的优化。利用研制的计算机程序系统,设计人员可对路线可行区域的各种因素作出定量评价。这些定量评价值可以按点、线或面列成费用值表,然后建立地面费用模型。计算机可按区域将其分成连接的网络结点,自动生成所有的路线走向方案,计算出通过各连接结点方案的费用总和,采用动态规划法

优选出路线方案。

（2）在初步设计阶段适宜采用在平面或空间一定范围内移线以改善设计方案的优化技术。在可行性研究阶段优选出合理的最佳路线带（走廊），并通过工程师的经验选定合适的转折点和曲线要素（也可在计算机上以人机对话的方式进行），然后在窄带范围内实现小距离移线（在小范围内移动转折点或改变曲线半径等）以获取最优方案，在优化平面方案时，也必须平、纵优化交叉多次进行。在计算机容量和速度容许时，除采用造价或工程量作为目标函数外，还可选择如运营费用作为第二个目标函数。

（3）在技术设计阶段宜采用多个目标函数的公路纵断面优化程序系统。在技术设计阶段，应集中注意力把纵断面最佳方案优选出来。一个好的路线方案，除土石方和造价较小外，还必须考虑运输经济、行程时间、线形质量（包括行驶安全和舒适）等指标，研究沿线随线形变化的行车速度和燃料消耗等，建立具备若干个目标函数的优化程序。此外，还可建立对局部路段、个别平曲线或竖曲线（包括半径改变和缓和曲线段改变）优化技术程序，以便在技术设计与施工图编制时视需要随时采用。

（4）对已完成的公路路线技术设计，运用连续绘制的透视图（或动态透视图）进行评价，如发现有不符合安全行驶和景观环境要求的路段，进行切实改进，提高设计质量。

在公路路线辅助设计软件系统中，如能按各个不同设计阶段纳入以上的优化技术内容，可以有把握地使设计方案的土石方、小桥涵、挡土墙、公路用地等工程费用降低10%左右，并可提高公路线形质量，明显降低营运费用，达到行驶安全、舒适和景观良好的目的。

4.计算机辅助设计、绘图和制表

现代计算机辅助设计一般可以在显示屏上显示，并通过人机对话的方式对设计方案进行修改；通过不断的人机交互作用，获得切合实际的最优方案，在设计完成时可以输出各设计阶段所需的相应图纸，并由打印机输出工程量和概预算等设计资料。

公路路线 CAD 模块化程序系统如图 9-1 所示，由四个部分组成，包括数据采集、优化技术、设计和绘制图表三个子系统及一个数据库。系统采用模块技术，每个系统及子系统内的各个程序都成为单独的模块。在使用系统时，运用菜单技术，通过数据库，采用数据通信的方式，有机地将各模块联系起来，这时，数据库起到了桥梁的作用。这种模块化的程序系统，不仅节省了有限的计算机内存空间，而且还增加了系统的灵活性，即可以不断地把新模块增添到系统内，加强系统功能。

第二节　数字地面模型

1.数字地面模型及其在公路设计中的应用

利用计算机进行公路设计，就要让计算机认识地形图和处理地形资料，为此必须用数字的方式来表示地形。数字地面模型就是将地形按照某种数字模型对已知平面坐标的地形点进行高程计算，是一个表示地形特征和空间分布的、有许多有规则或无规则数字的阵列，也就是将地形表面用密集的三维地形点坐标(X,Y,Z)表示。对于呈带状的公路来说，需要的是公路左右一定范围内的地形资料，它所对应的数字地形模型，则为带状数字模型。有了数字地形模型，就可以采用一种数学内插方法，把这种地形信息拟合成一个表面，以便在公路设计时根据已知点的坐标计算出它的高程。利用航测相片形成的不同比例的数字地面模型，可分别进行公路的方案比选、初步设计和技术设计。

数字地面模型不同于地形图、地形立体模型等直观表示地形的方法，而是以抽象的数字阵列表示地貌起伏、地表形态。虽然数字地面模型通过一种不直观的、抽象的地表形态表示，人眼不能观察，但这种形态对计算机的处理很有利，计算机可以从中直接、快捷、准确地识别，进行数据处理，提供方便的地形数据，以实现各项作业的自动化。

由于采用了数字地形模型，设计人员几乎只要根据地形图资料而不必进行极为艰苦的外业测量，或者只需要做一些必要的外业资料调查，便能既保证精度又高效地完成各个阶段的设计工作。如果配有计算机绘图设备，同时还可绘出包括平、纵、横三方面的设计图纸，甚至公路透视图。图 9-3 所示框图说明了数字地面模型的应用。

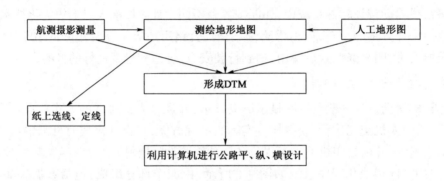

图 9-3　数字地面模型的应用

2. 数字地面模型的种类

（1）方格网式数字地面模型。建立这种形式的模型，只要将工程用地的一定范围划分成大小相等的方格或长方格，按一定次序读取网格点的高程即可。作为公路设计用的带状方格网数字地面模型，常可根据地形类别的变化，在不同区段选用不同的方格大小，以提高它的使用精度。

这种数字地面模型的优点是只需要储存网格点的高程值而无须储存平面坐标值，内插和检索简单，可节省计算时间，采集数据方便，选点不依赖于经验。其缺点则是在地形变化大的地方精度较低，因为这时常常漏掉地形的真正变化点。

（2）三角网式数字地面模型。这种数字地面模型由所有三角形顶点的三维坐标组成，并把每个三角形看成是由三个顶点高程构成的一个平面。因而划分三角网时，应尽量使三角形的周边以内所有等高线都呈直线,而且相互平行、间距相等。

这种数字地面模型虽然要储存各三角形顶点的三维坐标,但为了达到同样的使用精度,其网点数可以远小于方格网数字地面模型所需要的网点数,因而能节省很大的计算机内存。如果是采用数字化仪等自动坐标输入装置,获取原始数据亦颇为方便,只是要求操作者应有一定的工作经验,以免取点不当,降低计算精度。此外,为了有效地查询,还应将所有三角形按一定规律编号排列起来。

3. 数字地面模型数据点的获取

(1)从现有的地形图上获取数据点,即对现有的地形图进行数字化。除了可以人工读取数据外,目前最常用的是手扶跟踪式的坐标读取装置图形——手动跟踪数字化仪。

(2)利用自动记录的测距仪(或全站仪)在野外实测,获取原始数据。

(3)摄影测量方法可以利用带有自动记录设备的立体测量仪,对立体模型进行断面扫描或勾绘等高线,将坐标记录在纸带或磁带上。

第三节 公路透视图

现代公路除了要能满足交通要求外,还要求行车的舒适安全,线形和谐优美,与环境相互融合,同时乘客的视线条件良好,感觉心旷神怡,即使长途旅行也不感到疲劳和厌倦。良好的公路线形应该使驾驶员与乘客在行车安全和舒适两方面获得最大限度的满足。透视图技术是评价公路线形质量的主要手段之一,也是当今进行招标、投标时显现设计效果的重要手段。

某一点(视点)和被视物体的各点(物点)相连的射线(视线)与画面产生一系列交点,连接这些交点所产生的被视物体的图像即该物体的透视图。与画面垂直的视线称为视轴,视轴与画面的交点称为主点,视线与物体的交点称为物点,视线与画面的交点称为迹点。

生成透视图的设计流程算法如图9-4所示。首先应计算道路各点的大地坐标,接着要确定视点、视轴及视轴坐标系,这样也就确定了透视图的基本参数,然后确定透视断面和透视物点,最后进行坐标计算转换,经过消隐等手段绘制出透视图。

透视图的运行设计,需要设计者设置有关透视参数,然后显示或输出透视图的模型,也可以直接在计算机屏幕上观看动态透视图。通过透视图的检查,对公路平面、纵断面、横断面设计进行分析,对线形存在的问题进行修改,然后再对绘出的透视图进行分析研究,直至满意为止。

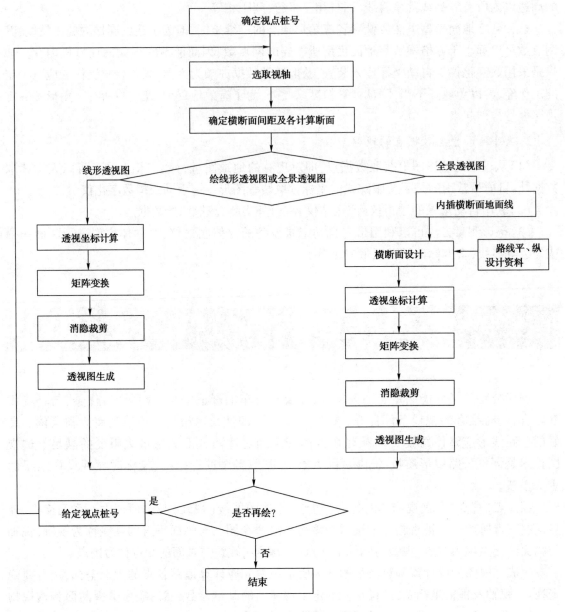

图 9-4　公路路线透视图设计流程算法

第四节　"3S"技术在公路勘测设计中的应用

在高速公路大规模建设的今天,公路勘测质量的好坏以及设计水平的高低直接影响着整个工程质量的好坏。因为一个公路建设项目质量的好坏、投资的多少以及运营的完善与否,直接取决于勘测工作是否周全、设计方案是否合理,二者是相辅相成、互为影响的。但目前的公路勘测设计仍然没有完全摆脱传统的勘测设计模式和方法,技术含量低,特别是科技含量不足,制约了高速公路建设的发展。如何有效地加快勘测速度,缩短设计周期,优化设计方案,提高设计质量,是公路设计人员面临的重要任务。

目前已提出了"数字化地球"概念,并通过"3S 计划"来实现,即:
(1)地理信息系统(GIS);
(2)全球导航卫星系统(GNSS);
(3)遥感测设系统(RS)。

未来的世界将是"数字化的世界",数字化的概念将渗透到各行各业。公路行业的数字化包括 3 个部分:
(1)公路的数字化地理信息系统;
(2)公路的全球导航卫星系统;
(3)公路的遥感测设系统。

一、地理信息系统

公路 GIS 是综合处理三维公路信息的一个计算机软硬件系统,它是 GIS(Geographic Information System)技术在公路领域的发展,是 GIS 与多种公路信息分析和处理技术的集成。早在多年前,北京市公路局科技处就着手开发了北京公路地理信息系统,它是未来数字化地理信息系统的雏形。数字化地理信息系统应该具备详细的地形数据资料,包括平面点的坐标、高程,已建道路和桥梁的位置、名称,道路沿线的民宅、工矿、企事业单位、田地、果林、鱼塘、水渠、河流、电力管线等详细地面资料。建立一个庞大的 GIS,单靠公路部门一家是无法实现的,还需与其他单位通力合作,如测绘部门、航测部门、规划部门、地勘部门。系统完成以后,完全可以实现资源共享,具有较大的经济效益和社会效益。应用 GIS,可以方便打开某一个区域或某设计路段数字化地形图,通过鼠标在地形图上选取控制点,控制点的属性也同时显示(包括点的坐标、高程),连线控制点后,路线的走向就基本确定,输入平曲线要素,一条路线方案很快即选定。如果对所选路线方案不满意,可随时用鼠标修改,同时也可以根据需要随时调节地形图比例。在选定路线方案的同时,可以从地理信息系统数据库中获取其他相关信息资料,如最佳路径、最短出行时间、交通流量、道路沿线地区人口数量、经济状况、建材分布与储量、运输条件、土壤、地质和植被情况等。同时,设计人员对于同一起、终点的路线,可以选取不同的路线方案进行分析、对比、筛选,直至获得最满意方案为止。

GIS 在道路前期规划中发挥了巨大作用。占地拆迁作为前期规划工作中的一项重要工作,它的估算准确与否直接影响到工程总造价的高低和经济评价的好坏。在 GIS 电子地图上准确定出占地线宽度,便可自动算出占地面积,算出占地线范围内的鱼塘、麦地、果树、电线杆、水井和电力管线等分项拆迁工程量,减轻了前期规划人员外业工作强度,提高了工作效率。工作人员可以随时到现场进行碎部测量并采集数据,以补充更新原有的 GIS 数据库。现在许多省、区、市尝试把 GIS 技术引入初步设计和施工图设计中,并且已经取得了良好的效果。美国、英国、瑞典等国家已经把 GIS 技术引入施工图设计阶段中,开发和推出了不少关于这方面的软件,如 INROADS 和 MOSS、CARD/1。

二、全球导航卫星系统

GNSS(Global Navigation Satellite System,全球导航卫星系统)作为新一代的卫星导航和定位系统,不仅具有全球性、全天候、连续性、实时性的精密三维导航与定位能力,而且具有良好的抗干扰性和保密性。相对于经典测量学说,GNSS 定位技术具有观测点之间无须通视、定位精度高、观测时间短、提供三维坐标、操作简便以及全天候作业等优点。由于其高度自动化及其所达到的精度和具有的巨大潜力,GNSS 一问世就广泛渗透到经济建设和科学技术的许多领域,如无线电导航、地震网监测、大坝变形监测、大陆板块飘移监测和大地测量。随着 GNSS 技术的快速发展,产品的更新换代,新一代具备 RTK(实时动态定位)系统功能双频 GNSS 接收机诞生,给当今公路测设事业注入了新的活力。最新的 RTK 技术在公路测设中具备以下几个功能和作用。

1. 绘制大比例尺地形图

公路选线多在大比例尺(1:1 000 或 1:2 000)带状地形图上进行。用传统方法测图时,先要建立控制点,然后进行碎部测量,绘制成大比例尺地形图。这种方法工作量大,速度慢,花费时间长。用实时 GNSS 动态测量可以完全克服这个缺点,只需在沿线每个碎部点上停留一两分钟,即可获得每点的坐标、高程。结合输入点的特征编码及属性信息,构成带状所有碎部点的数据,在室内即可用绘图软件成图。由于只需要采集碎部点的坐标和输入其属性信息,而且采集速度快,因此大大降低了测图难度。

2. 公路中线放样

设计人员在大比例尺带状地形图上定线后,需将公路中线在地面上标定出来。采用实时 GNSS 测量,只需将中桩点坐标输入到 GNSS 电子手簿中,系统软件就会自动定出放样点的点位。由于对每个点的测量都是独立完成的,不会产生累计误差,各点放样精度趋于一致。

公路路线主要由直线、缓和曲线、圆曲线构成。放样时,只要先输入各主点桩号(ZH、HY、QZ、YH、HZ),然后输入起终点的方位角 α_1 和 α_2、直线段距离 D_1 和 D_2、缓和曲线长度 L_{S_1} 和 L_{S_2}、圆曲线半径 R,即可进行放样操作。这种方法简单实用,比起传统的弦线拨角法要快速得多。另外,如果需要在各直线段和曲线段间加桩,只需输入加桩点的桩号就能自动计算放样元素。

3. 公路的横、纵断面放样和土石方数量计算

(1)纵断面放样时,先把需要放样的数据输入到电子手簿中(如各变坡点桩号、直线正负坡度值、竖曲线半径),生成一个施工测设放样点文件,并储存起来,随时可以到现场放样测设。

(2)横断面放样时,先确定出横断面形式(填、挖、半填半挖),然后把横断面设计数据输入到电子手簿中(如边坡坡度、路肩宽度、路幅宽度、超高、加宽、设计高程),生成一个施工测设放样点文件,储存起来,并随时可以到现场放样测设。同时,软件可以自动与地面线衔接进行"戴帽"工作,并利用"断面法"进行土石方数量计算。通过绘图软件,可绘出沿线的纵断面图和各点的横断面图。因为所用数据都是测绘地形图时采集而来的,不需要到现场进行纵、横断

面测量,大大减少了外业工作。必要时可用动态 GNSS 到现场检测复核,这与传统方法相比,既经济又实用,且前景广阔。

4. 桥梁结构物放样

对于在江河上修建的大跨径桥梁,采用传统光学仪器和全站仪来定位是比较困难的,因为江面过宽、雾气较大,易造成仪器读数误差。另外,江面情况变化多端、观测浮标位置漂浮不定,会影响定位精度。GNSS 在这方面发挥了一定的优势,因为 GNSS 采用的是空间三点后方距离交会法原理来定位,不受江面外界情况干扰,点与点之间不要求必须通视,简捷方便,精度高,大大提高了作业效率。它的平面坐标定位精度在 $5(1\pm 0.0001\%)$ mm 左右,基线长度范围几米到几十公里,符合桥梁控制网的精度要求。同样,对隧道控制网、立体交叉控制网也可以采用 GNSS 的方法进行精确定位。

三、遥感技术

遥感(Remote Sensing,RS)是利用航片或卫星照片上含有的丰富地表信息,通过立体观察和相片判释并经过计算机的自动处理、自动识别,获得与路线相关的各种地质、水文、建材等资料的一个计算机软硬件系统。

遥感技术在公路勘测设计中有以下优点:

(1)它可以帮助设计人员对路线所经区域的地形、地貌、河流、居民点以及交通网系等进行概要判读,以了解其对路线的影响,有助于对路线方案的优化。

(2)同时它可提供详细的地质、水文、植被资料,帮助设计人员了解不良工程地质现象对路线的影响程度,以便提早改线,避免不必要的损害和事故的发生。

(3)遥感资料可以帮助设计人员了解沿线土壤和植被类型,了解农作物及经济作物的分布情况,以便为绿化设计做准备。

(4)遥感资料还可以帮助设计人员了解沿线建筑材料的分布、储量、开挖、运输条件,为施工创造良好便利条件。

(5)遥感资料有助于对所选路线线形进行三维透视,帮助设计人员了解路线线形是否顺畅,行车视距是否良好,与周围景观是否协调一致。

1. 简述 CAD 的含义。
2. 试述 CAD 的组成系统。
3. 什么是数字地面模型?数字地面模型有哪几种类型?
4. 试述公路透视图设计流程。
5. 什么是"3S"技术?

参考文献

[1] 中华人民共和国交通运输部.公路工程技术标准:JTG B01—2014[S].北京:人民交通出版社,2014.
[2] 中华人民共和国交通运输部.公路路线设计规范:JTG D20—2017[S].北京:人民交通出版社股份有限公司,2017.
[3] 中华人民共和国交通运输部.公路勘测规范:JTG C10—2007[S].北京:人民交通出版社股份有限公司,2015.
[4] 中华人民共和国交通部.公路工程基本建设项目设计文件编制办法[M].北京:人民交通出版社,2007.
[5] 张驰,潘兵宏,杨宏志.道路勘测设计[M].6版.北京:人民交通出版社股份有限公司,2023.
[6] 孙家驷.道路勘测设计[M].4版.北京:人民交通出版社股份有限公司,2017.
[7] 赵永平,唐勇.道路勘测设计[M].北京:高等教育出版社,2004.
[8] 张雨化.道路勘测设计[M].北京:人民交通出版社,2001.
[9] 金仲秋,夏连学.公路设计技术[M].北京:人民交通出版社,2007.
[10] 刘伯莹,姚祖康.公路设计工程师手册[M].北京:人民交通出版社,2002.
[11] 霍明.山区高速公路勘察设计指南[M].北京:人民交通出版社,2000.
[12] 陈胜营,汪亚干,张剑飞.公路设计指南[M].北京:人民交通出版社,2000.
[13] 李相然,宋华山,岳同助,等.公路工程现场勘察与测量技术[M].北京:人民交通出版社,2003.
[14] 李清波,符锌砂.道路规划与设计[M].北京:人民交通出版社,1997.
[15] 刘培文.道路几何设计[M].北京:科学出版社,2003.
[16] 刘培文.现代公路勘测设计实用技术(修订版)[M].北京:科学出版社,2001.
[17] 张金水,张廷楷.道路勘测与设计[M].上海:人民交通出版社,1990.
[18] 周亦唐.道路勘测设计[M].重庆:重庆大学出版社,2002.
[19] 朱照宏.公路计算机辅助工程[M].北京:人民交通出版社,2000.
[20] 朱永明.公路勘测设计.北京:人民交通出版社,1997.
[21] 何景华.公路勘测设计[M].北京:人民交通出版社,1985.
[22] 陈立春.工程测量[M].5版.北京:人民交通出版社股份有限公司,2021.